高知尾の名字 Ⅰ

―― 姓氏の由来にみる西臼杵の歴史をたどる ――

安在　一夫 著

みやざき文庫 152

『高知尾の名字』発刊にあたって

ＪＡ高千穂地区 組合長　佐藤友則

この度、安在一夫氏が、長年ＪＡ高千穂地区広報紙「かるめご」に連載されていました「西臼杵の姓氏」が、大幅に改稿して新たな装いで編集され、『高知尾の名字』と題されて発刊されるにあたり、心よりお祝いを申し上げます。

執筆されました安在一夫氏が、高千穂地区農協で広報担当をされていました平成八年八月号から、退職後の令和四年五月号までの二十六年間、執筆活動を続けられ現在に至っているところです。

繁多な農協業務。そして退職後の介護施設経営の傍ら、膨大な資料の収集、取材力、そしてそれから得た情報・知識等々、唯々感嘆するとともに、毎号書きつづけられたことに感謝と敬意を表する次第であります。

高千穂郷は、古代神話の時代から、近世に至るまで九州中央部の要所としてまた、天孫降臨の神話と伝説から戦国時代そして近世まで夫々に由来した地名があります。更に二〇一五年に世界農業遺産「高千穂郷・椎葉山」として認定され、その根幹をなす一八〇〇〇ヘクタールの棚田・五〇〇キロメートルにも及ぶ山腹用水路網等、先人が苦労して築き上げた歴史的遺産も数多くあります。「かるめご」では姓氏の由来に加え、その時々の時代背景も書きこまれており、単なる「JA広報紙」としてではなく、歴史的価値の高い連載として組織内外より高い評価を受けております。

JA高千穂地区も平成六年に三JA合併してから本年で三十周年を迎えることもあり、安在一夫氏の快諾を受け今回出版の運びとなりました。歴史的価値の高いこの本は、三巻予定の第一巻初版となります。

結びにこの本が、後世に伝える貴重な歴史書としての価値に加え、地域・組合員の方々がこの高千穂郷に生まれ育ったことと、改めて自分の姓を「誇り」に思える根拠の一つとなることをご祈念申し上げ発刊にあたってのご挨拶と致します。

なお出版にあたっては、鉱脈社川口社長に特段のご配慮を賜り改めて御礼を申し上げます。

令和五年七月吉日

目次

関係地域図 — 高千穂郷を中心に

国土地理院地図（1/25000）をもとに作成

阿蘇山
蛇ノ尾
米塚
往生岳
杵島岳
楢尾岳
中岳
高岳
根子岳
日ノ尾峠
草千里ヶ浜
烏帽子岳
火口西駅
阿蘇山西駅
御竈門山
京大火山研究所
夜峰山
箱石峠
大戸ノ口
竹田市
大野川
大谷ダム
緩木山
越敷岳
阿蘇郡
高森町
南阿蘇村
南郷谷
清栄山
中松駅
阿蘇白川駅
南阿蘇鉄道
白川
高森駅
高森峠
中坂峠
長谷峠
高千穂野
駒返峠
天神峠
清水峠
川走川
山都町
上益城郡
笹原川
見岳山
大矢川
前野峠
赤川浦岳
黒原越
西臼杵郡
高千穂町
四恩岳
岩戸
五ヶ瀬川
国見が丘
高千穂峡谷
津花峠
烏帽子岳
二上山
杉が越
笹の越
五ヶ瀬町
祇園山
三ヶ所川
赤土岸山
諸塚山
飯干峠
高城山
冠岳
揺岳
五ヶ瀬町
大仁田山
日諸峠
黒峰
矢筈岳
緑川
小川岳
天主山
三方山
小原井峠
向坂山
白岩峠
白岩山
国見峠
霧立越
烏の霧山
国見岳
耳川
椎葉村
扇山
石堂屋
五勇山
烏帽子岳
十根川
諸塚村
諸塚ダム
九郎山
柳原川
高隈山
七ツ山
325
265
218
503
327

第一編　神々との関わりのなかで

1の章
十社大明神との関連で

荒立神社　男神像（右）　女神像（左）

興梠・興呂木［こうろき・こうろぎ］氏

始めに山の氏《うじ》・興呂木氏ありき

高千穂郷中もっとも古い家系という上野の興梠家に伝わる系図によれば、興梠氏の定紋は「丸に州浜紋」（上段）で、郷中すべての興梠さんが使っている。替紋のひとつに「左三つ巴紋」（下段）がある。領主三田井家からの賜与《しよ》（拝領すること）された名誉の家紋である。

（一）

昭和三十五年（一九六〇）九月、高千穂町で興味ある考古学的発掘調査が行われた。高千穂町役場から北へ約一キロ尾迫原の丘陵地帯を登り通称車迫とよぶ北向きの斜面を下りる途中に、おびただしい土器や遺物の出土する場所があった。終戦後にその斜面の一角を拓き、地区の公民館建設の話が起こったので宮崎県教育委員会はこの機会に調査を行おうと東京大、九州大、別府大の教授講師に加え宮崎県の文化財の専門委員等による調査が一週間かけて行われた。天孫降臨の伝承地であるだけに注目される発掘調査であった。

その結果、土器、石器その他の出土物が福岡県宗像《むなかた》地方の鐘崎《かねがさき》式、熊本県八代郡の西平式、同菊池郡の三万田式、同城南町の御領式などの様式がみられ、肥後、筑後など北九州の文化圏の影響を受けていることが分かった。さらに独自の様式も確認され新しく「陣内式土器」と名付けられた。また縄文文化の終末期に現れる夜臼式《ゆうすしき》とのつながりのある土器が確認されたことから、縄文後期から晩期までのかなり長期間の暮らしの痕跡のあった貴重な遺跡と認定された。

陣内遺跡の特色の一つは非常に狭い空間に膨大な量の遺物が堆積していることで、このような例は日本では珍しいらしい。おびただしい遺物の量からこの場所が古代人のゴミ捨て場であったか、もしくは他の種族がこの集落を襲い、暮らしの道具を根こそぎ廃棄したなどの憶測も考えられる。

貴重な出土物の中に二つの注目される出土物があった。その一つは土偶である。縄文の人たちが生きていくためには天変地異、争い、病気災害に対処し克服しなければならなかった。彼らが畏怖《いふ》したものは人間の生きる力、ことに生命の誕生は不思議な力と捉えた。生命の再生に頼る方法の一つが土偶である。出土した土偶の大半のモデルは妊娠中の女性で、一部が欠損していた。欠損させることで分娩時の災難を土偶に託したらしい。

土偶の出土地域は東日本に多く西日本では少ない。埴輪の出土の多い宮崎県であるが土偶はこの陣内（高千穂地方では陳の文字を充てるが陣の字に統一した）出土の女性の土偶が唯一の発掘事例となっている。ただし県境を越えた発掘を見れば阿蘇の外輪を囲む熊本、大分、そして高千穂の九州中央の地域に点在していることから古代からこの地域に独自の文化が育っていたとも推測される。

もう一つの注目される出土品は石棒である。神話の地での石棒の発見はマスコミなどの注目を浴びたが、実はこの石棒は調査以前に民間によって発掘され高千穂高校に寄託されていた物で、石棒は途中三一センチのところで折れていて、その先を別の人が採取していたことがわかり、合わせるとぴったりと折れ先であったというエピソードまでついた。

権力の象徴としての石棒の発掘は大きな成果のひとつであった。石棒は、紀元前の先史時代、王笏《おうしゃく》として権力者がレガリア（君主あるいは王としての正統性の象徴として持った持ち物。貴族や神主が儀式等で持った板状の笏《しゃく》はこれに該当すると思える）として持ったものとされた。陣内遺跡を中心に周辺を統治できる首長が存在し、かなりの勢力があったことの証明となった。

石棒は見事に磨かれ先端の突起をＸ状に削りさらに膨らみの部分を三条に彫り、根元に二つの輪を浮彫にした手の込んだもの。その装飾性は、男根を象徴し豊穣と権威を表したものといわれる。

(二)

この時代は後漢書に伝える日本国中が争う「倭国大乱」（古代中国の『三国志・魏志倭人伝』「後漢書」等に二世紀の後半倭国は小国が乱立して大いに乱れた。そのため卑弥呼という巫女《みこ》・シャーマンを王としたら収まったとある）のころで、この高知尾《たかちお》においても戦いを指揮できる強力なリーダーの必要性があった。その者こそ王笏の持ち主で、後に「山《やま》の氏《うじ》」と姓《かばね》を称する神漏岐（カムロギ・コウロギ）一族の首長《おさ》で後に天孫族を率いた尊《みこと》（命）と称された者と考えてみることも一理ある。

平成時代の電話帳とゼンリンの宅地図をたよりに、掲載された高知尾郷中（西臼杵および諸塚村）の主要な小集落に居住したと推定される先住の興梠氏の分布状況を調べた。この調査で見えてくるのは、㋐先住者たる興梠氏は郷中の要所に満遍なく拡がり、集落の中心部となる「中村」に古くからの興梠氏が存在している。㋑屋敷は南東面に向かい日当たりが良く、大風の当たりが軽い。㋒湧水が近くにある一等地に居住するようにおもえる。

興梠氏は強力な集団甲斐党が移住する室町時代後期までに定着し、古くは千年以上を生き抜いてきた「生え抜き」のプライドがあり、人的なつながり、婚姻による親戚関係による連帯意識が深く強い。阻害要因となる移住者（よそ者）による干渉は嫌うが歴史的な他国での闘争は強かった。南北朝時代阿蘇氏恵良惟澄旗下、南朝方興梠氏柴原（芝原）又三郎性虎は肥後合志合戦に勝利、他の河内氏、岩戸氏（佐藤氏）、田原氏と共に多くの感状を得ている。干渉は嫌う一面「理」を重んじ弱者を容易に受け入れる面もある。興梠氏芝原又三郎が南朝方阿蘇氏恵良惟澄に与《くみ》したのも一例であろう。

一方、先住者興梠氏への圧迫もしくは移動の要因と思えるものは、

①領主の主導による傭兵《ようへい》を兼ねた辺地開拓者としての移住……佐々木氏一族（佐保氏、坂本氏、馬崎氏等）・甲斐氏・飯干氏、坂本氏等

②宗教的対立、内紛等による勝者の勢力拡大……鬼八退治の名において支配者側となった田部氏【田尻・丹波・丹部、神官家富高氏（戸高氏）】による圧伏

③落武者としての移住者……佐藤忠治（道元）を祖とする佐藤氏による岩戸、上岩戸〜上野の浸食、別系統の佐藤氏である押方氏

④肥後菊池氏の没落及肥後国衆一揆、大坂夏の陣、その他の残党の移住……菊池、有藤（宇藤・有働）・赤星氏・隈部氏・後藤氏・山本氏・津隈氏・甲佐氏

⑤椎葉山騒動による移住……奈須氏・那須氏

⑥鞍岡合戦の残党……村山氏

⑦豊後大神《おおみわ》緒方氏の侵入……高千穂氏、三田井氏、緒方（尾賀多・尾形・小方氏）、佐伯氏

⑧縣土持氏の残党　新名氏、大貫氏、小貫氏

表１：高知尾郷における最初の開拓者を興梠氏と推定し、
その痕跡から現在におけるの旧家の地域別分布

（室町後期甲斐氏の入植以前より前に居住していたと思われる集落。筆者の調査による）

地域の区分	興梠氏が近世以前から昭和の時代まで存在していた小集落名
三田井	神殿・寺迫・尾迫原・尾ノ上・本組（宮野氏）葛原・塩市・猿渡・陳内・上阿床・堂園・横手・長崎・葛根迫・栃又・桑水流・島戸
押方・向山	中村（上押方）・片内・三原尾野・小谷内・芝原・草の原・日暮・布平・中畑・竹の迫（向山）
岩戸・上岩戸	上村
上野・下野	黒口南部・四天寺・寺の下・原野・岩坪・八幡・深井野
田原・河内・五ヶ所	北・中瀬・大郎・夕塩・片平・牧・小糸・南
七折・見立・鹿川	なし
岩井川・分城	大楠・興地・山中
三ヶ所	中村・宮の原・八重所・兼ヶ瀬
桑野内	久保・西・辻・中山・横通・黒板・北の迫・土生下山・波帰
鞍岡	揚・荻原・広瀬・丁子
家代・七ツ山	家代

⑨鎌倉期の豊後大友能直支配によるお下り衆奥嶽工藤氏の南下、
⑩宗教上の祠官、社家等修験者の移住……熊野信仰による田辺氏、内倉氏
⑪鉱物資源採取、探査……伊木氏、指原氏、高見氏、馬場氏

このほかの要因が考えられるが決定的な要因はない。

昭和の時代には一軒も無い地区もある。昭和の時点では未だ転入転出は少なく中世から近世までの農村状況が大方判断できた。

生え抜きの興梠さんの居住を調べ過去の勢力の版図を調べてみた。**表１**がそれである。それによれば三田

井北、浅ヶ部、本組、押方、田原、宮野原、大楠、桑野内、揚、荻原地区に多く分布し、横穴古墳群の場所と一致する。

『古事記』『日本書紀』に記録された日本の歴史が、神話で明ける壮大なページェントのひとつに、二上岳は高智保の添峰《そほふりのだけ》（あるいは槵觸峰《くしふるのだけ》、二上峰《ふたかみのだけ》・筑紫日向之高千穂之久士布流多氣）への天孫降がある。その主役となる瓊瓊杵尊《ににぎのみこと》と木花開耶姫命《このはなさくやひめのみこと》から、彦火火出見尊《ひこほほでみのみこと》と豊玉姫命《とよたまひめのみこと》、鸕《う》鷀草葺不合尊《がやふきあえずのみこと》と玉依姫命《たまよりひめのみこと》とつづく皇祖三代三夫婦が、天皇家の先祖につながる神として書かれている。垂仁天皇の頃の創建といわれる高千穂神社は「高智保皇神《すめがみ》」「高智保神」として祀った。そして承和十年（八四三・續日本後記）に従五位下を、つづいて天安二（八五八・三代実録一巻）に日向国一の最高神として従四位之上の神階を授けられた。彼らの信仰は山である。高千穂の盆地からいつも日が沈む二つの峯をいただく二上山を畏敬の目で見、天孫降臨の山とした。

㈢

ところが、これ以降「高千穂神」の記録がとぎれ、文治五年（一一八九）に書かれた【旭大臣】「十社大明神記」には鬼八退治の宮として栄えたことが三代実録に書かれているが、その後東征後、紀《き》の国からお帰りになった神武天皇の兄三毛入野命《みけいりのみこと》を祀ることになり、ならびに妃神鵜目媛命《うのめひめのみこと》を御子孫による統治が続いた。

その後、上代《じょうだい》より天正年間（一五七三〜九二）の三田井氏滅亡まで、高智保の統治者の移り変わりをみると、いくつかの事変がある。古い時代に争いがあり祭祀する神が変わり、時には司祭者その者が神となった。鎌倉時代以前のことで、それを証明するのは困難であるが、少ない資料から断片的に見えてくるものを繋ぎ合わせて推量すればいくつかの事変に行き着く。

高千穂神社に、「旭大神文書《あさひだいじんぶんしょ》・十社縁起《じっしゃえんぎ》」という古文書があり、それには、神武天皇之王子市伊様《いちのかみ》と若丹部《わかたんべ》（田部氏＝後述）による鬼八《きはち》退治が記されている。その後、天慶年間（九三八〜四七）に嫗岳《うばだけ》伝説で有名な大神維基《おおがこれもと》の長男高千穂太郎政次の入国があり、いつの頃からか三田井氏を称し、三田井親武が討たれるまでの六百四十〜五十年間三田井氏による統治が続いた。

この流れの中で、興梠氏がどういう素姓の者か、いくつかの説を追ってみた。

①土着の氏人土蜘蛛《つちぐも》で、鬼八はその長《おさ》であったという説

興呂木の里（三田井本組宮尾野）は槵觸峰の麓にあり、周辺は郡内最大の縄文・弥生遺跡と古墳の地帯で、おそらく高知尾の古代の中心地であったと思われる。土蜘蛛の長大鉗《おおはし》小鉗《こはし》は、天孫瓊瓊杵命を迎え、稲の穂を抜き払い暗闇が晴れたとの神話がある。

藤寺非宝氏が訳された「阿蘇大権現根本記」を読めば、高知保神が臼杵熊代村《くましろ》（三田井・本組）に入られたとき、地の底より不思議な音色があり、それに魅かれ地の下に入ると采女《うねめ》とい

う美女がおり、その母の名を「山彦《やまひこ》」というとの文書がある。采女は鬼八の妻で、それに魅かれた三毛入命と鬼八の間で戦《いくさ》になったのかもしれない。采女を三毛入命の妃《きさき》鵜《う》之《の》目《め》御前《ごぜん》となぞらえることもでき、「山彦」こそ興梠山の氏だったかもしれない。

②猿田彦命の子孫とする説

興梠氏が祭る荒建宮の祭神は、猿田彦《さるたひこ》（国神《くにつかみ》）と天鈿命《あめのうずめのみこと》（天孫）の御夫婦である。猿田彦は天孫降臨の際、道案内をした土着の神で、天孫以前に栄えた種族の長であったと思われる。

本組宮尾野には「王の元」という地名があり、山の中腹に一間四方の開けた場所があり、大きな榧《かや》の木が聳《そび》えている。ここを王の宮と称し、「神仏分離調書」という文書に「十二神ハ所々ニ分祭リテアリ。余ノ二十体ヲ此社ニ祭ルト云ヘリ。何レモ天孫降臨ノ時ニアヅカレル神ニテ、古ク尊シ」とある。また、文献には「こうろぎの内裏《だいり》」と記されているので、猿田彦がお迎えした天孫の神々の宮居があった所かとも思われる。

③「山」は山守部《やまのもりべ》で、古くは魏志倭人伝にいう「耶馬国」の末裔《えい》とする説

「日本書記」に「諸国ニ令シテ海人及山守部ヲ定メシム」とある。山部連《やまべのむらじ》氏は、大古以来の氏族、あるいは種族で、山の人という表現が適切で、山人は「山」を名乗ったのかもしれない。

旭大神文書には「高知尾（高千穂の旧名）山国御キシンノ御判渡シナサレ……」とあり、興梠氏が山氏《やまのうじ》興呂木、山興呂木、興呂木山朝臣……と文献や墓石等に表されている。「山人」はヤマトに通じ、神武東征と照らし合わせると興味ある話である。

④古代文字で書かれた『上記《うえつふみ》』を伝承し、サンカ（山窩）と呼ばれる山の人たちが定着したとする説

『上記』によれば、神武天皇の建国以前七十三代もの間ウガヤフキアエズの命《みこと》の王朝が続いたと超古代史の世界が記されている。文政年間（一八一八～三〇）岩戸で発掘された神代文字には真偽は別として、「魏志倭人伝」による倭国大乱のことが記され、天照大神へお供えをした記録とも読めると研究されている。

豊後の豪族緒方氏はサンカの人たちを庇護《ひご》していたが、鎌倉時代に入国した大友氏の祖能直《よしなお》は、祖母山中にいた山の人千六百余人を斬り『上記』を手に入れ『大友文書』としたとの伝えがある。西臼杵郡内に残る民俗的習性がサンカの文化に類似点をみることも興味がある。

⑤五十代続いた三毛入野命の一族とする説

三毛入野命の家系は五十余代目に男子無く、神孫の血を絶やさないため、当時九州随一の武

将大神惟基の長男高千穂太郎政次を養子に迎えたことになっているが、それまでの三毛入野命の神孫の一族は高智保に広がっていたはずである。

三田井本組の上部に神漏岐山《かむろぎ》があり、カムロギの祝詞《のりと》の言葉でタカムスビノカミはまた皇祖の男神を尊んで言う語で、「こうろぎ」の地が神聖な土地「かむろぎ」から転じたものかもしれない。三毛入野命の神孫の末裔が興梠氏を名乗ったとも考えられる。

⑥大神姓高千穂氏が三田井家滅亡の後、興梠氏を名乗った

高千穂氏は宗家三田井氏とは別に住んでいた土地の名前をとり、向山、田原、長崎、芝原、桑野内等の諸氏に岐《わか》れ六百年の間繁栄を続けるが、河内氏を除き忽然《こつぜん》としてその姓は消える。高橋氏に滅ぼされたのは三田井本家であって、その他の諸氏は当然残っているはずなのに、である。

故西川功先生は著書『高千穂太平記』の中で一つの説として、これらの諸氏は共通の姓として「興梠」を名乗ったのではないかと述べておられる。西臼杵郡内で多い姓である佐藤氏、甲斐氏、飯干氏、工藤氏、冨高氏（戸高氏）らの祖先が高千穂庄へ来たのは後年のことであり、それらの姓に匹敵する数は興梠氏以外には考えられない。

市野［いちの］氏

「いちの」という名乗りは何処から？地名かあるいは神孫の末裔だから？

市野氏の家紋は四弁唐《から》花《はな》紋（花《はな》菱《びし》紋ともいう）。縣《あがた》（延岡）の土持氏の出自は田部氏で左三つ巴紋と花弁が五枚の唐花紋を用いる。市野氏の家紋は四枚で違いはあるが、よく似ている。市野氏の出自は謎に包まれているが、この家紋からたどれば十社大明神に繋がる田部氏であるとも考えられる。

(一)

高千穂町三田井の神殿地区は一時交通量が減り寂しい街並みだったが、神都高千穂大橋への取付道路が完成して、さらに再開発もあり往古、神々がこの地に住んだ時代のような活気を取り戻している。

この神殿地区に降った雨は南西に傾斜した坂を流れ、埋め立てられた今の高千穂神社の駐車場の所からトンネルの水路で谷を通って五ヶ瀬川アララギの瀬に落ちる。今は大規模な商業施設が軒を並べたこの場所は水田で井戸のあった所の周囲は牟田《むた》（湿田）があった。この神殿に筆者の親戚の家があり数枚の田んぼを所有していた。幼少の頃はよく泊りがけで遊びに行った。

そこの三男が同じ歳だったので一緒に麦踏の手伝いをした記憶がある。

およそ千二百年前の記録『三代実録』に、高千穂の神が従四位上の神階を授かったことが記録されている。草深い九州の山奥に鎮座する神に、日向国一宮に匹敵する神階を与えられたことは驚くべきことであろう。それより百年前に書かれた『古事記』『日本書紀』の記述にある、天孫瓊瓊杵尊《ににぎのみこと》にはじまる「日向三代」の神々、そして神日本磐余彦尊《かむやまといわれひこのみこと》（神武天皇）までの神々への階位である。それには天皇家の祖神を意味する「皇《すめらぎ》」を冠し高千穂皇神《すめがみ》としてあがめられたとある。

往古、その神職として存在したのが興呂木（もしくは興梠）家でその出自は山部氏である。高知尾では「山部」ではなく、「山の氏」とか「山興呂木」と名乗っているが、後に肥後に征西（後述の田上氏参照）した興呂木氏一族が山部氏を用いているのがその証となろう。

山部氏の本拠は現在の三田井の本組で、荒立神社はその祖神である。建武五年（戊寅・一三三八）に肥後の僧了観が書いた長文の文書『高千穂十社御縁起』に記録されており、神仏混淆時代のややこしく誇張した文書で読み取るのはやっかいであるが、次の件《くだり》は興呂木氏が鬼八の一族と取れる内容で興味深い（※藤寺非寶訳・一部筆者修正）。

それによれば、「……れをば何とて矢の先にはかくるやらん、奇態なりのとぞ仰せられける。その時、けだ物のこたえて申しけるは、これは末代あくせ（悪世）の神明の的なりとぞ申しける。

今の不射（奉射）の的これなり。彼のけだ物といっぱ、山の氏の事也。これはあらたち（荒立）の明神の使者、ゑなき（えなき）と云うけだ物也。これはあらたちの大明神のだいぐうじ（大宮司）これ也。今の二のほわり（祝子）と云うは彼が子孫なり……」と、荒立神社の大宮司と祝子職を暗に対峙する勢力として「けだ物」の扱いにする表現になっている。さらに「……十社の明神にもふびん（不憫）と思われまいらせける。そのいんゑん（因縁）は十社明神とちゝのいわや（乳ヶ岩屋）のあるじ（鬼八の妻か）とちぎり（契り・結婚）をうつされし事も彼がおほうちそうそふがゆへ也。されば、あらたちの明神のせいぐわん（誓願）にもやまうぢ（山氏）絶へなばわれかの峰に跡をたれじと誓い給ふ……」とある。

さらに、「稲穂明神の娘うのめは鬼八三千王という極めて恐ろしき者とあいなれて（妻として）ちちの窟屋に住んでいた。じんむ天王の太郎の王子（十社明神）はこの窟屋に御がく（音楽）つきで（鉦、太鼓を敲《たた》いて）訪ねる。鵜の目の御前の美しさに『なんじとわれは過去、現在、未来永劫に結ばれし者、我が妻女なれ』とつまにつまをひきかさね三日をへだてきこえつる（三拝九拝のことか）。それを聞き怒ったきんぱちほうし（金八法師・鬼八のこと）十社の王子を討ち取らんとする」となる。

「鬼の棲み処」といわれたアララギの里

「谷が八つ峰が九つ戸が一つ　鬼の棲み処は蘭〈あららぎ〉の里」と高千穂の神楽歌に歌われたアララギの里とは、左の写真の五ヶ瀬川左岸三田井側一帯をいう。河畔から高千穂十社宮までは神域であり、木々が生茂り深山幽谷の景観は水墨画を見るがごとくである。

地名の「アララギ」の語源は様々な解釈があるが、決定的なものはなく謎である。謎であるほうが面白くロマンがある。対岸は押方である。三田井側から見れば押方は手が届くようだが千尋《せんじん》の峡谷が行く手を阻んだ。五ヶ瀬川は高知尾を南北に分断する大川である。物、人の流れ、民俗的なものまで分断した。言葉に至っては南側が肥後、北側は豊後の圏域である。

神都高千穂大橋から見た新緑鮮やかな高千穂峡の渓谷

五ヶ瀬川は名代の暴れ川としても有名で、鞍岡の源流から縣《あがた》（延岡）の河口まで神々の時代から近世に至るまで永久橋は一本もなく、洪水ごとに流された。ようやく永久橋が架かったのは昭和二二年（一九四七）で、石造の眼鏡橋が大分の石工によって架けられ神橋《しんばし》（注①）と名付けられた五ヶ瀬川最初の永久橋である。高千穂神楽の唱教に

「高知尾の名は山舎《いなか》もとむらむとも　かな（哉）今や花のおちかた（彼方）」という歌がある。「おちかた」は彼方の字があてられ近くて遠い世界の意であろう。今はこの狭い峡谷に三つの橋が架けられ、向山竹の迫からの眺めは素晴らしく、新しいビュースポットとなっている。

中世の頃、三田井口から押方を通り肥後に向かう肥後路と、古くからの往還（六峰街道）と七ッ山に出る道の起点は、すべて高千穂峡の狭い峡谷に集約される。その古道としていくつかのコースがあった。①現在使われている三宝辻《さんぽうつじ》（注②）のコースで七曲りを降り「御塩井」に出る。②上流の窓の瀬（注③）を渡るコース。③神殿から十社の森（アララギの里）に入り高千穂峡に降りるコース。おそらく南北朝時代頃までの路はこのアララギのコースであったと推測される。

この要衝を支配した者こそこの場所の支配者で、鬼八だったのではないか。確かに八つの谷と九つの峰がある。「戸」は扉であり「木戸口」で関所みたいな役割であったかもしれない。鬼八は往時山附の二上嶽の麓、小谷内（子種内・チンチガイワヤ）に住み、押方地方の支配者（三千王）であった可能性もある。その正体が修験の者と重なって見えてくる。

【注①】本来は眞名井の滝上の向山側に架けた橋が古くから神橋の文字を当て「ミハシ」と言っていた。

【注②】昔、交通路が高千穂峡にあった時代に御塩井の入り口、押方口と向山口、そして三田井口が交わる三叉路を言った。瀬織津姫が祭られ湧水の出る御塩井の守護と三地区を災いから守る強力なパワーを持った荒神の名がつけられた場所があったが、今は崩落して痕跡を留めない。

【注③】水ヶ崎の発電所の水の取り入れ口付近に五ヶ瀬川の水が自然の穴を通って噴き出していた奇岩があってその上を人が歩いて渡れた。惜しいことに現在は壊されてない。

三田井地区と二上山

高千穂の三田井地区は周囲を高い山々に囲まれ、盆地状の地形である。その盆地の東北端の最上部に三田井で一番標高の高い浅ヶ部の集落がある。

三田井村で一番標高の高い集落は浅ヶ部である。焼山寺、観音岳、小坂峠、烏岳と連なる山々の南西の日当たりのよい裾野に集落が点在した。集落は東から猿伏、梅木、山川、横手、堂園、阿床、山崎、徳源寺、成木、塩市などで、その裾の平坦部に吾平、春芽、栗毛、猿渡、葛原《かずらわら》などの小集落が存在する。東には川を挟んで神域であったと思われる宮尾野と狭山集落で、高千穂小学校のある丘は尾上で古くは藤岡山と呼ばれる神の住む森があった。

これらの地域は水に恵まれ豊かであったが、その先に広がる尾迫原という広大な原野は水利が悪く、ほぼ近世まで不毛の地であった。幕末からの井手の開削と開田で、明治になって郡役所や裁判所、小学校の設置で、尾迫原は行政の中心として大発展した。その先、急坂を延々下った所にまつろわぬ神鬼八の棲《すみ》家《か》の跡のアララギの里があり、十社の宮と奉仕する祝子が住み、神殿の地名の由緒になる。

浅ヶ部山川から三田井・尾迫奈、そして二上山を望む

写真は浅ヶ部山川の鬼八の屋敷と伝わる「八五郎」屋敷から

見た三田井尾迫奈で川を挟み押方の集落が望める。中央の山が天孫降臨の二上山、二つの峰は重なって一つに見えるが鬼の角のようにも見える。

古い時代のある時期高知尾の為政者は、漆間《うるしま》氏、もしくは興呂木氏といわれている。その本拠はこの三田井後背の山裾一帯であったかもしれない。眼前にひときわ高くそびえる二上山、後に鬼と呼ばれた彼らの信仰の象徴である天孫降臨の聖地として、見るにゆるぎない説得力がある。

(二)

古い時代、三田井神殿には点々と十社大明神の社家が点在した。神職の多くは一の祝子、二の祝子に館を構えたが政争の度に住人も変わった。興梠家(山部氏)、丹部家(田部氏)が一の祝子、矢野家(橘氏)は二の祝子に住み、古賀下には戸高家(富高・土持氏?)があった。寺迫に興梠家(山部氏)と火宮家(土師氏?)、岸ノ上に田尻家(物部・大神氏・大蔵氏?)、馬場崎に田崎家(山部・大蔵氏?)、そして市野家(田部氏・大神氏?)があった。さらにセベットの向かい杉の上に鳥越家(葛西氏?)、駄洗川の上に吉田家(大神氏?)がいずれも何らかの形で十社宮と関わりをもった。

ところで、この神殿地区がなぜ神域になったかということだが、それは当然高知尾を束ねる最高神の御座します場所ということであろう。それは神への奉仕、あるいは祭祀の地としての領域であったことによるものと思われる。神々の降臨した場所、あるいは神仏習合の時代の本地垂迹（神仏が姿を現した場所）でもない。むしろこの地こそは、神へ願いを託す祈願の場所であったからである。

高千穂の神としての証明は「稲」である。天孫降臨で瓊瓊杵尊の前に現れた大鉗《おおくわ》小鉗《こくわ》の土蜘《つちぐ》蛛《も》（先住の人）が差し出した稲を蒔《ま》き、天地が晴れる場面に象徴されるシーンや、三田井の語源となる不蒔田（美録田）、御守田、比波里田など奇譚《きたん》（不思議な出来事）、さらに神楽の始まりに竈神《かまどがみ》を敬うことなど「イネ」に尽くされる。

しかし、高知尾は米どころではない。鎌倉時代には、郷内にはわずか八町歩の水田面積（建久図田帳）しかなかった。その大半は自然任せの牟田《むた》（ぬかるんだ水田）である。祭祀で重要なのは献饌《けんせん》（神の食べ物を捧げる）で、それは「米」を通じて行わなければならない。神事に使うコメを供する水田は大切なもので、全ての水田は神の田「御供田《ごくうでん》」であった。

㈢

市野家の先祖が、鬼八退治に活躍した一人であるということは聞いていたが、具体的な言い伝えなどは残っていなかった。あるのは過去帳に近年書かれた先祖の名前で、「先祖　朝日丹部之大臣藤原重忠御苦の子孫にして市野正三郎に分配に相成第一代を定む」とあり、第一代享保六年（一七二一）六月朔日、市野庄吉がこれを継いでいる。これだけの記録であるが大方、先祖が何者であるかは判断できる。

　鬼八討伐の一行は頭領の神武天皇の皇子正一位様、田部（丹部）の大人《たいじん》宗重、若田部（戸高氏・富高氏か）の大人《だいじん》定重（佐田重）ほか総勢四十四人で、鬼八の住む乳ヶ岩屋に押し寄せ七日かけて攻める。攻め手のうち四十二人が鬼に討たれて残るは大将神三人だけになった。鬼八は乳ヶ岩屋から逃げ出し、方々で戦いながら三田井の背戸口に追い詰められる。鬼八が大鎧《おおよろい》を脱ぎすてたのを見て、定重が鬼八を格闘の末に組み伏せて首を斬る。

　遺骸は池に埋め、その押さえに八尺の石を乗せたが、鬼の体が繋がって石を動かすので、体を三つに切り三カ所に埋めた。正一位様は鬼八に捕らわれていたウノメノ御前（窟屋にまします八方美人）を助け出し妃とした。田部宗重と富高定重は正一位様の大臣となり、旭大神の称号と日足紋（朝日紋）の使用を許され、鬼八一族が祭祀していた高千穂皇神の神官家として一の祝子に住んだ。高千穂皇神は後に正一位様とその一門が加わり、十社さんと呼ばれた。

　市野家の先祖はこの田部宗重を先祖とするのが正しいと思われる。田部氏、富高氏は後に神官家の争いなど何らかの事情で、屋敷であった一の祝子を退去しなければならなくなった。田部氏本流は上野と日之影岩井川の大人へ、富高氏の宗家は七折の深角へ退去していった。後に残ったのが、田部氏である市野家と富高氏であろう古賀の戸高家と推測する。

自然石に「朝日塚」と彫られている

市野家の墓所にある「朝日塚」

神殿神宮寺跡の共同墓地の奥に市野家の墓所があり、その一角の自然石に「朝日塚」と彫られている。これこそ神殿市野氏が「鬼八退治」した田部氏一族の出自を証明するもの。鬼八退治に功のあった者に「旭」の称号と家紋として日足紋（朝日紋）が下賜された。

市野家の屋敷内の供養塔

鬼八霜宮の供養塔

市野家の屋敷内に鬼八霜宮の供養塔があるが、これは取付け道路整備の時に移したもので、もとは高千穂神社前の川の岸にあったらしい。故老の伝えによれば、昔から鬼八を水神として祭った場所がそこであった。筆者は河川工事の時に許可を得て工事現場に入り、「鬼八の人身《ひとみ》御供《ごくう》」の伝承を解明する手がかりはないかと探したが、痕跡は何も発見できなかった。この石碑は、天保三年（一八三二）に甲斐氏某によって建てられた「鬼八の供養塔」と思われる。高さ一一五センチ、幅三一センチ、奥行き二〇センチの阿蘇凝灰岩でできている。

押方山附の小谷内にある乳ヶ窟屋《ちがいわや》と鬼八伝承

鬼八の伝承には不可解なことが多く、その一つが「乳ヶ岩屋」である。鬼八の棲家《すみか》とされ、鬼八退治の合戦場所である乳ヶ岩屋に行くには、国道二一八号の押方三原尾野橋の所から跡取川を渡って二・五キロほど登り、二上神社に向かう道と別れ、三原尾野に通じる農道をしばらく行く。

途中に登山道があって、入り口に石仏で有名な甲斐有雄翁（注①）の小さな歌碑があり「天が下　まひろげし……」「あなかしこ　みおやの……」の二首が草書体で刻まれていた。歌意は難解であるが荒ぶる神（鬼八）に有雄が思いを寄せて詠んだものと受け取れる。もう一首は、乳ヶ岩屋の名称の由来ともいうべき白く濁った石灰石の雫（注②）のことを母乳として詠んだもの。〃……まひろげし人多祢の……〃のヒトタネとは、洞窟内の鍾乳石や石筍を形状から男性の性器もしくはそれからの噴出物をとらえて詠んだか、この地の集落名に掛けたのはさすが有雄である。

小谷内にある乳ヶ窟屋

この地の集落の名称である「小谷内」は古くは「子種内」と書いた。そのことを知っていた有雄以上の大学者がいる。それは万葉集の編者といわれる大伴家持である。

先祖が瓊瓊杵尊と一緒に天孫降臨した神の子孫で、そのことを万葉集に織り込んだ。詳しくは高千穂碑（注③）を見ていただきたいが、家持は天平一八年（七四六）、越中国（富山県）の国主となったとき二上神社を国府高岡に勧請《かんじょう》した。現在の二上射水神社がそれである。かつて越中一宮になった式内社である。この神社がある場所は「谷内村」と呼ぶのも妙である。祭神は当然瓊瓊杵尊。この神社の境内に小社があって、「悪王子社」というそうだ。祭神は二上社の分身もしくは地主神で、越中国内から一五歳以上の娘を人身御供として要求した悪神で名僧行基のお経によって諭され山の守り神になったという。なぜか鬼八の伝承と似ている。

現在、二上神社の主祭神は伊弉諾《イザナギ》と伊弉冉《イザナミ》に変わっているが、高千穂神楽での「ご神体」はこの夫婦神合体の名場面で、場所は乳ヶ岩屋である。唱教の「日向なる二上山のふもとにて、乳ヶ窟屋に子種こそふる」は当を得ている。この場所はお社こそないが高千穂八八社の一つである。

【注①】甲斐有雄は幕末から明治にかけての石工、歌人であり国学にも秀でた人物。熊本県野尻の人で先祖は甲斐宗運の家系につながる。生涯二千を超える道標を刻んだとされる。

【注②】石灰石の雫は炭酸カルシウムを含み体に良いとされる。高千穂の地層は秩父古生層とよぶ日本の構造線で地質は石灰岩。乳ヶ岩屋は鍾乳洞である。

【注③】大友家持は衰退していく一族を憂い天孫降臨した先祖の存在を万葉集に織り込んだ。元岩戸村長甲斐徳次郎はそのことを高千穂碑として全国に顕彰した（本書64ページ参照）。

(四)

高千穂神社で行われる「猪々掛祭り」は稲作祭祀の一つであると考えられる。天に上った「鬼八」の霊が引き起こす天変地異、霜の害から大切な御供田（神田）の稲を守るために人身御供までもが行われた。

古来より、神事には稲の持つ神霊の力が必要で、その加護を期待した。また神事の後に行われる直会《なおらい》の儀式は、神霊が召しあがったものを頂くことにより、神霊との結びつきをより強いものとする。現代においても神社庁では、直会の儀式を神々の恩顧《みたまのふゆ》を頂く神と人の共食が本義であるとしている。

鎌倉時代の高知尾荘の水田面積はわずか八町であるが、そこから収穫されるコメは全て神事に用いられる重要なもの。当時の品種改良もされていない脆弱《ぜいじゃく》な稲を冷害から守るには鬼八の霊に頼むしかなかった。

阿蘇で今も行われる若き乙女による火焚き神事が高知尾においてもあったと考えても、無理はなかろう。阿蘇の火焚き神事は、火焚き乙女が八月十九日に神殿に入り、十月十六日までの五十九日間火を燃やし続ける。当然乙女は体力的に弱る。この役回りが廻ってきた甲斐宗摂《そうせつ》は、女御《にょうご》を猪に代えて贄《にえ》（神への供え物、動物や魚など）としたのは賢明である。

高知尾の火焚殿の場所がどこかとなれば、一の祝子の窪地（馬場崎）の牟田（湿地帯）に御供田があったと推測される。鬼八の亡骸を池に納められた伝えもあるので、この場所でしかないのではないか。

その管理者は神職の家系の火宮氏ではないかと推測している。猪々掛祭に歌われる鬼八眠らせ唄ともいわれる「しのべやたんがんさありゃ……」は、この御供田で行われた御田祭に唄われた催馬楽《さいばら》（古歌の一つ）の名残が神楽歌に混じったものかもしれない。

猪々掛祭のもとになる「人身御供」とは火焚き神事である。高千穂では神殿の「一の祝子」で火焚き神事があった。

「しのべや、たんがん、さありゃさそふ、まとはやたちばな、ささくり」と呪文のような鬼八眠らせ歌を唱え、笹を振る神事（神楽）が旧暦の一二月三日に高千穂神社で奉納される。実際これまでに、首を斬られて死んだ鬼八の霊が天に上り霜を降らせて困らせるので、若い乙女の人身御供をもって鬼八の怒りを鎮めようとした行事があった。

あるとき岩井川大人の城主甲斐宗摂の娘にくじが当たり、困った宗摂はそれに代えて猪を奉じた。以来それが慣習となり猪掛け祭と呼ぶようになったというのが、この行事の由来である。

霜宮を称する神社は肥後国に阿蘇霜宮神社と豊後国に健男霜凝日子《たけおしもこおりひこ》神社があり、いずれも高千穂と関係が深い神社である。鬼八を結びつける神社は阿蘇霜宮神社で、健男霜凝日子神社は祖母山（嫗嶽《うばだけ》・姥岳）を本宮とし祭神は豊玉姫で大神氏の先祖神であるが、三社とも霜対策を祈願する神社でもある。

斬られた鬼八の首が飛んできたと伝わる阿蘇の役犬原《やくいんばる》にある霜宮の火焚殿に、初潮を迎える前の少女が八月一九日から一〇月一六日までの五九日間、火焚殿に泊まり込み火を絶やさず燃やし続け、冷えた鬼八の首を温めて早霜を降らせないように頼むという行事である。役犬原という所は阿蘇盆地の低い場所にあり、牟田（湿田）で用水路の必要のない御供田があった地であろう。

水稲は夏の温度が高いほど多く穫れ、夏の寒さは冷害、秋落ち（結実せず）に弱い。脆弱な在来種しかなかった時代、冷害対策として「鬼八のパワー」をあてにしたのだろう。高千穂の猪掛け祭の原点となる「乙女の人身御供」は、一の祝子で行われた可能性がある。切断した鬼八の胴を池に埋めたという伝承から、この地は沼田で高千穂神社の御供田があった場所と思われる。

鬼八を祀る阿蘇霜神社（霜宮）

火焚き神事が行われる火焚き所

緒方・尾賀田［おがた］氏

恐ろしき者の末、祖母岳大明神の子 あかがり大太の長子が高千穂を支配

祖母山は豊玉姫を祀り姥岳《うばだけ》ともいう。その化身が鰐《わに》であったことと同族の大神氏の三輪神社伝説が混じり、祖母大明神の化身は大蛇であるとし緒方惟基という強力なキャラクターをつくりあげた。鱗《うろこ》紋（上）はそのアイテムのひとつであろう。巴紋（下）は宇佐八幡者の社家のひとつ大神氏等が祀る八幡神の神紋とある。

（一）

高知尾の中世の支配者・三田井氏（高千穂氏・大賀氏）を含む大神氏については別項に記すが、高千穂郷内には三田井氏と同じ緒方惟基《これもと》を祖とする諸流は多く、そのうち先祖の苗字がオガタと呼ぶ緒方、尾形、小方、尾賀田、尾賀について考証してみたい。

祖母大明神の化身である大蛇の子孫（恐ろしき者の末の意）という緒方惟基の子どもたちは、成長して九州中央各地の棟梁《とうりょう》として活躍する。それは平安中期の承平〜天慶年間（九三一〜四六）から源頼朝の無双の寵仁《ちょうじん》という豊後大友氏初代能直《よしなお》が豊後をあてがわれ下向するまでの約二百八十年間、豊後武士団として栄華を極めた。

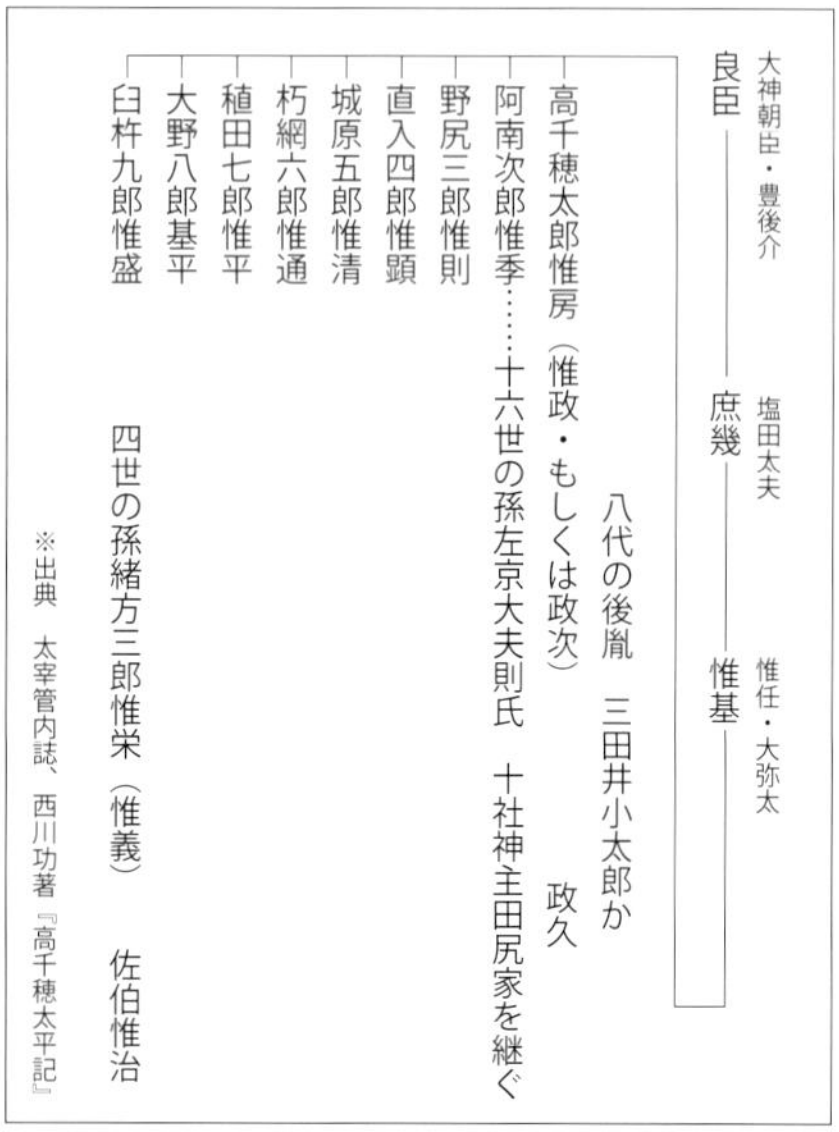

※出典　太宰管内誌、西川功著『高千穂太平記』

緒方惟基を祖とする緒方氏の諸流

緒方一族の繁栄の基盤は日向灘から豊後水道、伊予灘、周防灘の水軍（あるいは海賊衆）で、後に伊予掾《いよのじょう》として下った藤原純友《すみとも》と結び反乱を起こすことになる。反乱鎮圧後、緒方惟基は許されて豊後国の東南部で活躍する。

宇佐八幡の隼人征伐の供養として行われた放生会《ほうじょうえ》の宗教儀式は、仏教と神道の習合として独自に発展した山岳信仰が起こり、やがて国東半島から臼杵にかけて六郷満山文化として花開く。その後ろ盾は緒方氏（大神氏）の大きな財力があったからであろう。これらの文化は番匠川、大野川、大分川、山国川を遡《さかのぼ》り流域各所に懸崖仏、摩崖仏の仏教文化を見る。

内陸部への進出は、やがて祖母の山を越えて高知尾の庄に進出することになる。惟基の嫡男惟房（高千穂太郎政次）が長男であるにもかかわらず、神孫と伝わる高千穂の為政者の養子となり高千穂氏を名乗るのだが、それがどのような経緯で行われたかは分かっていない。

そのころの高千穂は、正一位様（ミケイリノミコト・十社大明神）の鬼八退治という騒乱があったあたりで、惟房の高千穂氏の名乗りはこの事件に関連があるのかもしれない。

祖母山の大蛇伝説と緒方惟基出生伝説

健男霜凝日子神社下宮（竹田市神原）

祖母山は霊山である。祖母山明神として祭祀されるのは、夫のヒコホホデミノミコト（山幸彦）よりインパクトの強いトヨタマヒメ（豊玉姫）の山としての感がある。トヨタマは神武天皇の祖母であることから「ソボ」「ウバ」の名称がついたともいわれている。祖母山そのものを本宮として日向、豊後、肥後の三国に数多の下宮が配されている。

　記紀に登場するトヨタマは海神の娘であり、釣り針を探しに来たホデミ（山幸彦）に見初められ夫婦となる。やがて懐妊したトヨタマは自分の国のスタイルで出産を望む。産屋を覗き見たホデミが見たトヨタマの出産の姿は鰐《わに》であった、という。このことが後に姥岳（祖母山）の恐ろしき者として大蛇伝説が生まれ、さらに宇佐八幡の采女である大《おお》神《みわ》氏の先祖大田田根子の大和三輪山伝説がセットされて皸

（アカガリ）の大太（大弥太）伝説が生まれた。

昔むかし、塩田村の長者に「花のおもと」という美しい娘がいた。この娘のもとへ夜な夜な忍んで来る貴人の若者がいた、やがて二人は愛し合うようになる。心配した母親は若者が如何なるものか、娘に緒環《おだまき》に巻いた糸に針をつけ、それを若者の狩衣の裾に刺し糸の後をたどったところ、糸は祖母山の麓の大きな窟屋の中に延びていた。

一行が窟屋の中に入ると奥のほうから恐ろしいうめき声が聞こえてくる。娘は怖れることなく穴の中に入ってみればおろち（大蛇）が苦しんでいた。娘が涙ながらに尋ねれば、大蛇は「汝が刺した針は私の顎にある。私は間もなく死ぬがそなたの腹の中には私の種が宿っている。その者は男子で末は名高き者となるであろう、大事に育てよ」と言って息絶えた。娘はほどなく男子を出産、男の子はすくすくと成長し近隣に並ぶもの無き若者に成長した。

以上が緒方惟基の出生にまつわる伝説である。史実では惟基の母、花のおもとの出生について、①上記の大田田根子を祖とする宇佐神官系の大神氏である庶幾（塩田大夫）、②高千穂古今治乱記では堀川大納言兼基、③鶏足寺文書他大塚氏由緒書に藤原左兵衛督仲平、④時代は下り関白道隆の子藤原伊周、などの説があり、いずれも貴人の落胤《らくいん》としているが決定的な該当者とは言えないようだ。

惟基は九州において無双の弓取りと謳《うた》われた人物である。郷土史家西川功氏は承平天慶の時代、関東で兵を起こした平将門とならび西国瀬戸内海で反乱した藤原純友《すみとも》の次将が緒方惟基であるとした。純友の軍は瀬戸内海の日振島を拠点とした水軍が中心で、惟基は現在の佐伯に本拠を置き豊後水道から日向灘にかけて海賊行為を働いた。乱は鎮圧されて、惟基は捕らわれて京都に送られ斬首されかけたが、大神氏や宇佐八幡社家等の助命嘆願により承平天慶の乱（九三一～四七）の首謀者の中で唯一人許された。

諸和久集落と後背の「里見の岩」

尾形家の伝承では、先祖は源平時代の勇将緒方惟《これ》栄《よし》の弟で、この地に養子に来たと伝わる。弟は兄からの俸禄500石を断り、鍬３丁に変えてこの地に来たという。南向きのこの地は温暖で肥沃である。近くの山腹からは滔々《とうとう》と水が湧き、開拓者にとってはまさに天賦の土地であろう。兄の名の惟栄は、時代的には300年くらい降るが、緒方氏の祖惟基とすれば合致するので、高千穂太郎政次の高千穂入国と捉えることもできる。弟は時折里見の石に上り、遥か父祖の地に思いを馳せたという。諸和久から見立川を降った所に平清水神社、別名鷹九社神社がある。三田井氏の祖神を祭る重要な聖域で、全てがこの地から始まるにふさわしい場所でもある。

（二）

日之影町見立の諸和久の集落に「おかた」と呼ぶ屋号の尾形家がある。庭の前に大きな石造りの祠があって、両側にサカキの巨木が植えられている。石の扉には違い鷹羽の紋が彫ってあるが、これは家紋でなく三田井氏が崇拝する拝鷹天神を意味する印である。その祠は遠く離れた「十社さん」を遙拝する神聖な場所である。

緒方家の南側の斜面は近世に石積みをして棚田が作られたが、その田んぼの中央に小高い墳墓が残った。この塚の名称は「うば塚」と言い、宮崎県指定の古墳である。うば塚の由来は鬼八退治をした十社大明神のウバで、三田井神殿の高千穂神社から旧暦十一月二十六日の諸和久神社の例祭に合わせて御神幸があり、その行事は終戦後まで続けられた。ウバは乳母とも伯母、姥とも解されるが、乳母であれば乳兄弟がいたはずで、それが尾形家の先祖とも解釈される。

高知尾の古代史において大きな騒乱が何度かあった。その一つは鬼八とミケイリノミコト（十社さん、あるいは正一位様）との戦いである。日之影町にはこの伝説が多い。もう一つの争いは高千穂太郎政次（惟政《これよし》）の高千穂侵入である。このことに関しての記録は皆無である。史家の解釈では、神孫と伝える女系に入婿として惟政が入った、いわゆる禅譲《ぜんじょう》されたとしているが、筆者は簒奪《さんだつ》の可能性があると解釈している。それが鬼八事件ではなかったのか。

鬼八夫人うのめ（采女）の御前こそ正統の家系であった可能性がある。ミケイリノミコトは高千穂太郎政次同人であって、高千穂侵入の起点となる場所こそ、この諸和久であるとも考えられる。

十社大明神と鬼八の謎を解明する手がかりとなる諸和久神社

諸和久神社は集落の谷向かいカツラの巨木から下った杉林の中にひっそりと鎮座する下り宮である。その創建は古く江戸初期の寛永、元禄の棟札が残る。高橋元種を継いだ延岡藩主の有馬氏は、三田井氏

諸和久神社（日之影町見立）

の残党征伐の経緯で誅殺した三田井氏一族の守護神拝鷹天神を各所に祀っているが、この小社もその一つであろう。

有馬左衛門佐永純は三田井氏の祖神の痕跡のある諸和久へ元禄四年（一六九一）に一宇を創建した。施主は佐藤与次左衛門とあるが尾形家とのつながりが不明で、小方家は一時佐藤氏を名乗っていたのかもしれない。神主は田後（尻）隠岐守乗信である。

慶応四年（明治元年・一八六八）に高千穂社家配頭の神主田尻弾正が著した『神社書上帳』に、この神社のことを「御三天宮・所祭神田尻市正之霊を祭ると云傳」と書いてあるが、田尻弾正の読み違えである。あるいは考え違いで、原本の寛永一一年（一六三四）記載の棟札「奉市之神者誄九行本願者諸白之村」（市之神の功徳を讃え諸白村の願いを祈るの意）を田尻弾正の先祖で高橋氏に抗して討ち死にした田尻市ノ正《いちのかみ》のことと取り違えている。ここにある祭神「市之神」は、鬼八退治をした正一位様あるいはミケイリノミコトで十社大明神を指す。暗に緒方惟基の長兄高千穂太郎政次との関係が見えてくる場所でもある。

元禄七年（一六九四）の棟札には、有馬氏の後に延岡に来た三浦壱岐守真次の時代、郡代黒川勘兵衛、舟の尾の代官は一水弥次兵衛で、願主の一人は当時の向山の庄屋飯干姓などがあり、三田井氏の遺臣らしき者の名も読める。神楽面四面があり、いずれも出来が良く塗りも良いが、残念なことに能楽の「般若」「小面」「べしみ」等の影響を受けているのが惜しい。その他神像が数点あったがいずれも稚拙な作であった。上部の平坦な個所に薬師堂があり、多くの仏像や、庭には古い墓石やマキの古木などがあったが、時間の関係から詳しく見ることができなかった。山深い里にこれだけの遺跡が散在するのは、この地が古くからただならぬ土地であることの証明であろう。

近くにあるカツラの巨木は、国の指定こそないが日本有数の古木であることに間違いなく、この地より悠久の歴史を眺めてきたに違いない。

㈢

三田井の台地を包むようにそびえる連山は、寒い北風を防ぎ豊かな水資源を蓄える。三田井北区、浅ヶ部から本組は、まさに母の懐に抱かれたような土地である。いたる所に縄文、弥生、そして古墳時代の遺跡が点在し古くから開けた場所で、まさしく神話と伝説を伝える舞台にふさわしい。

中世の高知尾の領主的為政者は高千穂氏で、後にその宗家筋は居住地の三田井姓を名乗った。遠祖緒方惟基の長兄高千穂政次の入国が平安時代の天慶年間（九三八〜四七）とすれば、中山城落城の天正十九年（一五九一）までの約六百五十年の長い間の支配である。その間、政所ともいうべき政庁としての館もしくは城郭なるものがどこにあったかということは分かっていないが、地元に残る伝承と壮大な遺構を紹介したい。

戦国の世となる室町末期からのおよそ百十年間は、籠城に都合の良い向山の仲山城（領主の政務は御内の御所という館）を本城として各所に支城を置いて移るのだが、その期間を除いてどこかに三田井氏の拠点があったのであろう。

鎌倉幕府が成立して間もない頃、鬼八退治のことを書いた『十社大明神記』に、「……天ぢくまかつ大こくむろ之かうり小野之里、興呂木大里……」と、平安時代以前の高知尾の中心地を暗に「興呂木の宮居」として、現在の本組を表している。また、宮居を「藤岡山」と書いた文書もある。この藤岡山は現在の高千穂小学校の場所で、前身の三田井小学校の運動場開きの際には、たくさんの土器や石器が出土したらしい。いずれにしろ、古代においては神代川周辺が中心地であることには間違いない。

十社大明神の祭神の一柱に浅良部命《あさらべのみこと》（浅良女明神とも。妃の一人か）の名がある。十社明神と浅ヶ部集落との関わりが深いことを示す。十社大宮司田尻氏にとっては本願の場所で、同じ神職の田部氏、田崎氏と古い家系である興梠氏、吉田氏、戸高氏（富高氏）も軒を並べる。岩戸、七折、山裏に通ずる古道の起点は浅ヶ部猿伏で、十社大明神もここより諸和久まで御神幸を行った。三田井氏一門にとって重要な先祖神を祭る平清水神社参詣もこの古道を通った。

浅ヶ部集落の中央部の梅木の長福寺跡から郡内一のおびただしい五輪塔群が発見され、その数量からかなりの長期間、この場所に支配者が代々住んだと思える。

この長福寺の遺構は近年まであったが、その始末に困り破却して田崎家の庭に埋めたとのこと。今は小高い丘になっている。ここが中世における三田井氏の館、政庁の跡と推測するのは無理がない。

三田井氏の居城中山城址

戦国時代の三田井氏の居城中山城址

三田井氏がこの城に本拠を移したのは、石部新左衛門の内乱のあった文明年間の頃と推察される。南北朝の時代が終焉して平和の時代が来たのもつかの間の室町中期、高知尾にも戦乱の兆しが感じられ始めた。三田井家において、阿蘇氏と豊後大友氏のいずれに与《くみ》するかで対立が起こる。

三田井氏家臣団の中で有力者であった馬原石部新左衛門と三田井惟利、子の牛徳、前の領主で惟利の兄（もしくは父）高千穂因幡守惟世の一派は巨大な勢力であった豊後大友氏に付くべきであるとした。それに対し、南北朝時代から友好関係のあった阿蘇氏に与すべきとした多くの家臣は、三田井惟秀、惟治を奉じ連判で起請文を起こし対抗した。

西覚寺

菊池市にある真宗寺の名刹。高千穂の領主であった高千穂因幡守惟世がクーデターにより追われ、出家してこの西覚寺を建立したという。

文明一三年（一四八一）、連判の起請文に署名された名前は河内飛騨守政歳、三田井七郎二郎惟房、向山豊後守惟豊、向山弾正忠惟家、塩市紀伊介惟貴、安徳大和守惟次、向山伊豆守教豊、山崎能登守惟種、柴原参河守惟宅、向山清衛門胤豊、向山二郎惟満、向山左衛門惟幸、向山太郎二郎惟清、柴原又三郎秀幸、佐藤山城守秀次、佐藤肥後守秀安の一六名。圧倒的に阿蘇氏の諱である「惟」の字が多い。

クーデターにより高知尾を追われた高千穂因幡守惟世は出家して豊後、肥後を点々として菊池市に西覚寺を建立し名刹として今に伝える。この文書にある三田井七郎二郎惟房は、三田井右武の父と目される人物で、安徳大和守惟次は三田井家ナンバーツーの血筋として、安徳を〝アドコ〟と呼ばれた緒方氏の可能性が高い。

この時代は甲斐氏の台頭以前その名はない。署名の武将の知行地で多いのは向山氏で、おそらく本姓は飯干氏と解釈される。地域別にみた場合塩市、安徳（阿床）、山崎は全て三田井北地区になり、この地が三田井氏の本願の地であったことが判断できる。

戦時色の高まる時代になって、このクーデターをきっかけに新しい城主三田井右武は向山移転と甲斐氏、坂本氏、佐保氏等職業軍人の移住を進め軍備増強を図ることになる。

(四)

三田井後川内の阿床へ向かう途中、左側に垂直に落ちる谷があった。大平山トンネル工事の捨土で埋め立てられ、現在はソーラーパネルが立ち並ぶ発電基地になっている。この谷底に池がありかなりの湧水で、昔は吾平地区の人たちがこの水を利用した。およそ九百年前この地に来た人たちにとって、予測のつかない様変わりである。

ここから流れ下る小川を池の川と呼んで、途中から呑田川《のんでんがわ》（納田川）と名前が変わる。三田井の地名の由来となったミモリタ（御守田）は呑田川にかかるメガネ橋（石橋）を渡った三叉路の所で、ヒバリダ（比波里田）は近くの徳玄寺集落のヒバリ天神の下にある。残る三田井の地名の一つは御塩井のマカズダ（不蒔田）で、総じて三田となる。このことからこの地に三田井の地名が発祥したと解釈される。

鎌倉時代の記録『建久図田帳』には、高知尾社八丁（町）……と水田面積（西臼杵全域）の記録があるが、その大半はこの呑田川と比波里田川流域に点在する水路不要の天然の牟田（湿田）で、十社宮の御供田に供された。

緒方惟基の長子高千穂太郎の一族が豊後からこの地に移住し（あるいは征服か）、彼らが屯田兵としてこの地を開拓したのではないか。ノンデンの意味について、郷土史の先達小手川善次郎氏は開拓地、もしくは新開の地を指すと考証している。

この谷あいで高千穂氏の宗家である三田井氏一族が繁衍《はんえん》（増え広がる）していった。

豊後緒方氏（大神氏）の高千穂侵入は、西川功氏などの研究によれば天慶年間（九四〇年頃）といわれ、後に領主的存在となる高千穂氏が分派して代々の諸子に郷内の地域に赴かせ、その土地の名前を名乗らせた。宗家は三田井姓を名乗ったが、その館は屋号を阿床《あどこ》と呼ぶ現在の後藤豊和氏の家であろう。現在は後藤姓であるが江戸時代以前の本姓は尾賀田で、家紋はマルなしの左巴紋からして、この家が三田井氏ナンバーツーの存在である「安徳の殿」の後裔《えい》として間違いないと推測している。

三田井氏を支えたのは馬原氏である。馬原氏は高知尾の郷土史の中で度々登場する有力な一族であるが、系図、由緒書きなど出自を証す文書がなく、不明な点が多い。唯一記録として残るのが岩戸土持系図の諸流、左衛門三郎助綱の系統に政綱という人物の名があり、この人は別名馬原椽之助《てんのすけ(?)》という。「始め大神氏伏也」と添え書きがあるので生まれは大神氏で、土持氏に何らかの事情で助綱の嗣子《しし》として入り、馬原姓を名乗った人物とも考えられる。

それから馬原氏の勢力は日増しに拡大し、その他の国衆《くにしゅう》的諸土豪との間に新たな問題を生むことになる。

天然の要塞・徳玄寺集落を望む

塔野にある宝篋印塔。
奈留媛の供養塔と伝わる

御供田があり、天然の要塞であった徳玄寺集落

三田井北区の最奥の高台に徳玄寺の集落がある。地名の徳玄寺は岩戸の東岸寺と並びかつてあった寺院の名称で、上野の龍泉寺を含め三寺院が後鳥羽上皇の皇子で九州に曹洞宗を広めた寒巌《かんげん》義尹《ぎいん》禅師による開基と伝える名刹であった。

三田井家最後の当主鎮信《しげのぶ》には二人の娘があった。父の死後姉の於東《おとう》は徳玄寺の大賀家に嫁いだ。墓所には江戸時代に建てられた三田井家の姫君にふさわしい立派な墓が建てられている。妹についてはその後が不明である。一説には、成木城の本丸址と推定される、現在の塔野に立つ室町時代様式の宝篋印塔が奈留媛の供養塔ともいう。

徳玄寺の地勢は城《ジョウ》の地形で天然の要害である。三田井氏麾下《きか》の相当の勢力が居住したが、その代表が尾賀田氏である。明治に改姓した後藤家は古くは緒方氏である。「阿床」の地名は「安徳」で甲斐氏台頭以前の三田井家の家老格が名乗った苗字で本姓は尾賀田氏と思われるが、大賀氏、馬原氏の可能性もある。
高台で展望も良く水資源にも恵まれたこの地は、三田井の地名発祥の一つ「ひばり田」下方に「みろく田」があり、いずれも天然の牟田（沼田）で十社宮の祭祀に使う御供田として祀られていた。

緒方・尾賀田［おがた］氏

㈤

紆余曲折した南北朝の時代も終焉の時が来た。山田舎《やまいなか》の高知尾にもしばし平穏の時代が訪れたように見えたが、新たな騒乱の予兆も感じられた。高知尾衆と共に南朝方として戦った阿蘇氏の影響は薄れ、高知尾の支配構造にも変化が表れ、代わって豊後大友氏の武威になびく者が現れる。

豊後の太守大友親繁は娘を三田井家の当主三田井惟利に嫁がせた。大友氏の心底は三田井家への干渉を考えての、政略結婚であろう。

その当時、三田井氏の家臣の中で重きをなしていたのは馬原氏である。南北朝の頃からの旧臣で菊宮神社創建にも関わり、一門は岩戸や上野にも勢力を伸ばしていた。その中に、東岸寺に拠点を置く馬原氏の領袖に馬原石部新左衛門惟頼がおり、新左衛門は三田井惟世、惟利父子と結びこれまでの三田井家の阿蘇家寄りから離れて大友氏に通じようとした。それを知った阿蘇氏は重臣を派遣して干渉した。

文明十三年（一四八一）、大友氏の介入を恐れた三田井氏一門惟秀と惟治は、老臣の河内飛驒守政歳以下十七名の重臣と計らい、阿蘇家に対して二心無き旨の起請文（『阿蘇文書』）を書かせた。重臣二十名中十七名が賛同し、惟世と惟利の反乱（クーデター）は失敗した。身の危険を感じた惟世、惟利父子、馬原新左衛門らは高千穂を逐電《ちくでん》（すばやく逃げて行方をくらますこと）した。

起請文に署名した人物の出自を順番に見ると、筆頭は河内飛驒守政歳（大神氏）、三田井氏一門の老臣で阿蘇氏に近い人物である。次の三田井七郎二郎惟房は系図では親氏か、後に領主になり右京大輔右武の父親となる人物。次に向山の苗字を冠する者が豊後守惟豊、弾正忠惟家、伊豆守經豊、清衛門胤豊、二郎惟満、左衛門惟幸、太郎二郎惟清の七名で、その出自は大神氏、あるいは飯干氏の出であろう。次の塩市紀伊介惟貴は山興梠氏、安徳大和守惟次は大神氏、山崎能登守惟種は柳田氏か馬原氏に近い系統である。柴原参河守惟宅と柴原又三郎秀幸は芝原の興梠氏。佐藤山城守秀次と佐藤肥後守秀安親子は山裏の佐藤氏である。

起請文の内容を要約してみると、

一、惟秀、惟治様以外は上と仰がぬこと。

二、阿蘇の三人の殿に対して二心野心なく過去の御恩に報い安穏に努める。

三、惟利の子、牛徳やその他の子に音信を出さないこと。特に馬原新左衛門やその他の落人を見かけたら連絡すること。

以上の内容である。

これより三十四年後の永正十二年（一五一五）、再び事件が起こる。当事者は同じ馬原氏で本家筋の阿床の馬原中務少輔と佐藤修理進父子が領主の右京大輔右武に謀反を起こす。謀反の内容については不明だが、この反乱を収拾したのは甲斐一族の棟梁甲斐大和守親宣である。親宣は腹心の押方又三郎重勝に解決を命じた。押方氏一族は筑後の秋月に仕えた経験から、戦《いくさ》での調停、調略は経験豊富であったので反乱は直ぐに鎮圧され、馬原中務少輔、佐藤修理進父子も許されたようだ。

この解決に、領主右武から押方氏に「忠義を尽くしたこと永代忘却せず」との感状が、親宣からは褒章として土地の宛行状が「この度の三田井一家にに対する野心の仁成敗について駆けまわったので押方の内□□□の土地を与える」とあった。甲斐親宣はこの事件で三田井家ナンバーツーの役割を持ったことになる。

右武は当時の情勢から軍備の必要性を感じていた。『古今治乱記』に右武が諸国の浪人を召し抱えたことが載っているが、その筆頭は甲斐親宣を麾下においたことであろう。そのことが戦国の時代に九州の中原にたくましく駆け抜けた甲斐氏一族の台頭となるのである。

三田井氏家中の謎の実力者・安徳《あどこ》の殿

山崎より阿床方面を望む

三田井北の山崎から西に向かって延びる谷間に点在する集落が後川内である。手前から阿床、徳玄寺、成木、塩市へと続き、この谷間を通って後背の山の尾根（尾坂峠）を越えて下野に至るのが古くからの往還であった。この狭い地域が三田井の地名発祥の地と目される場所、遥か西の方向には五ヶ瀬川を挟み信仰の山クシフルタケノミネ（二上山）の山容がどこからも望める。近くに陣内遺跡、吾平原古墳群、藤岡山などの古代史の遺跡が点在するが、この地域こそ「プレタカチホ」（古い時代の高知尾）といえるだろう。

平安末期、豊後の器量人緒形惟基の嫡男政次がこの地に下り、神孫と称する塩市興梠氏の娘奈留基媛を娶《めと》って高千穂太郎を名乗り、智保郷の支配者になった。その勢威は肥後の阿蘇、益城、矢部の三郡、豊後は宮砥、入田までおよび郷内一八カ村、郷外四三カ村の広大な地域の支配者となったと伝わっている。

高千穂太郎の子孫は宗家が三田井氏を名乗り、地域に赴いた者はそれぞれの土地の名称を名乗った。高千穂太郎政次より十数代後の三田井小太郎正房から政家、政国の三代の居城は前稿の奈留基城（成木城）で、政康から政俊は田向城と高久保城を居城として陳内に館を構えたとある。その後、政經の代に本格的な堅城淡路城（花見城・現在の城山）が築城され、政經は東光寺に館を構えた。向山の仲山城ほか高千穂四十八塁以前のことである。

大賀系図によれば、政綱に四男があり末弟を安徳飛騨守惟治という。この人物が「阿床の殿」で尾賀田氏の始祖となったと思われ、以後惟常、惟則、惟次に至る。領主三田井氏宗家が居城を点々とするにもかかわらず、安徳の殿は奈留基城にあって、三田井氏の家老的役割を果たした。享徳二年（一四五三）、大神貞貫（当時の三田井氏領主）が押方氏に土地の宛行（用作の事・押方文書）をしたが、それは領主から安徳の殿を経由して押方氏に渡す方法をとっている。これは大神惟久が発給した文書（長禄二年・一四五八）でも安徳氏を経由する方法が用いられており、当時の支配構造を知ることができる。

この代官的重要な役割は台頭した甲斐氏に継承され、実力者甲斐大和守親宣が担うことになって以後、安徳の殿の名前は見ることはできない。

極殿［ごくでん］氏

神に供えるお米を栽培した御供田の管理者

本姓は不明だが、家紋の「上り藤」からみて前の姓は後藤、もしくは工藤であろう。旧岩戸村の野方野にある高千穂郷中一戸だけの苗字。野方野川周辺に神域があり、ここに水田があったと思われる。井手（用水路）がない時代、神事に用いるだけのわずかな米を生産した。山越えした七折の徳富集落、五ヶ瀬川を渡った岩井川大人にも御供田があった。

㈠

本来は御供田《ごくうでん》と書くのが正しいかもしれないが、高千穂では極殿と書き「ごくでん」と読む。少数派の中でも少数で、高千穂郷西臼杵で一戸だけ岩戸の野方野にある苗字である。神に献上するお米を栽培した水田「御供田」にちなむ由緒ある苗字である。野方野の極殿さんは、古くは石神神社（十社大明神の説もある）の御供田の管理者であり、所有者であったことからそう呼ばれるようになった。本姓は分からないが、家紋の「上り藤」からみて前の姓は後藤氏もしくは工藤氏であろう。

日本の神様とお米は切ってもきれない関係にある。お米を中心とした食文化は日本人の精神

極殿［ごくでん］氏

構造の中枢であり、その最たるものが天皇家と米の関係であろう。皇室が行う様々な行事（神事というべきか）、豊穣を神に感謝する新嘗祭《にいなめさい》はもとより、天皇が即位して初めて行う大嘗祭《だいじょうさい》についても、すべては米に起源する。「はじめに米ありき」である。「米」の持つ神秘性、水さえあれば多くの民の命をまかなうことができるパワーを米は持つ。それは天皇家の先祖がこの地に降り立ったときに始まる。

記紀にある天孫降臨のくだりでは、瓊瓊杵尊《ににぎのみこと》が豊葦原瑞穂国《とよあしはらみずほのくに》を統治するために天降りをするが、地上は混沌とした暗闇に包まれていた。『日向風土記』では、迎えに出た先住民の土蜘蛛の大鉗《おおはし》《おおくわ》・小鉗《こはし》《こぐわ》のすすめで「皇孫《すめらみこ》御手を以て稲千穂を抜き籾となして四方に投げちらしたまはば、必ず開晴《あか》りなむ」とある。

高千穂盆地を望む国見ヶ丘に建っているニニギ像

天孫降臨したその場所を高千穂の二上峯《ふたがみのたけ》（『日本書紀』では日向襲之高千穂峯、『古事記』では竺紫日向之高千穂久志布流多氣、風土記等には竺紫日向高千穂櫛触之峯、日向高千穂穂日二上峯、日向襲之高千穂添山峯）と言い、「後の人改めて智鋪と号《なづ》く」とあり、「高千穂」という地名そのものが稲の良く稔るところという意味であ

高千穂碑

「ひさかたの天の戸開き高千穂の嶽に天降《あも》りしすめろぎの神の御世より櫨弓《はじゆみ》を手握り持たし……」と、万葉集の歌人大伴家持《やかもち》は、先祖が天降りした神様の一人であったことを忘れない為に、そのことを万葉集に歌い込んだ」

った。

和銅六年（七一三）に諸国の郷名を二文字に改めよという政令が発布され、それにより智鋪、智保、知保の文字が充てられるが、共通する語源は稲を表す「千穂」である。古代の「チホ」の土地は、阿蘇外輪南麓の南阿蘇から西臼杵全域と東臼杵郡の諸塚村にまたがる。六世紀後半に、日向と肥後に境界が定められて分割されたが、それまでは九州中央部に広がる広大なひとつの地域であった。

肥後のチホを下高千穂として知保の字をあて、日向のチホを上日向として智保と区分されている。上日向、智保はその後「和名類聚抄《わみょうるいじゅうしょう》」には臼杵郡智保郷とあり、鎌倉時代には高智尾庄とも呼ばれている。

鎌倉時代の建久八年（一一九七）、源頼朝が惟宗忠久に島津庄の管理を任せ、このときに書かれた「嶋津図田帳」によれば日向国内には三八三七町の水田があったが、高千穂はわずか八丁（町）が高智尾の神田であり、その管理者は土持太郎信（宣）綱という宇佐八幡宮岡富荘（延岡）の管理者であった。

当時の高智尾荘は豊後から侵入した大神姓高千穂氏（三田井氏）の力は未だ弱く、縣《あがた》土持氏の影響を受けていたようだ。土持氏は、妻万社（西都市）の社人日下部《くさかべ》氏から広大な土地の権益を得ている。

米の持つ神秘性のひとつを紹介したい。東臼杵郡の西郷村（合併して美郷町となった）に日陰山という標高八九七メートルの小さい山があるが、村内からは何処からも良く見え際立って山容が美しい山である。別名を「権現山」という。この山には不思議な言い伝えがある。

今から千年前、平安時代の頃であろうか、この山に向かって七日七晩犬の遠吠えがあり、山頂に光り輝いている所があった。村人は不思議なこととしてそこを掘ってみたところ、鋤《すき》の先が出てきた。

これを御神体として祭り、これを他の神々と併せて祭ったのが田代神社である。この宮の神田の田植え祭りを御田祭《おんださい》といい、毎年七月七日に行われる。田植えに先がけ裸馬に乗った若者たちが、神田の泥水を跳ね上げ疾走する勇壮さは、訪れた人たちを魅了する。

（二）

平成十七年（二〇〇五）十月二日、台風十四号のため延期していた四国行きを実現するため、私は臼杵から八幡浜行きのフェリーに乗った。フェリーは九州側の佐賀関半島を左舷側に望みながら進む。程なくそれは長い四国伊予の佐田岬半島に変わった。八幡浜港に着くなり伊予大州に出て松山自動車道に乗る。この高速道は瀬戸内海に迫る石鎚《づち》山系の中腹を走るため、眼下には稔り豊かな伊予平野が望める。四国の瀬戸内海側は川がない。あっても水無し川である。水利は殆《ほとん》ど溜池に頼る。讃岐平野までは堤を拡げた溜池が点在する。

近藤日出男先生

四国に来た目的は、民俗学者の近藤日出男先生に会うためである。氏は古代からの食文化については日本有数の識者であり、特に古代米研究の権威でもある。著書の一つ『四国・食べ物民俗学』は四国の一地域を取りあげた地味な本ではあるが、かつてあった縄文時代からの食べる習俗を探索した名著で、最近続編も発行された。

筆者はひょんなことから氏と知り合い、以来いろいろと教えを乞うてきた。

極殿［ごくでん］氏

昭和三十七年（一九六二）から四十年にかけて農林水産技術会議が行った「わが国の在来稲品種の特性」の調査は、日本の稲作のルーツを探る上で貴重な調査である。近藤氏はこの調査の中心的存在で、全国各地や九州山地をくまなく踏査し、当時残る在来種の稲を収集して分析、そのデータを残された。

筆者が氏に会う目的の一つは、この記録を基に古い時代の高千穂（江戸時代以前の諸塚村を含む広域）で、神前に供えられたであろう御供田の米の種類を探るためである。さらには三田井の語源ともなった高千穂の米の起源にも迫ってみたいと思った。

愛媛県新居浜市の近藤先生のご自宅に快くお出迎えいただきお話を聞くことができた。「わが国の在来稲品種の特性」の資料は、稲一つひとつの固体を発芽から籾の採取まで丹念に特性を調べたもので、膨大な調査数値には驚く。学生の協力もあったことであろうが今後二度とできない記録であろう。

資料からの抜粋であるが、西臼杵及び近隣の調査では、高千穂町一（内香米一）、日之影町二十四（内香米二、赤米四）、椎葉村七十三（香米一、赤米一、淡赤米一）の品種を採取されている。この香米（香稲《こうとう》）というのは、においい米のことで、麝香《じゃこう》米、ネズミ米とも呼ばれ、炊飯すると独特の香りがする。原産は東南アジアから中国雲南省と見られ、古くより日本に伝わった。赤米は、長いノゲが発達し古い時代の特徴を残している。

高千穂でも栽培されている赤米。落粒しやすいのが特徴（中国成都近くで撮影）

大正時代、米の品種改良が政府主導で行われ、さらに昭和に入り第二次世界大戦による食糧難の時代となると米は多収穫品種一辺倒となり、結果として赤米、香米を含む在来種は駆逐されてしまった。

民俗学者の間でも、これらの米は消滅したであろうとされていた。近藤氏は昭和三十六年（一九六一）、高知県中村市の山奥の集落にあった隠し田で香米を発見、以来四国山地に足を踏み入れ多くの在来種を発見された。

何故、消えてしまったとされる在来種が残っていたかは、それらの米の特性にあるようだ。植えた覚えもないのに不思議と毎年生えてくる。それは落粒しやすいという特性から秋風が籾を撒き散らしたからであった。また、人里離れた場所にある隠し田で栽培されていたことと、標高が三百メートル以上の高い所でイモチ病にこれらの品種が強かったことにあるようだ。

最近、古代米や五穀米などがブームをよんでいる。赤米や香米、中国から新しく入ってきた黒米なども含め、これら在来種の存在が注目されだした。

近藤氏は著書の中で食味が良く白玉が一番良かった特性を備えた品種が九州にあったと述べ

られている。それは、高千穂神社に神饌《しんせん》米として献上されていた「トクズミ」という米である。トクズミとは、日之影七折の徳富《とくずみ》集落をいい、ここの御供田で栽培されていた米である。これは、神々だけに捧げる米で常食とはされなかった。神聖な米であるので、肥料は落葉だけを用いる。近藤氏は、昭和三十年代にこの品種を採取し、その食味の良さに驚かされたという。

(三)

高千穂郷の真名井の滝展望所横に七つが池とよぶ甌穴《おうけつ》群がある。この池の脇を登った向かい側にゴロタ石が重なる場所があり、ここを不蒔田《まかずだ》、あるいは実《み》（美）録田《ろくだ》という。

故事によれば「まれに、蒔《まか》ざるに自然に稲生ず。其の年ハ世中なべて耕作よろしと云、天孫降臨の時、御手に持せる稲を籾となして、散し玉ふ。その稲の名残りと云う」という。また一書に「大明神の池（七つが池）より五尺程北に大明神（十社大明神）御立かさ（傘）のあと、其東に大明神の田あり、縦は六尺、横は七尺程の石つぼ也、年々に人間う（植）え不申候に田のいねはえ、凡三になる。四もと五もとよりうえはなし。此のいねみのり申したる年は、世間ふつき成り、又、実悪《あ》しき年は世間耕作悪しき也、其年々大水出来の年は、もとの石つぼになる。左様にてもまた明《あく》る年には水たまり稲出で来る也」とあり、当時の人々は稲の持つ不思議な霊力を神と結びつけた。延宝年間（一六七三〜八一）に高千穂を訪れた巡検使は「十社大明神のご

郡内の御供田一覧（筆者が現在確認しているもの。これ以上あると思われる）

町村名	地区	場所といわれ
高千穂町	三田井	実録田、実守田、比波里田は高千穂神社（十社宮）の御供田であった
	岩戸	野方野の岩神神社の御供田
	上野	枳原八幡の御供田
日之影町	七折	徳富の十社さんの御供田
五ヶ瀬町	三ヶ所	八重所の樺木嶽城主芝原性虎が開いたと伝える御供田
	桑野内	横通りの井川に一反近くの水田跡、芝原性虎が古戸野神社に寄進した。芝原田ともいう

近所に有之田申上れば不思議の事、日向は神国にて有之間、左様の儀にてもはえ可申哉と被仰候」と驚いている。

この不思議な不蒔田の解明は、民俗学者の近藤日出男氏が四国山中で出合った香稲《こうとう》（におい米）の発見で説明ができる。それは、水田の一隅にぽつぽつと異種の稲株があり、「播いた覚えがないが、毎年自然と生える。まあ自家用だから放ってある」と所有者は代々耕作をしてきたというが、実るとすぐ脱粒する品種改良前の特性が香稲の命を永らえてきた。

度々の洪水にあっても実を稔らせた高千穂郷の不蒔田は、刈り取られて、十社さんの神前に供えられた。いつしかここが実録田と呼ばれるようになった。同じように自然に稲が稔った場所が、陣内の実守田《みもりだ》と後川内の徳玄寺の比波里《ひばり》田《だ》で、三田ともいずれも牟田とよばれる湿田である。

この三つの不蒔田とあわせて三つの川、熊代《くましろ》川（熊白川・本組の神代川）、逢初《あいぞめ》川（三田井下川登）、比波里川（後川内）より「三田井」の地名が起こったとされる。これらを結ぶ地域は、縄文から弥生、古墳時代にかけての遺構、遺跡がいたるところにある。

ジンダイガワとよぶ神代川の本来の読み名はクマシロで、それは「神稲」の意、シロとは「田代」つまり、水田の代掻きに通ず、と本組の興梠家に伝わる古文書には記載され、この解釈からすれば、古代より神代川の水系に稲の栽培が行われていた可能性がある。

陣内の実守田附近の井戸址

今は埋め立ててある。電柱手前の三角地がそれである。最近まで収穫の一部は高千穂神社に供えられていた。

陣内の実守田について「天照皇大神の間食す斉《ゆ》庭《にわ》の稲穂を持来りて、天孫尊のつくらせ給う御田にて、今迄も造り来る也。此田植刈取りにも十三才より内の女のわざ也。例年九月九日に刈り其まま神主方に持行き、此稲を御焚で同月十五日天孫の御食に捧げ奉りて、余りを御守とす伝て御守田と号す。比波里田も御守田に異なるなし」とあり、いずれの水田も十社宮に供える御供田で、さらに、これらの御供田では、十三歳未満の早乙女が田植え刈取を行っていたことがわかる。

(四)

日之影町七折の徳富に至るには、国道二一八号・平底から一水地区を経て入るか、もしくは波瀬より旧道を下り長谷川の源流を登る。三方を山で囲まれ奥まった地域で多少不便さはあるが、かつては戸川に越えるシャレ越、高千穂町の野方野に通じる竹の辻越などの端緒で、また見立の白仁田と岩戸の永の内を結ぶ俵石越が村の上部尾根を通っており、古代より交通の要衝であった。

天正年中(一五七三～)、縣高橋氏に攻められた永の内の城主富高氏の子どもらはこの地に落ち匿われた。集落には無数の立派な五輪塔や、薄幸の姫君の話も伝わり、歴史の古さを物語る。

高千穂神社の祭神「十社様」は、旧暦十一月二十六日に、乳母が祀られている諸和久の尾形家に会いに行くため、俵石越を通った。道のりは遠いようだが、尾根筋の道は最短距離を通るために意外と近い。

高千穂神社から浅ヶ部を経て岩戸五ヶ村、永の内から俵石越を通り、見立の白仁田に出る。見立川を渡り登ったところが諸和久で、町村合併で見立地区が日之影町に併合されるまでは、旧岩戸村に出る重要な往還であった。明治十年(一八七七)西南の役で西郷軍もこの道を利用した。

極殿［ごくでん］氏

徳富の「ゴクデンダ」と呼ばれる水田

水田の中に立つ石柱は猪掛岩《ししかけいわ》と呼ばれている。十社宮（高千穂神社）の奇祭シシカケマツリとの関連が推測される。

徳富工藤家に伝わる市之正の面

黒と赤の漆を巧みに塗り分けた見事な面である。

徳富の工藤昭一さんの家には市之正《いちのかみ》（高千穂神社の神主で、三田井氏を滅ぼした縣高橋氏に抗した）の神面が伝わっている。村の人々は村の尾根、天空に近いような俵石越を鉦《かね》太鼓を打ち鳴らし通る十社様御神幸の一行に、この神面を峠の方向に向けて拝んだという。

この徳富集落の奥詰めにゴクデンダと呼ばれる三畝（三アール）ばかりの水田がある。昭和三十七年（一九六二）から四十年頃にかけて民俗学者の近藤日出男氏らが全国で採取した古代米の特性を持つ不蒔田の水稲の中で、食味の良さから有望種として上意にランクした「トクズミ」種子を採取した水田である。長谷川の源流沿いに耕作された神聖な水田には、堆肥は用いず落葉などの有機質の肥料のみで栽培され収穫された稔りの大半は、十社さんの祭礼に供えられた。

日本の米の起源について江戸時代の農政学者、佐藤信淵《のぶひろ》（国学者、空想的な社会改革論を展開した）は面白い説を述べている。これは、宮崎の郷土史家石川恒太郎氏の『日向ものしり帳』や現代農業社出版の『日本農書全集』に掲載されているものであるが、それを引用すれば、天孫が降臨した瓊々杵尊が持ってきた稲は（天気が暗く、土着の民、土蜘蛛の大鉗小鉗の勧めで邇邇芸命の稲を播いたところ天地が明るくなった）日向種もしくはカササ種といい、出雲の勢力大国主命の稲は出雲種、もしくは大黒種といった。さらに、日本海に面する越の国（越前、越中、越後）に来た人たちが持ってきた稲は越種という。この三種が日本の米の起源らしいが、もう一つ別に「トウボシ」というのが後の時代に中国から輸入され、それを加え四種が日本の米の起源だ、と信淵は述べている。最近の調査で解明が進むジャポニカ（温帯種と熱帯種がある）と呼ばれる日本の米の伝播ルートは、まさに佐藤信淵が述べたとおりである。日本の米の起源を調べれば、豊葦原瑞穂の国と呼ばれた日本の建国、さらに日本人の思想に大きな影響を与えた『古事記』『日本書紀』の神話の世界の記述が実際あった出来事として解明できるかもしれない。

岩戸野方野地区や極殿氏をめぐる歴史的な背景であるが、高千穂神社文書や田部文書にその記述がある。熊野信仰が盛んになった北条鎌倉の時代、高千穂の領主政綱は十社大明神の神領の一部を熊野神社に寄進した。そのため紀州熊野社から灯明料の徴収に役人（領家職）が派遣され、役人が住んだ館が置かれた。その場所は明確ではないが、岩戸の寺尾野もしくは上村といわれている。寺尾野はかつて若王子権現（落立神社）を祭司する漆嶋《うるしま》氏（佐藤氏以前の社家）がいた所で古くから紀州熊野社との関係が深い。

時代が進むにつれ領主高千穂氏と熊野社との間に灯明料をめぐって争いが起こる。熊野社は十社宮の神主田部氏に灯明料の取り立てを依頼したため、問題は複雑となり、熊野の別当浦上氏が領家職として荘園からの税の徴収に来た。

㈤

燈明料をめぐる領主高知尾氏と熊野社との争いは、上野柚木野の田部家に伝わる鎌倉時代建長六年（一二五四）の「関東下知状」他数編の古文書、高千穂神社所蔵の文書等により断片的に読みとれる。田部家は、古くは旭大臣を称号する高千穂神社の神職で、十社大明神の鬼八退治につながる高知尾庄の由緒ある氏族である。鎌倉時代には地頭（在地領主）高知尾氏と拮抗する勢力を有していた。

十二世紀末高知尾社の社田八町は妻万神社の支配下で、その社家日下部氏より権益を得た土持宣綱の所有となり、土持氏の同族田部氏が神職となったと推測される。このことについては長文になるので別稿で述べるが、その後、地頭高知尾氏の熊野社本宮灯油寄進（建長九年か）によって以降百十余年にわたる争いが起こる。

最初の対決は、高知尾三郎政重と荘園の官吏である雑掌進士五郎高村との相論で、鎌倉幕府

古文書等で確認できる高知尾氏、田部氏と領家熊野別当浦上氏相論

和暦	西暦	事　項	内　容	出　典
建久8	1197	高知尾神社の社田8町	妻万宮領のうち土持宣綱	日向国田帳
安貞3	1229	北条氏被官安東法橋明尊（熊野別当）による検注（検地）	北条氏より熊野社領として確認、十社大明神の免田が熊野社の燈明料となる	高千穂神社文書県史
文暦元	1234	田原宮の元に熊野神社を観請	建長5年の記述あり	社伝・高千穂町史
寛元元	1243	河内村に熊野神社を祭る	願主・大名姓高千穂太郎（高知尾政信）か	社伝・高千穂町史
建長6	1254	関東下知状による、高知尾三郎政重と熊野社雑掌進士五郎高村と相（争）論、建久9年領家使奉免状の記載あり	徴税の対象となる在家の事、若王子門田の支配権、年貢減納の嫌疑、壬生上村の押領、政重の母に対する狼藉の事	田部文書高千穂神社文書県史
文永12	1275	右近将監源為久より十社神主宗直（田部氏）へ	領家に浦上湛芸が地頭宮内左衛門を通じ進退を下知	田部文書・県史
正和3	1314	十社神主宗重と浦上法橋覺湛、湛祐との相論	宗重先祖継承より25台顕職功労在り	田部文書・県史
興国2	1341	後村上天皇論旨、芝原又三郎性虎給わる	北朝方三田井入道明覚の跡を南朝方性虎の支配	阿蘇文書
康永4	1345	芝原性虎、浦上湛賀及子息六郎三郎を討ち取る	湛賀殺害の不当、建長6年関東下知状の正当性	田部文書・県史
貞和3	1347	浦上湛賀舎弟香童丸申状	湛増の後胤－湛藝－覺湛－湛祐－湛賀－香童丸相伝	県史

の執権北条時頼と連署北条重時在判（文書は写し）のもので、幕府の採決は概ね進士高村の言い分を認めた内容である。短い文面ながら当時の支配構造の仕組みを知る貴重なものである。

やがて時代は鎌倉幕府没落と南北朝時代の動乱の力と力が争う時代に変わる。北条鎌倉の裁定の履行もうやむやのうちに推移したと思われる。浦上氏も五代を過ぎ湛賀の時代を迎える。領主高知

尾氏も高知尾氏から分派した三田井氏が台頭し一族で南北分かれて争う。

それを制したのは南朝方芝原又三郎性虎《しょうこ》で、三田井氏の一族もしくは興梠氏と目される武将で、阿蘇文書によれば北朝方と思われる領主三田井明覚の跡を恩賞として賜っている。当然高千穂の領家職として権利を主張する浦上氏と対峙することになり、芝原性虎は旗下の岩戸氏に命じ、浦上湛賀と息子の六郎三郎を追討した。湛賀は野方野の観音森の尼寺に逃れたが、追手に捕えられて首を刎《は》ねられたと伝える。首は野方野川を挟んで山中に、胴体は観音森の下方に埋められた。僧体であったため野方野の人は地名を「ボウズノヤマ」と呼んでいる。

古い歴史を伝える野方野の集落。中央尺間岳右下の鶏舎の横が観音森

取材にあたって、野方野の坂元賢蔵さんにご案内をいただき、環境整備事業で整備された太鼓番、通称竹脇城に登った。まさに絶景、北に雄大な古祖母山系を背に広がる岩戸地区、眼下に戦国時代に攻防のあった亀山城址、南にいち早く構造改善で整備した美田が広がる。その中に極殿原あざ名の広大な耕地があった。

2の章 阿蘇神との関わり

阿蘇神社の楼門

今村［いまむら］氏

高知尾を出発した わずかな主従は南阿蘇で大族に

家紋はいずれも「鷹の羽紋」を用いる。高千穂尾谷の今村氏は「右前違い鷹の羽紋」（上）で、南阿蘇河陰の今村氏は「並び違い鷹の羽紋」（下）としている。

（一）

岩戸川を遡《さかのぼ》る意味の上川登の地名は尾谷《おたに》という。古くは「大谷」と書いたらしい。つまり大きい谷のことである。たしかに集落全体が鍋のツルのように大曲になっている。今の県道ができる以前の「岩戸往還」は現在の町道で、集落の上手山際を通っている。そこから望めばまさに谷間に村があるように見える。

尾谷の一部は岩戸の社家「佐藤氏」の土地であり「禰宜《ねぎ》（神主に次ぐ職）の地」とも呼ばれていた。その向かいは「うそ村」と言った。ウソという地名は諸説あり、「西向きの土地」とか「後ろ越え」、後方の山を越えて次の集落に行くというのが語源。この地名は高千穂には多い。

なるほど、ゼンリンの地図で見れば北に越えて岩戸の五ヶ村に、西に越えれば浅ヶ部の山川に、そして猿伏から三田井の本組に出る。

集落の東端の高所にあるゼンシガトウ（禅師が塔？）は古墳時代の遺跡で、その下方、県道沿い一帯は梅之木原《うめのきばる》と呼ぶ弥生時代中後期の一大集落跡である。昭和初期の開田の際は大量の土器や石器が出土し、カマス袋に何杯も収集できるほどであった。

北側に山を背負い東南面に向かい開けた尾谷の集落は、温暖で暮らしやすい土地であった。課題であった水の便も明治、大正、昭和にかけて先達の指揮のもと開削された井手（用水路）によって美田が次々に開かれ、尾谷の台地は極めて豊かな地域になった。

この集落の西端部をイマムラ

尾谷集落からイマムラを望む

尾谷集落の伝説ではイマムラ六石、ウソ（嘘・鷽）八石、テラ十石と石高を持った三家があった。もしくはそれに値するブゲンシャ（分限者・金持ち）がいた。このウソとは工藤家のことらしい。テラは禅寺の揚谷庵で持佛は毘沙門、薬師、観音の三体であり田崎氏もしくは佐藤氏が管理（坊守？）であったらしく、寺屋敷跡もある。またウソ村には地蔵尊が祀られていた。イマムラは今村家で千駄切の草場を持ち奉公人が4、5人いて4頭の馬で草を運んだという金持ちであったとも。

という。イマムラ一族が住んだ土地だからである。

その「今村氏」がこの地に生まれたのか、あるいは他所《よそ》から来たのか、明確に証明するものはない。イマムラ谷の一番上に今村隆明氏宅があり、同じ屋敷内に今村洋氏宅がある。両家とも尾谷今村氏の本家で、西臼杵郡内の今村氏はこの二家より起こったという。両家に伝わる伝承では、先祖は肥後の国から来たと伝わっているが、肥後国では逆に先祖は高千穂から来たと伝わる。

洋氏宅には手鑓の穂先や刀剣、また鎧兜の中に隠しておく黄金のお守りなどが残っている。隆明氏宅には大量の古文書もあったらしいが、数度の火災で失ったとのこと。先祖の墓は上手の赤石《あかいし》神社の境内横にある五輪塔で、昔は数基あったようだが大半は埋もれてしまったらしい。

赤石大明神

イマムラ集落の横に鎮座し、かつては後方の山にあったが、不便であることからこの地に移ってきたとのこと。赤石様は武神（天児屋根命とも）で大変相撲が好きな神様らしく、今でも例祭には相撲が奉納され、境内には力石もある。境内の整備をしていたら大変大きな人骨が発見された。赤石様にあやかって力士か村相撲の横綱を埋葬したものかも。赤石様の神面は霊気を感じる面様であるが、粗末に扱われたのか破損の痕がある。大切に残したい神面の一つである。

（二）

今村の地名の語源は、「今は村」つまり「新しい村」の意味である。そこに住んだ土豪（地域の実力者）がその地名を名乗ったのが「今村氏」である。熊本県はイマムラの地名の多い地域で、芦北町、飽田郡、旧矢部町などにあり、この中で、高知尾に一番近くて縁のあるのが旧蘇陽町の「今村」である。

蘇陽峡

肥後国と日向国を分かち流れる五ヶ瀬川上流にあり、その渓谷美から命名され、後に町名までになった。向かって左岸断崖上の米迫に今村山城守の居城があった。右岸は五ヶ瀬町桑野内。江戸時代になって国境が厳格になるまで、ほぼ自由な往来があった。山城守の城跡高城集落の住人の多くは興梠姓である。ご先祖は高千穂神社の神主の系統と伝わっている。かつては多くの交流があった蘇陽峡の名勝である。

この地に中世の頃の小領主の伝承がある。旧役場庁舎後方の山は「東の城」と呼ばれ、米迫の「西の城」（出城）と対をなしていた。その城主として記録に残るのが「今村山城守」という室町時代後期の人物である。この山城守こそ、蘇陽町今村地区の今村一族の先祖とされる人物である。

山城守の存在を示すのが西の城

の崖上にある〝阿弥陀三尊種子板碑《いたび》〟で、種子菩薩名の下部に「今村山城守末久之建立」と刻み、年号は永正三年（一五〇六）丙寅《（ママ）》三月五日とある。今村一族の先祖とされる山城守親貞の没年からして、親貞は元服間もない時期であるので末久は父親とみられる。山城守は官職名で代々継がれたと思われる。

蘇陽峡近くの滝下観音堂の窪みに収めてある石板に、永正六年、山城守源末久の名前がある。銘文に「善男善女の為に法花（法華経）一千部を讀誦《とくじゅ》（唱えること）建立、金瀧山妙典寺十一面観音造り奉る……坂東相模國藤澤住人瀧音善師」とあり、願主は末久である。末久が願主として十一面観音をつくり、それを奉納した際の落慶法要と思えるイベントの記録であるが、末久は出自を源氏としており、他の今村氏との整合性がない。

日本国中に大乗妙典を書写して奉納する近江《おうみ》（江州）の遊行僧「法善坊」がこの地を訪れた際、檀那（布施主、スポンサー）を今村内蔵佐《くらんどのすけ》山部家継が務めている。板碑の側面には今村越前守山部□□、今村主水佐《もんどのすけ》山部家貞とあるが、いずれも名乗りを「山部氏」としているのはなぜであろうか。そのことは次項で説くとして、周辺に高知尾からの落武者と伝わる興呂木氏の存在があることもあり、今村氏の出自がこれだけで分かるわけではないが、山城守が源氏を名乗り、同姓の内蔵佐、越前寺、主水佐が山部氏を名乗るのはなぜか。推測であるが、三名は山城守の一族ではなく臣下で、今村は山城守から賜わったものかもしれない。

阿蘇家歴代の主要な家臣忠臣名を「肥後文献業書　拾集昔語（阿蘇殿　天正前三十年天正十四年比落去之砌迄の御家直参之侍仁人之事・大小名但荒増）」から見ると、今村姓は今村藏之助、今村隼人、今村六郎次郎、今村六郎、今村空五郎、今村新三郎、今村四郎三郎、今村新五郎、今村三郎、今村監市丸、今村太郎四郎、今村左馬之助と多い。

阿蘇地方は保元平治の乱以来中央とのつながりが深く、鎮西八郎為朝、足利又太郎忠綱の古記録や、富士の巻狩りを行うにあたって阿蘇の狩りの伝授を受けた梶原景時の伝承もある。北条鎌倉の代には小国の満願寺に北条時貞が下った。もしかしたら、源氏を名乗る今村山城の遠祖は鎌倉の御家人を祖とするのかもしれない。

一時、阿蘇地方は北条氏の力が強かったが、南北朝の動乱期を境に、阿蘇盆地に広大な寺社田を管理し阿蘇神社の神職として勢力をつけた阿蘇氏が権益を次々に伸ばし、旧勢力を駆逐あるいは勢力下に組み込んでいった。阿蘇神社の摂社として有名な甲佐社、健軍社、宇土半島の郡浦《こうのうら》などがこうした状況の中で生まれた。いつの頃か今村山城守の先祖も阿蘇氏の臣下となっていたのであろう。

旧蘇陽町今村の観音堂

観音堂が建つ小高い丘の中腹の石積みは中世の遺跡で宝篋《ほうきょう》印塔、五輪塔など十数基が無造作に積ま

今村山城守の供養塔と伝わる宝篋印塔

旧蘇陽町今村の観音堂

れている。おそらく今村一族の墓所と思われる。

旧蘇陽町に残る板碑や六地蔵などの金石文には、室町後期、いわゆる戦国期に阿蘇の原野を闊歩《かっぽ》したであろう阿蘇氏旗下の武将の名前を記したものが点在する。今村山城守本久、今村内蔵佐山部家継、今村越前寺山部家□、今村主水佐山部家貞、鞍岡善佐衛門尉、今村山城守源親貞、興梠左京、芹口山城寺、玉目丹後守、伝叟壽公記室神師、□□左衛門尉、藤原朝臣□三郎、柏尾部大輔の名が見える。

今村山城守の供養塔と伝わる宝篋印塔

米迫の城跡の一角、室町時代後期に作られた宝篋印塔がある。昭和三〇年（一九五五）に今村氏の一族が没後三八〇年祭の時に建てた碑文には山城守源親貞とあり、源氏の由緒を示している。親貞の「親」は豊後大友氏の偏諱《へんき》（有力者に一字をもらう）と推測され、当時この地方が置かれた状況が分かる。山城守は当時としては長寿で、天正三年（一五七五）に八五歳で没したと伝える。現在も山城守の命日である四月八日には、周辺の一族が集まり供養祭が行われている。

(四)

河陰《かいん》(旧久木野村)の今村氏の出自についての碑文がある。それについて、昭和五十一年(一九七六)に河陰今村氏一族が建てた共同墓地の由緒書で次のように書いてある。

「鎌倉時代、源頼朝は一子(能直《よしなお》)に九州守護の為『大友』姓を与え豊後の領主として下向させ、その武将として近江(滋賀県)伊香郡今村山城守親貞を同行させた。(現在山城守の居城跡には今村神社がある)。その後、阿蘇東部の守を命ぜられ蘇陽町に居城を構えた。現在この地には今村の地名が残り二十数戸の今村姓の人々が居住している。

三代目の今村隼人は阿蘇家に仕え滋水城や巣土城において南郷の守りに任じ、その後この地に永住し今日の今村家の先祖となった。滋水城は猶須南方外輪山の一角に在り、巣土城は岸野北方白川端の高台上にあった。巣土城址には城主などゆかりのものと思われる二十数基の墓石群が残っていたが、昭和二十八年の水害により跡形もなく流出した。

毎年の先祖祭りの前には、今村一族により清掃が行われていたので深い縁があったものと思われる。この墓地に古沢、吉弘姓があるのも何れも縁組等によるもので、今村一族有縁の家系である。

右の資料は阿蘇文書、西肥戦記、大友資料などによる」

この文書は一族の今村嗣夫、今村五夫両氏が調査したもので、その出典について一部難点があるが、肥後今村氏の始祖と目される旧蘇陽町米山の今村山城守が源氏を名乗った可能性が判断できる。ただ、山城守親貞が大友能直の豊後下向に随従して来た者であれば旧蘇陽町の今村氏関連遺跡と三百七十〜八十年の差がある。ただし、山城守は末久、親貞との名もあることから代々名乗った官職とすれば納得できる。

もう一つの謎は、大乗妙典を書写して奉納する遊行僧「法善坊」が旧蘇陽町の「今村」を訪

高森峠下の高森城址

中世における肥後と高千穂の関係は概ね良好であったが、唯一高千穂勢が肥後を攻めた歴史がある（南北朝時代の恵良惟澄麾下での芝原氏の合志攻めや甲斐親宣の阿蘇惟豊への加勢を除く）。それは、天正14年（1586）の第２回目の島津の高森攻めで、弱小領主であった高千穂の三田井氏は島津氏へ加担しなければならず、高森城攻略に家臣の甲斐宗摂に兵をつけて派遣した。島津勢、高千穂勢の大軍を相手に城主高森伊予守以下主従は良く守ったが落城した。高森勢の中には多くの今村氏がいたと推測される。高森城は峻嶮な地形を利用した名城であった。河陰の今村氏墓所の碑文に書いてある滋水城鼠土城は、その支城と推測される。

久木野神社

南阿蘇村久木野河陰に鎮座する。神社周辺は今村姓の人が多い。記録はないが今村氏の者は、この神社に奉仕したことであろう。

れた際の檀那を務めた今村内蔵佐山部家継や今村越前守山部□□、今村主水佐山部家貞がいずれも名乗りを「山部氏」としているのはなぜか。この謎を解く鍵と思われるのは、阿蘇神社の社家についての決まりである。

事蹟通考巻一（出典『肥後国史』）に「云神官十二人山部姓家号宮川権大宮司姓家号共草部年禰社祝修理職検校諸神社祝擬大宮司以上四家姓山部号宮川権大宮司姓山部号今村天宮祝い姓笠家号今村北宮祝矢村社祝二家姓山部家号宮川……」とあり、阿蘇神社の社家、祝子役は氏を山部氏としている。

これによると、今村氏は阿蘇神社の権擬大宮司の家柄であり、旧波野村に鎮座の杁田大明神（柄杁田神社・阿蘇大神と天女にまつわる夕顔の伝説あり）の社家も権擬大宮司支族社司今村氏である。

山部氏とは古代の大族にして山猟を業《なりわい》とした者、山部宿禰、山部連の後とある。また、神代記にある大山津見神との関連もある一族ともある。かの万葉の歌人山部赤人もその一人である。

高千穂の興梠氏は氏の名乗りを「山」「山の氏」としていることから、その関連も考えられる。草部の吉見大明神（吉見社・阿蘇比咩神の父草部吉見神）の社家田上氏もその出自を山部としている。

高千穂の今村氏を含め肥後の今村氏の出自は、今村山城守を祖とする流れと、阿蘇神社の社家今村氏を祖とする由緒ある家系であると報告したい。

田上［たのうえ］氏

神孫の末裔は広大な知保野を拓き、狩猟の名手は観音の霊験に導かれて

永正年間、阿蘇惟豊を援け阿蘇大宮司に復帰させた功により肥後草部岩上城主となった甲斐親宣は、田上氏と出会う。すでに草部吉見神社の要職にあったと思われる田上氏は、甲斐氏勢力の麾下となり阿蘇神社の社家となって分布したようだ。田上氏は阿蘇家由緒の鷹の羽を力量に合わせて並び鷹の羽（上）、三つ揃い鷹（下）の羽を用いている。

（一）

十月の庄内（山形県）の日暮れは早い。午後四時というのに暗く重い冬の雲が降りてくる。西の空の一角が空いて数条の光が放射線状に降り注ぎ家並を照らす。西欧の宗教画のような厳かな光、異界に迷いこんだようなただならぬ雰囲気。いやそうではない、ここは熱い信仰の郷、ホトケの浄土として峰に入り、苦行の果てに即身仏を目指した人たちの郷である。

その月山《がっさん》や湯殿山の山系が遥か南の雪雲の中にかすんでいる。北に鳥海山が長い裾野を伸ばし、その二つの山塊の間にだだっ広く平がる庄内平野。その真ん中を山形県全水域の水を集めた大河最上川が滔々《とうとう》と西に向かって流れる。その出口が酒田市である。

観音堂

街の一角に建てられた土蔵造りで、「千手観音千眼観音霊場」の看板が立派な山門に掲げてある。右脇には即身仏で有名な湯殿山鉄門海上人の供養碑であろうか、大きな板碑が立っていた。地域の信仰の深さが見て取れる。

酒田から十五分、最上川左岸奥の村落の一つに旧八幡町観音寺の集落があり、その中心部の一画に柱を朱に塗った立派な山門のある土蔵造りの一宇がある。この一宇に安置されている小さな観音が「身代開運千手千眼観世音寺の観世音菩薩」で、この観音にまつわる不思議な霊験が地域の人の心を打ち、三百七十年後の今も熱く信仰されているのである。

大正三年（一九一四）、当時の田原村（現高千穂町）村長のもとへ、この観音堂の管理者と名乗る長津俊静氏から、一通の書状（高千穂町コミュニティセンター蔵・郷土資料）が届いた。内容は「古来本村に安置してある観音霊像の詳しい縁起が知りたい。母子が回国したのはいつ頃か、子孫のその後は……」などの文面である。

これに対して田原村の佐藤秀雄村長の回答は次の内容で、その中で注目されるのは「……帰村シテ逝去セリト云ウ、墓碑ニヨレバ釈専倫不退位南無阿弥陀仏・寛政四……俗名九右衛門……子孫連綿トシテ……九右衛門ハ九代前の祖ナリ……祖母山ノ麓ニ観音堂アリ、該堂ハ往昔霊現ノアリタル箇所ニ安置セルモ明治ノ初年ニ居住地付近ニ遷移ス、伝説ニヨレバ性猟ヲ好ミ射術ニ妙ヲ得百発百中ノ技アリ、亥鹿ノ類ヲ千匹射留ンコトヲ企願シ居タルニ九百九十九匹ヲ射獲シ千匹目ニ至リ観世音ノ霊現ニ忽チ発心シテ諸国ヲ巡回スルニ至レリト。帰来其場所ニ観音ノ像ヲ安置シタルモノナリト云フ」とある。

観音堂の棟札に記録が残されており、それによれば享保七年（一七二二）に造られた御堂で、大願主矢津田十五右衛門尉吉豊、願主が田上九左衛門、大工は吉良甚五右衛門（豊後の人）となっている。

高千穂と山形県庄内を結ぶ観音さんの霊験

今から三五〇余年前、五ヶ所の嶽部落に九右衛門《くえもん》という猟師がいた。幼少から狩りが好きで一度見つけた獲物は逃したことがなかった。得意になり狩りに心を奪われ、殺生に明け暮れる毎日に母は心配して、日頃信仰する観音に子どもの改心を祈っていた。

いよいよ明日の一匹で猪鹿一〇〇〇匹になるという夜、九右衛門が弾丸を造っていると、いつの頃か家に住み着いた黒猫が、弾丸一つできるたびに手を出して触っていた。九右衛門は猫のジャレ事だと思いながら一二発の弾丸を造り、翌日山に登って筒ヶ嶽の狩舎に入った。

その晩、夜が更《ふ》けてから「九右衛門ヨーイ」と叫びながら登ってくる者がいる。真っ黒な丸い形をし

五ヶ所高原と筒ヶ嶽。後方は祖母山

ているので、これは怪しい変化《へんげ》だと思い、狙いを定めて撃った。「カーン」と音がして弾丸は跳ね、黒く丸いものは段々近づいてくる。弾丸込めも忙しくまた射撃したが、同様に「カーン」と音がして落ちる。一二発撃ちつくした途端、黒く丸い物は目がギラギラと夜目にも光って、今にも飛びかかりそうである。

九右衛門は秘蔵の切り矢と称する八幡大菩薩と、切り印のある護身用の弾丸を込め、今はこれしかないと銃を放った。怪物は「ギャーッ」と声を放って倒れ、あやうく九右衛門は難を逃れた。

翌朝になってみると死体はない。点々と落ちている血をたどると、わが家の方に向かっている。そう言えば、昨夜の「九右衛門ヨーイ」の呼び声は母の声に似ていたので、もしやと思って急いで帰ってみると、その血は竈《かまど》の下に続き、黒猫が血に染まって死んでいた。

九右衛門は初めて八幡大菩薩と母の信ずる観音のご加護に目覚め、母と共に観音様を背に負い、諸国遍路供養の旅に出た。東北のある村に行き道の傍らに降ろして、うとうととしたまどろみの中に「我はこの村に鎮座したい」との観音のお告げを聞き、村人に相談した。

そして鎮座された所が、山形県飽海郡八幡町観音寺村（現在酒田市麓楯ノ腰）であるという。

（昭和五二年〈一九七七〉八月　農協だより「部落探訪・五ヶ所I」より）

（二）

その昔、高千穂町五ヶ所の嶽集落に住んでいた狩猟の名手九右衛門《くえもん》は、狩り千頭目において恐ろしい体験をするが、母の信仰する観世音菩薩の霊験により救われ、発心した九右衛門は、母と共に六部《ろくぶ(りくぶ)》（宗教上の義務あるいは誓願をかけて諸国の霊場を回向巡礼する人。菅笠に白い装束、背に仏像を入れた厨子《ずし》を背負う）となって全国を行脚。たどり着いた出羽（山形県）庄内の地で、霊夢により背負っていた観音菩薩をこの地に安置した。以来その霊験は双方の地で語り継がれたが、交流がないまま三百七十余年の月日が経ち、大正三年（一九一四）に庄内からの手紙による問い合わせにより言い伝えが本物であったということになった。

六部の図

それこそ奇跡である。その期間、九右衛門の観音を「身代開運千手千眼観世音菩薩」としてこれを祭り、地域の拠り所とした観音寺町（度々の町村合併で現在は酒田市）の人たち、とりわけその中心となったのは浄土宗の古刹梅松山長福寺歴代の住職である。現当主斎藤浩典師で二十四世と歴史と由緒のある寺である。

筆者は平成二十六年（二〇一四）十月、山形県酒田

千手観音像

九右衛門がこれを背負い、母と共に回国巡礼してこの地に持ってきた。高さ40㎝ほどの像。金箔が貼られ燦然と輝く立派な立像である。

市の長福寺を訪ね、先代住職夫人斎藤良子さんに観音堂を案内していただいた。長福寺から少し離れた町の一角に観音堂がある。およそ十二、三畳の広さで、正面に燦然《さんぜん》と輝く千手観音像が鎮座し、舟形光背に掟どおりの手の配置である。

これほどの仏像を九右衛門がどのようにして求めたのか。自分で刻んだものか、あるいは観音が化現《けげん》されたものか謎であるが、分からないほうがロマンがあってよいと思う。

観音堂には五分板にびっしりと墨字で書かれた観音堂由来記が架けてあり、祭壇には殉国者英霊の位牌、壁面には無数の兵士の写真と氏名を書いたものが貼ってある。観音信仰は慈悲の心により救いを求む者がいればそこに駆けつけて救済する現世利益の仏様で、戦時中この町から出征した兵士の幾多の命が救われた奇特な話も伝わっている。

九右衛門親子が巡礼の末たどり着いたこの庄内の地で、観音がこれほどまでにこの地の人に大切に祀られ多くの人に御利益を施しているのが、嬉しい話であった。

嶽集落に残る九右衛門の墓

嶽集落の墓地に九右衛門の墓がある。正面に南無阿弥陀仏、左面に享年寛政四年壬子（一七九二）十月と、右面に釋専倫不退位の法名がある。この日付が現在正式な九右衛門の命日とされているが、大正四年（一九一五）正念寺吉村英覚師が書き送った書簡には「明暦元乙未年（一六五五）三月九日五ヶ所嶽九右衛門事」の没年で、その差は一三七年もの開きである。

九右衛門の墓

「長福寺観音堂由来記」に寛永一四年丑年（一六三七）二月九日京都付近の霊地を巡礼山摩尼殿（兵庫県姫路の天台宗の名刹）の書写の奉納を受けた……とあるので、これが本当なら明暦元年死亡説は有利である。ちなみに観音寺町では、「寛永十四年里人毎年祭日を毎月十七日とし近村の善男男女相集い終夜香華供養を手向け災厄消除息災延命を祈願する。霊験あらたかにして諸願成就せざることなし村人の信仰益々篤し」とある。昭和四一年（一九六六）に観音寺村の英霊を合祀、昭和五五年に荘内札所観音百霊場の指定を受けるまでになった。

嶽集落の大師堂に安置される釈迦三尊の仏像

嶽集落の大師堂に、左に勢至菩薩、右に観世音菩薩の両脇侍《りょうきょうじ》、そして中央に阿弥陀如来を配した阿弥陀三尊が安置されている。九右衛門屋敷の上にあった観音堂が半倒壊の状況であったので近年仏像だけを大師堂に移した。

阿弥陀如来の光背の仏師の墨書から、文政九年（一八二六）に彫られたもので、上野正念寺十世の寛隆和尚が書いた棟札の文字がかすかに読める。仏像の刻みは極めて稚拙で、右の観音菩薩は手が抜けて簡易的に木片を細工しはめ込んだ粗末なもの。九右衛門親子が背負い全国を行脚した末に出羽の国庄内の地に納めた燦然と黄金色に輝く千手観音像とは似ても似つかぬお姿である。

大師堂の釈迦三尊の仏像

享保七年（一七二二）に願主田上九左衛門（九右衛門の子か）が建立した御堂の一〇〇年後に制作された仏像で、九右衛門親子の思いを伝える観音様ではないかもしれない。三体の仏像の作者は明らかに違っており、観音菩薩の製作者は下手で素人の域である。もしかしたら、この一体は九右衛門が慣れない手つきで一心に彫り上げた観音様であるのかもしれない。そう思うとこの仏像が神々しく母が子を思う優しさにあふれた仏様に見えてならなかった。

(二)

五ヶ所嶽集落の九右衛門屋敷の裏山に二つの巨石の墓がある。砂岩の自然石に「田上加賀正藤原惟友」と刻まれ、上手側の一回り小さな墓石にはその奥方であろうか惟友室とある。この嶽集落の開拓者夫婦の墓で室町後期から江戸時代初期に先祖供養のために建てられたものと思われ、九右衛門の先祖でもある。これだけの巨石をもって地主様と崇められていることから、生前はそれ相当の立場にあった人と思われる。

五ヶ所の先祖神、田上
加賀正の供養墓

加賀正の時代は、五ヶ所矢津田氏の祖矢津田織部義政が肥後から落ちてくる以前のことで加賀正の事跡は定かではないが、阿蘇家の諱《いみな》「惟」の字の偏諱《へんき》を受け惟友と称しているので、阿蘇氏に仕えた人もしくは社人であろう。加賀正の「正」の読みはカガのカミで神職が名乗る職名であるが、近くに阿蘇神を祭る社はなく（高千穂郷では国見ケ丘由縁の中端大明神。祭神は健磐龍命・阿蘇大明神の下宮といわれる）、むしろ戦国期の阿蘇氏と関係がある人物と思える。それについては別稿で述べる。

五ヶ所から阿蘇外輪に続く広大な高原は、今でこそ寒村の趣があるが、九州の中央部にあたるこの地域は縄文弥生の時代より交通交易の要衝で、草部、野尻を中心として肥後国阿蘇より玖珠を経て豊後国へ、東に高千穂を経て五ヶ瀬川沿いに日向国に至る。南に下って九州山地の尾根を通り、相良（人吉）から薩摩への道は九州縦断の最短のコースである。往古より人々の往来のあった場所で、平安時代には鎮西八郎為朝の活躍、鎌倉時代は源頼朝が富士の巻狩りの手本として、この地の狩猟の方法（下野の巻狩りという）を学ばせるため梶原景時を派遣した地ともいう。

源頼政が以仁《もちひと》王を奉じて起こした治承寿永の変（一一八〇〜八五）に、平家方で活躍した悲運の猛将足利（藤姓）又太郎の隠棲伝承の地で関東武士の名残りも色濃く、矢津田、野尻、瀬井などの諸氏はこの又太郎忠綱を祖としている。

また、この地は阿蘇の開拓者である阿蘇神社首座の健磐龍命《たていわたつのみこと》の故地で、十一宮阿蘇神社と同格もしくはそれを上回る神格とも考証される草部吉見明神が鎮座する。主祭神は彦八井命（国龍神）で一家十二宮を祭る。

伝承（『国郡一統志』若干錯誤あり）によれば、「明神（彦八井耳命《ひこやいみみのみこと》）は日向国臼杵郡熊代村より火の国夜部、草部芹口村に至る。明神宮を草部に作りて之れに住む。香を湛ゆる水あり。八功徳水という。御后子二人を生む。第一姫年十六、神八井耳命の后となる阿蘇津比咩《あそつひめ》なり。第二皇子十九歳の時綏靖天皇第二姫を娶りて后と為す。童松を生ず。後山部教照と号す。草部の先祖なり」とある。

阿蘇神家系図（『日本歴史』493号〈吉川弘文館〉より）

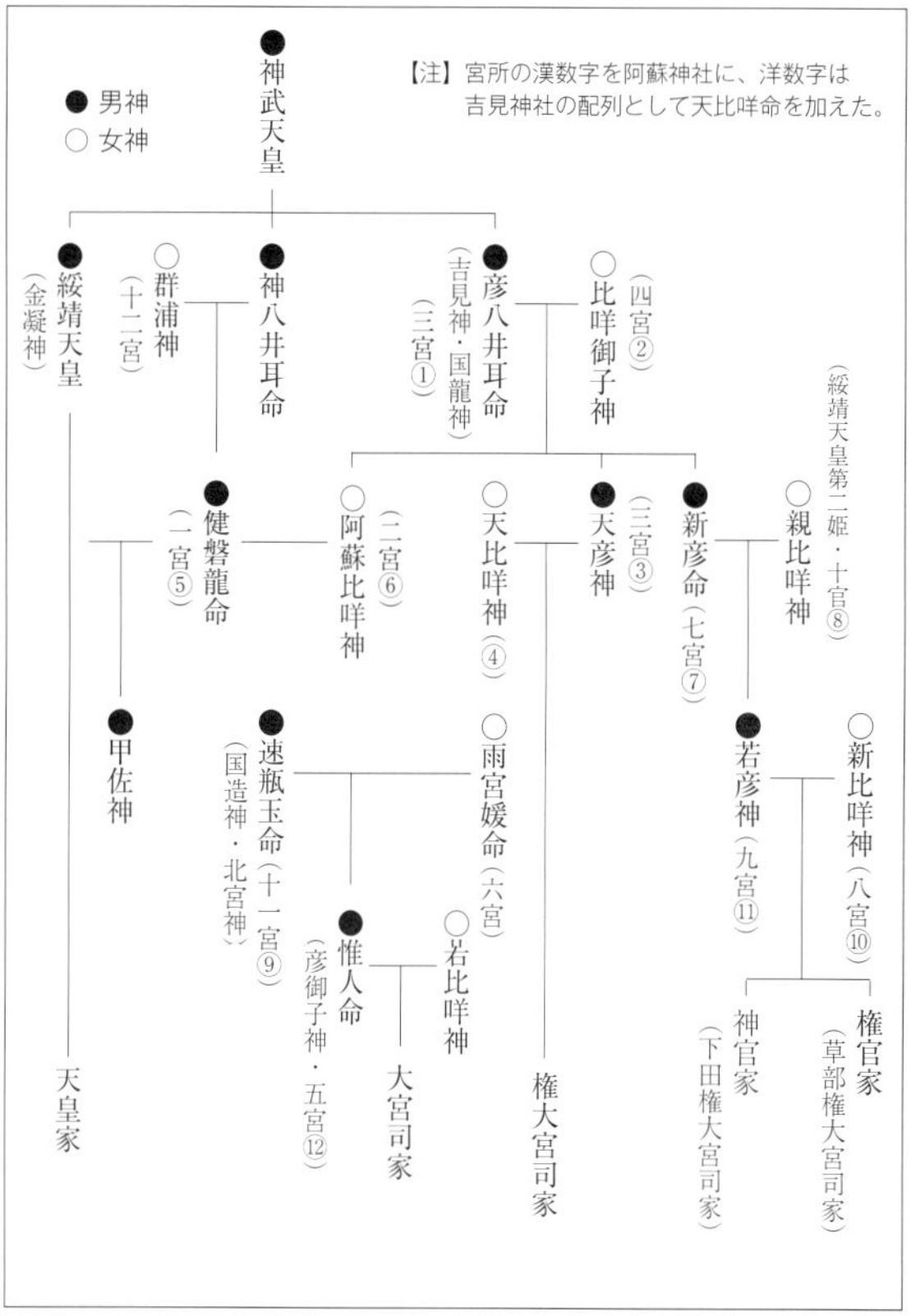

(四)

草部は国道三二五号で河内を過ぎ、熊本県境のループ橋を一気に高度百メートルほど上った地域である。車窓の風景は西臼杵と違い、空が広く眼前に阿蘇の白い噴煙が見え、その先端は右窓の祖母山の方向に伸びている。

今からおよそ四百五十六年前の永禄八年(一五六五)、この国境の地で萱場《かやば》の所有権をめぐり高千穂と草部の住民同士の争いがあった。その萱場は峠の平と呼ぶ場所で、互いに主張を譲らなかったため草部側は三十六名連判の願書を作成し、阿蘇三十六坊中で法力を以て名高い養福坊の祈禱に頼った。大仲野の地に祭壇を設け大がかりな祈禱が行われた。

この件は高千穂にも伝わり、高千穂郷は天変動揺起きて丸潰れになるとの流言も飛ぶなど、動揺した高千穂側が折れて、争いは肥後草部方の勝利で決した。

この周辺を岩神と呼ぶ。永正十四年(一五一七)、阿蘇大宮司家の内紛で阿蘇惟豊を援けた鞍岡の郷士甲斐大和守親宣は勲功第一とされて阿蘇家臣の最上席となり、豊後および日向高千穂境の押さえとして、この地岩神城の城主となった。以来、この地は阿蘇氏麾下《きか》甲斐一族代々の地として文禄三年(一五九四)の鬼頭山城落城まで続く。

この大仲野、長野原の尾根筋を境として、木郷の谷より五ヶ瀬川に向かって流れる川走川に囲まれた地域が草部字と芹口字の地域である。日向きが良く地味は肥沃で高原にあっても作物は良く育つ。明治から大正時代にかけて、地域の有志主導により木郷の谷より引かれた用水は、現在二百町歩の美田を潤し天賦の地に変わった。それは耕芸農務開発の神としての吉見神、國龍命（日子八井命耳）のご神徳そのものであろう。

草部吉見社と神官家について

草部吉見神社は、社殿が鳥居より下にある下り宮として有名で、田上氏は阿蘇神発祥に関わるこの神社の神官家山部氏である。

吉見社の由緒について『肥後国神祠正鑑』（岩下公幸撰・草部村・田上摂津吉次・弘化４年）によれば、

「祭神は國龍神、比咩御子神、阿蘇大神、阿蘇比咩神、国造神、新彦神、新比咩神、若彦神、彦御子神、弥比咩神、天彦、天姫神なり。社記曰、國龍神は神八井耳命の男なり神武天皇六十九年川走といふ谷の岩窟（今現在入四間横十二間許）に暫く住玉ひて後に池を埋

草部吉見神社

め宮殿を建て玉ふ。是当吉見社の処なり。始め池水を注ぎ乾し玉ふ時大蛇出て襲ひければ剣を抜きて切り玉ふ。其処を血引原と云。其蛇を焼玉ふ処を灰原と云。然して杉枝を折敷て休坐し其枝を逆に土に指て蒼生の栄を誓祈し玉ふ。是を吉見の逆杉とも云い今猶栄たり。

吉見神始て御殿を建玉ふて明年（一説には岩窟に住み坐す時とも云）阿蘇大神巡覧し玉ひ相謁て御女姫命を請て御妃と為玉ふ。是の阿蘇津比咩神なり。付属大一社。小二社。懸祠。

社家称号田上、氏山部、旧昔は阿蘇宮権大宮司当官の裔孫にて当地に住し当宮を兼職す。依って草部

彦八井耳命以下十二神を祭る草部吉見神社

新彦神——若彦神——眞田経末（阿蘇宮神官祖）——教広（草部大宮司祖）

布夜経次（祝の祖）——経直（芹口の祖）——太郎経村（下田権大宮司祖）——丹後守（田上氏）

國龍命（阿蘇宮第三殿）——天彦神（吉見神社第十二殿）

吉成（権大宮司　下田家祖　通称草四郎　氏山部）

吉治（同宮草部家祖　通称草四郎　氏草部）

（出典：神社庁藤崎宮ガリ版刷りより抜粋）

吉見社神職の略系図

を家氏とす。天正兵乱に社中賛走し祠官家自宅　田上権大宮司同祖にて遺居し乍ら立竟に村帳に貫入したりしが寛政五年癸丑（一七九三）村帳を脱て祠官祭日法令をも申。石見吉明と改め文化七年（一八一〇）祝部芹口家も再興して祠官状許状も申請て各今二代なり。但天正兵乱の比在職は丹後守、其男甚大夫より平民の列に沈みたるも職名は石見甚大夫と一代越に名乗。白張《はくちょう》（白い下級神職の衣装）にて神前は勤行せり。吉明男摂津吉次当職なり。祝部芹口も田上同祖にて文化再興其男出雲狩衣《かりぎぬ》（上級神職の服装）なり」。

牛神社と千人塚

吉見神社の西側丘の向こう馬場集落に小さな社がある。造りは小さくとも総ヒノキ造りの流れ造りである。梁先に獏《ばく》を配し龍、鳳凰、麒麟などを彫り左右脇障子に竹に虎と見飽きない。祭神は牛頭天王《ごずてんのう》（素戔嗚尊）といわれているが祇園社ではない。

謎の神　牛神社

彦八井耳命が現れたとき応対した神で面相が牛のようであった。由緒には「その時、尊に先ず栗を備え給うゆえに牛頭に栗を備えこれを祭る。牛に乗り五穀の種を持ち来たり、蒔きて耕作したまうえにこれを作る神祭り奉るなり」とある。このことを推測すれば、先住の民の長であった牛神が征服者である彦八井耳命に、この地の農耕技術を伝授した服従の証としたのかもしれない。

一方、彦八井耳命の入国をこころよく思わぬ者たちには非情な手段を行使したのであろう。宮居の候補地に住む大蛇に例えられたまつろわぬ者たちを切り、焼き捨てる残酷な仕打ちも、征服者のとる行動で歴史上も多々あることである。吉見社から二キロ先に「千人塚」の地名も残る。激しい戦闘のあった所かもしれない。

(五)

伝承によれば往古、高智保（高千穂の古称）の熊代村《くましろむら》を出立した神武天皇の第一皇子という彦八井耳命の一行は、肥後の地を目指した。途中阿蘇の五岳を望む絶景の地国見ヶ丘で国見をした後、桑野内の波帰から五ヶ瀬川を渡り吐の瀬より川走川に沿って草部の地に入ったと思える。一行が休んだという窟屋がある。因みに窟屋は論《ろん》じ谷《だに》という。

一行のリーダー、現人神である彦八井耳命の一団の中に後に吉見社の祠官家となる田上、芹口、下田らの諸氏がいた。彼らの出自を証明する姓《かばね》は山部氏である。旧蘇陽町米迫の興梠氏の、

吉見社の社家田上氏の住居跡

阿蘇凝塊岩の堅固な切石を高さ１mほど積み上げ、奥行10m・長さ80mばかりの広さに区切られた長大な屋敷地であった。現在子孫は他町へ転出しているが、祠官家として往時の絶大な勢力が偲ばれる。

先祖は高千穂神社の神主の子孫と伝わっている。蘇陽今村、久木野河陰の今村氏も遠祖は高千穂の山部の氏と聞いた。

事蹟通考巻一に「傳神官十二人山部姓、家号宮川権大宮司家姓号共草部年彌社祝修理職検校諸神社祝擬大宮司以上四家姓山部号今村天宮祝姓笠家号今村北宮祝矢村社祝二家姓山部家号宮川……」とあるので、阿蘇神社の社家祝子職は総じて山部氏で、高千穂との結びつきは極めて深い。

押方五ヶ村の中畑神社

高千穂八十八社の一つ。祭神は健磐龍命で阿蘇神社の下宮でもある。御殿の柱の登り龍下り龍の彫刻は見事で一見の価値あり。

高千穂を発祥とする興梠氏は、古くは興呂木と三文字を書き、姓に「山」の文字を冠する。興梠氏の文書や墓石の碑文は「山の氏」「山興呂木」「山之守」と名乗っているが、明らかに山部氏であることは間違いない。阿蘇郡に多く点在する三文字の興呂木氏の移住は彦八井耳命の征西の名残であると推察する。

伝承にある熊代村とは現在の三田井本組のことで、村の真ん中を熊白川（神代川）が流れ、古くは興呂木ノ里もしくは小野の大里（出典『高千穂庄神明帳』他）とも言った。

後に高千穂神社の主祭神となる神武天皇の王子正一位様（十社大明神）も、この「小野の里、興呂木の大里」に御下向になり、「七日七夜の御じんらく（神楽）」の後に「鬼八退治」に遠征されることが『旭大神・十社大明神記』（文治五年〈一一八九〉・高千穂神社蔵）に載っている。

この神武天皇の王子正一位様とは何者か、記録に残る出自からして彦八井耳命と同一の現人神である可能性が高い。十社大明神が行った「鬼八退治」の伝承を含め多くの出来事は、唯一火山神としての存在を除けば、健磐龍命の事象と重なる。

肥後甲斐氏隆盛の基盤となった岩神城（鬼頭山城）

阿蘇惟豊を援《たす》け阿蘇家の内紛を治めた大和守親宣が与えられた城である。阿蘇氏の日向備えとして国境の天険を利用し、いくつかの支城を配し、本丸を高千穂の河内にある鬼頭山城（別説に鳥首城）としている。後世正念寺寛隆師が著した「三田井氏48塁」の一塁になっているが、正確には阿蘇氏麾下の城主がいたので阿蘇氏の城とすべきであろう。

文禄三年（一五九四）、縣領主高橋元種は自分の領地として鬼頭山城を攻めている。城はなかなか落城せず亀の姿をした「生き城」との識者の見たてがあり、城郭の亀と胴の部分を切り離すと落城した。鬼頭山城の守備兵の多くは草部の永野原あたりに居住していたので、その首となる肥後領内からの補給路が断ち切られ落城したものと推測される。城主甲斐氏の館も草部岩神（永野原）あたりにあったであろう。

岩神城主は親宣から親直（早雲）の弟左近将監《しょうげん》親成に移り、親成は弘治二年（一五五六）に吉見神社

岩神城（鬼頭山城）址

を再興している。落城時の城主親房は親成の弟（あるいは嫡子）で官職名の将監を継いでいる。諱《いみな》は惟房ともいう。「惟」は阿蘇氏の偏諱で「親」は大友氏からの偏諱で同一人物である。討ち死にした甲斐将監惟（親）房の墓所は河内の興禅寺で、西集落の惟房供養塔の台石に鬼頭山城守備兵の子孫と思われる者の名が刻んである。そのうち数名は僧位の名称なので、阿蘇西巌殿寺系の山伏が城兵として混じっていた。

甲斐大和守親宣の子親直（宗運）は出世して御船城主となる。生涯不敗の親直の最大の戦功は、相良義陽を響之原（宇城市豊野町）で破った合戦であろう。この時活躍した宗運配下の将に田上伊豆守、田上備後守などの名前が見える。田上姓が熊本県下に点々とあるのは、甲斐氏本流が草部より益城に活躍の場を移動したため、吉見神社の社家田上氏一族も肥後国内に居場所が広がることになったのであろう。

ちなみに阿蘇家歴代の功臣の記録（拾集昔語阿蘇殿・御家直参之侍）には、前述の伊豆守、備後守ほか田上右近、田上三郎次郎、田上新左衛門、田上甲斐守、田上周防守など多くの名があり武家や神職として活躍している。親直麾下の知将田代宗傳のルーツ「田代氏」も草部の内にあるとみている。

（六）

中世の古文書『八幡宇佐宮御託宣集』に高知尾明神、阿蘇明神、宇佐八幡神を兄弟神と書いた物を見る。一二〇〇年の昔より高知尾明神は九州を代表する著名な神で、しかも阿蘇神、八幡神の上に立つ長兄として崇敬されていた。

高知尾明神は、『續日本後記』『三代実録』に記された高智保《たかちほ》皇神《すめがみ》（日向三代の神を祭る）である。一書にその祠官とされた漆島氏は、その出自を鵜《う》草葺不合命《がやふきあえずのみこと》の四王子の一人稲飯命《いないのみこと》としている。漆島氏は宇佐四姓の一つ古代宇佐家の有力祠官家でもある。宇佐と高千穂の距離はかなりあるが、中世の時代は交流があり関係が深い。おそらく植野（下野）八幡は山浦村（上岩戸）

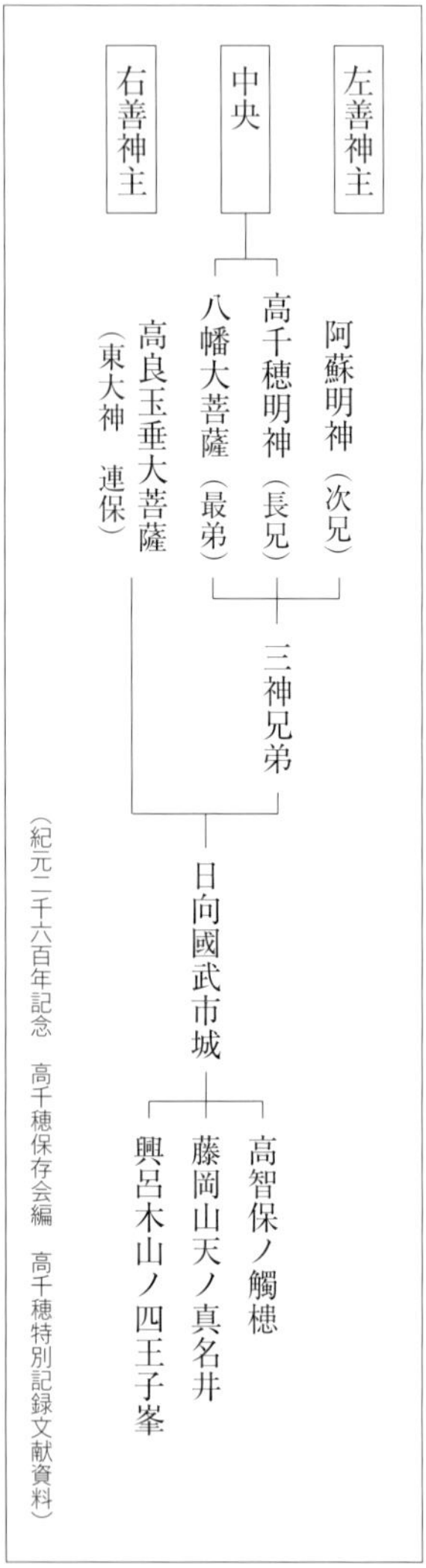

（紀元二千六百年記念　高千穂保存会編　高千穂特別記録文献資料）

『宇佐八幡縁起　上巻』（建武２年〈1235〉）より

二つ岳に垂迹《すいじゃく》（神仏が姿を現すこと）した八幡の神霊を祭ったもので、漆島氏の高千穂での活動の痕跡はかすかに残っている。

　高知尾神と阿蘇神のつながりは、吉見神社を介して阿蘇神健磐龍命の外戚となることである。長い歴史の中ではいいことばかりでなく、争いもあった。また、神祇を司る為政者の交代で都合のいいように祭神が変わることもあったようだ。

波帰瀬の発電所

彦八井耳命の一行が草部の地に入ったのは、写真の旭化成の川走川第２発電所の所からである。昔は、ここに肥後国と日向国の境界があった。暫くは川床を歩き険しい獣道をたどれば、大きな窟屋に至る。ここで彦八井耳命一行はこれからの対策を話しあったと伝う。それでここを「論じ谷」とよぶ。

　高知尾神の征西もそうした中で行われたことかもしれない。現在肥後に根付いた「山部氏」（日下部《くさかべ》氏）を名乗る田上、芹口、下田、山辺（山部・山邊）、興梠（興呂木）、今村の諸家はその昔、高知尾の神「彦八井耳命」に従って川走川を上り、日下部氏の地（草部）にたどり着いた者たちの末葉であろう。

高知尾大明神、阿蘇大明神、八幡大菩薩の三兄弟の旅

宇佐八幡の託宣集（『八幡宇佐宮御託宣集』現代思潮新社）によれば、高知尾大明神、阿蘇大明神、八幡大菩薩の三兄弟は唐朝より日本国へ渡り豊後国大野郡緒方村に来着して……中略……高知尾大明神は日向国臼杵郡熊代村で不思議な音楽を奏でる地下一五丈の黄金珠玉楼内に導かれ端厳奇麗（容姿端麗）の貴女采女（神に仕えた女性）に出会いこの地に留まる。

宇佐八幡本宮

弟二人に「我はこの采女のもとを去ることはできず無念だ、お前たちは先を急ぎ帝位をつぎ都を治めるよう」と告げる。弟二人は涙を流し高知尾明神と別れ、肥後国夜部山（矢部）草部吉見の小屋に到着、阿蘇神はここで吉見の一六歳の娘を懐妊させ男子（健磐龍命のことか）を誕生させ阿蘇権現もこの地に留まり脱落、そして弟八幡に「汝は都で帝の子として生まれ変わり、百王守護となることを約束してくれ、兄さんの高知尾明神も応援する」と言っている。八幡は阿蘇権現と別れて都に登り、大帯姫（オオタラシヒメ・神宮皇后）と結ばれ後に応神天皇となる子を授く。または、八幡神が応神帝として大帯姫の胎内に降臨したとも読める。

この託宣は、冒頭に書かれた神話的部分（事象）で三人の兄弟

神が渡来（降臨）し帝位をめざす修行の旅を綴ったもので、ロマンがあって面白い。兄二人は修行の途中に出会った美女や娘と仲良くなり、彼の地に留まってしまう。末弟八幡が目的を果たすが、自身ではなく大帯姫のお腹の子が後の応神天皇となる。

さて、長兄高知尾大明神が出会った采女という美女の住んだ地下の宮殿は何を意味するのだろうか。おそらく不思議な音色とは神楽のことであろうか。

(七)

田上氏の締めくくりにあたって書かなければならないのは「鬼八」のことである。高千穂と阿蘇の両神話、伝承に登場する鬼八は、阿蘇では金八と称するまつろわぬ神、荒ぶる神、先住の部族の長、あるいは悪鬼とも書かれている。さらに、走りが早く大岩も手玉に取るような超越的霊力を持つ者として描かれ、最後は統治者となる神、阿蘇では健磐龍命、高千穂では御毛沼命（あるいは正一位様）に成敗される。死後蘇ったりするが、魂は天に上り霜を降らす災いの神である荒魂《あらみたま》となる。

農業の生産性が低かった当時、冷害による飢饉は大問題であった。気象災害や病害虫発生の原因は、勝者によって粛清された者や罪無くして排除された者、あるいは異端とされる人の怨念が引き起こすものと畏怖されていた。不幸にも、敗者となった者に与えられた最後の意趣返しが天変地異の災いをもたらすことであったといえよう。
例えば、菅原道真、平将門、斎藤別当実盛などであり、さらに鬼八しかり、それらの不運の者は神として祀られ災いを回避しパワーを与えてくれる神として奉られた。

高森町別所の角宮《つのみや》

阿蘇神話によれば、大神（健磐龍命）が阿蘇山から阿蘇谷を間にして大石を的に射った。金八にその矢を取らせたが、金八は自分の足の指に挟み投げ返したので、大神はその無礼を怒り追いかけた。金八は大山の岩を突き通し逃げた。その時岩に角を当てて落としたので、その角を祭った。この宮の上の高山に大神が蹴破った大穴（坑）があり、今はその洞に十六羅漢の石体が安置されているという。

荒ぶる神鬼八について書いた『旭日大神文書』やその他の文書に「悪鬼」とは書いてあるが、具体的に人に危害を加えたとは書いていない。それどころか被害者なのである。東征から帰ったミケイリノ命が水鏡に写った美女を見初め〝何者ぞ〟と問えば、鬼八の妻ウネメ（鵜の目御前・采女。別書に浅良部姫女）。彼女に恋慕し、鬼八を亡き者として妻とした。「鬼八の恨み憤りて天に登り霜を降らす」とある。このことが、阿蘇に進出した高千穂の神彦八井耳命と配下の山部氏一行によって阿蘇の新しい伝承となったのではなかろうか。

霜の宮は九州には三社ある。その一つは竹田市の健男霜凝日子神社で、祭神は祖母山信仰と重なる豊玉姫で、神話にある化身の姿から荒ぶる神として崇められたのであろう。二つめは阿

蘇神社摂社の霜宮であり、三つめは高千穂町三田井の鬼八塚である。阿蘇の霜宮には乙女による火焚き神事があり、切られた金八（鬼八）の首を五十九日火を絶やさず温める奇習で、その起こりは高千穂で行われていた風習が伝わった。火焚き神事に出された乙女が、なぜか長生きできなかったので人身御供と呼ばれ、甲斐宗摂によって猪をにえ（牲・贄）として捧げ、現在はししかけ祭りとなっている。

阿蘇山と高千穂との深い関係

平成九年（一九九七）の秋、五ヶ瀬町鞍岡で村おこし事業の一環として「祭り鞍岡」のイベントが行われた。鞍岡は中世の頃から阿蘇神社と深い関係があり、一時は肥後国大野に所属した地域でもある。この行事に主賓として招聘されたのは阿蘇神社の大宮司であったが、大宮司は都合で来れず、代わって白水祇園社の社家田尻盛穂氏が出席され大宮司の親書を読まれた。

それによれば、博多鎮西探題襲撃の失敗による菊池武時、阿蘇惟直の鞍岡隠棲（元弘三年〈一三三三〉）、菊池武敏、阿蘇惟直らが福岡多々良浜で足利尊氏と対峙して敗れ、再度鞍岡に隠棲（延元元年〈一三三六〉）、さらには南朝の忠臣阿蘇氏恵良惟澄の麾下で活躍した高知尾衆を代表する芝原又三郎（興梠氏性虎）や、河内氏、長崎氏、立宿氏など（いずれも『阿蘇文書』記載）諸氏子孫へのお礼、下って阿蘇家内紛で大宮司職を追われた阿蘇惟豊を援け（永正一四年〈一五一七〉）、阿蘇家黄金期を築いた鞍岡祇園神社の祠官甲斐大和守親宣とその子民部大輔親直（宗運蕉夢）の活躍などのお礼と、未来へ向かって阿蘇と高千穂の深いきずなをつくろうと述べられた。

地区外からのイベントに高千穂町下押方の伝承芸能の一つ「楽」が奉納され、下押方から一五名の伝承者が参加、大半は押方苗字の人であった。奇しくも阿蘇惟豊不遇の時代、砥用で市を開き惟豊を支援した一人は押方氏豊後守忠政という人である（『阿蘇文書』）。忠政に由縁のある下押方の人がそのことを知ってかしらでか、勇壮に舞い踊る姿に阿蘇と高千穂の縁の深さを感じさせるものがあった。

矢津田［やつだ］氏

謎多き希代の豪傑を祖とする延岡藩官吏。書き写した多くの文書は貴重な歴史資料

「矢」は夜神楽の「弓正護」でも使われるとおり、命を絶つ武器である。その霊力により様々な穢《けが》れ、邪気、厄などを絶ち清めるものとして戦場を駆け巡る武士に好まれ家紋に取り入れられた。

(一)

高智尾と呼ばれた西臼杵には、中世から近世にかけての、数多くの古文書や記録があり、その数は県内随一と言っても過言ではない。江戸時代、城下でなく代官所を置く寒村であったにもかかわらず、貴重な資料が残っていたのは、西臼杵の人たちがそういうものを大切に保存していたということもあるが、記録を几帳面に残した先哲の人たちを多く輩出した地であるといえる。

特に、五ヶ所の矢津田義廣と、矢津田家代々の人、岩戸庄屋土持家、土持信賛、上野正念寺の寛隆和尚、これらの人たちの残したものは、ゆうに六百点、それ以上あるとされる。これら

の記録は、西臼杵の歴史のみならず、宮崎県史、日本史を調べる上で重要な資料である。

矢津田文書といわれる記録は、慶長から大正年間（一五九六〜一九二五）まであるといわれ、その中で、矢津田喜多治義廣、その子新之丞義遵、孫の鷹太郎誉義らが手がけた記録写本等は、近世の社会構造、経済、風俗、気象、騒動を知る上で一級の資料といえる。

矢津田氏は『矢津田家由来略記』によれば、その祖を足利又太郎忠綱としている。足利氏といえば、室町幕府を起こした足利尊氏の系統、いわゆる清和源氏八幡太郎義家の系統が有名だが、それと違い、同じ下野国足利地方に起こった俵藤太秀郷を祖とする藤原氏の足利氏である。

忠綱は源平時代の人で、父俊綱と共に平氏に属していた。源頼政が以仁王を奉じ挙兵したとき、これを攻め功を上げたが、恩賞に不満があり、源頼朝方に転じ宇治川の先陣を果たし、武名を高めた。その後、頼朝に抗して敗北し、山陰道に赴き、平家方に合流したとあるが、その後の消息は定かではない。

忠綱という人は、容貌魁偉《かいい》、歯が長く一寸もあり、声は十里に響き、力は百人力と書いてある。『由来略記』によれば、忠綱は平家滅亡の後、九州に落ち、英彦山増進坊に寄宿、その後阿蘇大宮司家を頼り、阿蘇氏の客分となった、とある。忠綱は阿蘇氏の信を得て大宮司惟一の姫を娶り、三人の子を得た。

この足利又太郎忠綱を祖とする家は三家あり、野尻氏系図によれば、

忠綱
- 恭綱（太郎・野尻氏祖）
- 忠家（二郎・瀬井氏祖）
- 忠郷（三郎・矢津田氏祖）

となっており、いずれの家系も九州の中央部高原地帯を中心に蔓延した（野尻氏は大神氏であるが、恭綱が養子になったものか、高森町野尻を基盤とする別流か不明。子孫は阿蘇氏、加藤氏、細川氏に仕え繁栄）。

阿蘇氏に仕えた矢津田氏は、肥後矢津田で千石を領し、矢津田祭場に居住したと記され、先祖の墓が祭場村にある。

阿蘇地方には、関東武士の伝承が多く残っている。古くは都を追われた鎮西八郎為朝にまつわるもの、没落した梶原氏一族が住んだとされるものなどがあるが、それは、豊後の緒方氏や阿蘇氏の勢力があなどれなかったことと、阿蘇地方の広大な原野での狩猟が鎌倉幕府の武士政権が好んだ巻狩りを行うのに参考になり、関東

祭場の阿蘇神社末社

祭場の地名は、阿蘇大明神が草部吉見大明神の御女を妃に迎えたことに由来し、阿蘇神社末社が鎮座、矢あとの池があり、矢津田の地名となる。矢津田氏はこの地名を名乗った。

の有力武士が度々調査に来たことも要因の一つかもしれない。

同じ矢津田中村に来た本多氏（本田とも）の由緒が、又太郎忠綱とほぼ同様の状況で、関連があると思える。本多氏は、徳川氏の家臣（藤原北家流）として有名であるが、矢津田中村の本多氏は、秩父の畠山氏の郎従に本田次郎親経（幼名・鬼石丸、本田親常、近常、親恒とも）という人がおり、その親経を祖としている。

この人は、『吾妻鏡』にも記載のある人物で、『本多家由緒書』によれば、親経の九代の孫掃部少輔親長が、永正年間（一五〇四～二〇）に中央での戦禍に追われ、英彦山の座主の知遇を得て阿蘇家に仕えたとある。

その後、阿蘇氏は南北朝時代に菊池氏とともに、南朝方で各地に転戦を行っているので、矢津田氏、本多氏とともに、阿蘇氏の麾下で活躍したものと思われる。

(二)

五ヶ所矢津田氏の祖は、矢津田織部義政という人である。織部義政は天正年間（一五七三～九二）の島津大友合戦の際、大友方阿蘇氏の麾下で戦い、肥後、豊後の境牛頸という所で討ち死にした。

義政には二人の子がおり、嫡子飛騨正吉清は、肥後矢津田から五ヶ所に落ち高智尾の三田井氏に仕えたようで、「三田井家臣天正年中高千穂小侍（中尾）番面帳」には、その名前が記載されている。また、この番面帳に矢津田姓の人物が他に弥五左衛門と肥前という人物が載っているので、一族が五ヶ所に移り住んだものと思われる。

三田井氏は、間もなく延岡に来た高橋氏に亡ぼされるが、高橋氏も水間勘兵衛事件により慶長十八年（一六一三）に改易になり、翌十九年有馬直純が入封し、吉清は給地四石小侍として召し抱えられる。当初、矢津田氏は五ヶ所の原山に居を構えていたもようで、これより神原、嶽などに諸家が分かれていったようだ。

矢津田系図によれば、飛騨正吉清の嫡男は、大内蔵吉久といい、その子、新五左衛門（同名の名乗りあり。初代）吉房は、有馬氏に仕え五ヶ所村の庄屋となり、それより代々、領主が三浦、牧野、内藤と変わっても、本家、分家等で五ヶ所村の庄屋職を継いでいる。

牧野氏時代、矢津田和多平という人は、幼少の頃延岡に中間奉公にあがり、その才を見こまれ、御侍目付に立身し名前を勝右衛門義陳と改名。その後、若殿のお守役となり、牧野氏国替えの際は常州（常陸《ひたち》〔茨城県〕の別称）笠間に転居している。この人の子孫は、現在茨城県笠間市におられる。

延岡藩は、高智尾の統治には相当気を配ったようで、寺院、神社等宗教面から旧三田井氏の家臣の扱いに独特の仕組みを施し、治世を行っていた。矢津田氏は代々これらの組織の中枢にあり、高智尾荘の行政官である小侍、村廻り役、御口屋方銀取立などの職を一族で世襲しているが、それらは皆、有能な官吏であったようである。

これらの要職にあった矢津田氏で特筆すべきは、役職に関わる文書等の几帳面な記録や書写を、村方として事件、出来事、気象、人事、寺社、銀相場、その他重要な文書類はもらさず書き写していること。さらに、当時の情勢を知る上で重要な奥書《おくがき》（極秘文書。奥付・筆者の名前、由来を書き加え真正であることを証明した書）の記録も含まれていることである。

文政十一年（一八二八）、父新五左衛門（四代）義説の跡を継ぎ村廻り役（その後御口屋、銀取立役兼務）となった喜多治義広、その子新之丞義遵、孫鷹太郎誉義の三代は、江戸時代後期から明治時代に至るまで、矢津田氏の日記「要用雑記」を含め、克明に記録を残している。

その中で、藩政の実情を知る重要な文書に、延岡藩内に起きた騒動、一揆、逃散、相論等の記録がある。これらは、機密文書で本来は公にできないものだが、矢津田氏が職務の合間に代官所などで書き写したもので、当時は門外不出の文書で、取り扱いに注意するように添え書きがある。これらの記録は一級品で、高智尾荘はもとより、延岡藩の飛び地の宮崎、大分国東の騒動にまで及んでいる。

内藤氏時代の延岡藩の大事件であった山裏の逃散事件では、田原村の庄屋矢津田刑右衛門らは、竹田領の大庄屋工藤孫兵衛と事件の解決の交渉にあたっている。

矢津田喜多治は五ヶ所の開発にも努め、独力で水路を開削、また高冷地の農業に適合したとうもろこし、麻、たばこ栽培など殖産の振興を図っている。喜多治は書を能くし、当時高千穂の一級の知識人、岩戸の土持信贇とも親交があり、古文書の書写にも努めている。

喜多治の孫、鷹太郎も五ヶ所の開発に奔走し、人参の栽培や四国よりとうもろこしの種子を入手するなど、農業の進歩に尽くしている。

ウエストン祭（三秀台の記念碑）

英国人宣教師ウォルター・ウエストンが、明治23年11月６日祖母山に登山したことが矢津田慶太郎の日記に記されている。このウエストンの祖母山登山を記念して、毎年11月に祖母山の麓で行われる。

鷹太郎の日記に、明治二十三年（一八九〇）十一月六日、英国人宣教師で日本アルプス登山の開拓者、ウォルター・ウエストンが祖母山に登山したことが記され、毎年ウエストン祭りが行われるようになったのも鷹太郎のおかげともいえる。

第二編　落武者の系譜

3の章 落武者の系譜Ⅰ

荒踊り

奈須・那須［なす］氏

那須与一の伝承もあるが
椎葉を追われた十三人衆の末孫か？

押方の奈須氏の家紋は「五瓜唐花紋」を用いるが、その理由については言い伝えも残っていない。推察すれば五瓜唐花紋は祇園神社の神紋のひとつで、椎葉で盛んな「蘇民将来」信仰から素《す》戔《さの》嗚《おの》尊《みこと》の神つながりで奈須氏が用いたのかもしれない。

（一）

高千穂の下押方は、交通の要衝で歴史も古く、弥生時代の縦穴式住居跡や古墳群もあり、隣の上押方集落と合わせて押方地域の中心で「本組《もとぐみ》」と呼ばれていた。西臼杵の中心地三田井と高千穂渓谷を隔てた隣接地であったが、近年五ヶ瀬川をまたぐ巨大な橋が架けられ交通の便が良くなり三田井の町の衛星的な集落の様相を呈している。現在、病院や工場、団地などの住宅建設が進み多くの姓が混じっているが、終戦後までは押方姓と奈須姓の人が住み分け、その他の姓も二、三軒あったが、いずれも先祖は押方か奈須の一族である。

高千穂のナス姓で「奈」を苗字とする郡内の奈須氏の発祥の地はこの下押方で、ルーツを遡《さかのぼ》れば「なかえ」という家号の家に行き着き、おかた（押方）、おむら（奈須）、寺屋敷（押方）、なかえ（奈須）、上屋敷（押方）、おっく（押方）、どんもと（押方）、くねんした（押方）、馬場んなか（押方）、きのした（押方）、むかい（奈須）、くだりたて（奈須）、でぐち（奈須）、しんや（奈須）、くぼ（奈須）、東（押方・日之影へ転出）等の旧家に分かれ、それから郡内に蔓延している。

那須氏については、「ひえつき節」で有名な椎葉の「那須の大八」と平家の美女「鶴富」の悲恋の物語があるが、下押方の奈須一族に伝わる伝承はこれと違って大変興味深い話がある。

奈須氏は那須氏の同族で、その発祥は下野国《しもつけのくに》（栃木県）の那須郡《なすのごおり》になる。那須氏は、「那須《なすのく》国造《にのみやつこ》」の末裔で那須直《なすのあたえ》（直は朝廷に服属した地方豪族に与えられたカバネ）を祖とするのが正しい。『源平盛衰記』による屋島の合戦で扇の的を射落とした弓の名手奈須与一《なすのよいち》宗高（資高）はその後裔で、宗高の子孫は恩賞に不満を持ち、日向に来て南郷村（現美郷町）の神門に住んだと『日向記』にはある。

壇ノ浦の海戦に敗れた平家の残党は、豊後の玖珠《くす》に逃れ、追討の任を受けた与一宗高が病に倒れたため、鎌倉幕府は元久二年（一二〇五）弟大八郎宗久（伝説上の人物、実際の弟は隆豊と言い椎葉に留まり復興に尽くした。他にも与一宗高の子宗昌説もある）に追討を命じる。大八郎は、性温厚で兄に劣らず文武に優れ、名将の誉れ高い武将で、九十七騎の武者を率い、肥後阿蘇を抜けて日向の山中に軍を進める。

しかし、山険しく馬での進軍をあきらめ、鞍を置いた所が「鞍置き」即ち鞍岡で、馬を繋いだ所が木合屋との伝承がある。また、この地にはない栃の木の実を生国の下野から持ってきた話もあり、県内では珍しい栃の木が椎葉や鞍岡に多く残っている。

大八郎は川の右岸を進んだ。平家の一門は一時居留していた本屋敷を捨て川の左側を通り鞍岡の波帰《はき》に進み陣を立てたがたちまち敗れた。そこからこの集落の名を敗れ帰るという意味で破帰と呼ぶようになったとか。大八郎は霧立越《きりたちごえ》を越え、椎葉の戸根川あたりに陣を敷くが、そこで見たものは谷間に逃れ住み弓矢を捨て、もはや討つべくもなき人たちであった。大八郎は那須地方の焼畑農耕を教え、平氏の崇敬する厳島《いつくしま》神社を勧請《かんじょう》し、平家一門の慰撫《いぶ》に努めた。

時は流れ、平家の血を引く鶴富姫と恋に落ちる。やがて鶴富は身籠《みご》もるが、大八郎は鎌倉殿（頼朝）の帰国命令で椎葉を去らねばならず、やがて生まれる子どもが男子ならば本国下野へ連れて行くが、娘ならば婿をとり那須の血を椎葉に絶やさず、と言い残し椎葉を後にした。

以上が椎葉に伝わる物語であるが、下押方の奈須一門に伝わる伝承はこれと違って、大八郎は鎌倉に帰らず、鶴富と一緒に椎葉から下押方に移住して終生を共にしたと伝える。その墓は押方地蔵堂の前の畑にあり下押方の奈須一族の先祖「那須小太郎」として祭られている。奈須氏ゆかりの者は年一度花を供える風習があった。伝承によれば小太郎は与一宗高の長男で、病にあった与一に替えて幼少の小太郎を大八郎の平家追討に同行させた。

大八郎は鎌倉に帰らず鶴富と一緒に下押方の地に住み、その子孫が「なかえ」をはじめとする「奈須姓」になったと伝わっている。なかえの家には多くの古文書があったとのことであるが、数代前に灯明の火による火災の心配があるとして、大木のほこらに古文書を捨てたとのこと、惜しいことである。

この墓と違って、下押方公民館前の墓地に「奈須殿の墓」と称する古墓がある。文字が風化してなかなか読みづらいが、薄曇りの日に彫りがかすかに浮

下押方の「奈須殿の墓」と言われる奈須氏先祖墓

き出て解読できた。長右衛門と喜右衛門と彫ってある。卒年は江戸中期の宝永元年（一七〇四）と正徳元年（一七一一）で兄弟の墓とも推測できる。卒年からこの墓は江戸時代の前期椎葉で起こった騒動で、身の危険を感じて椎葉から逃げてきた人の墓と推測される。

『高千穂古今治乱記』に、建久四年（一一九三）、鎌倉幕府の武将畠山重忠が高千穂神社に源頼朝の代参で来たことが記されている。十社文書では文治四年（一一八八）となっているが、重忠が来たのは鎌倉に帰国せぬ大八郎を糾弾するためとの伝えがある。結果がどうなったか知るよしもないが、重忠は、鎌倉幕府にあって数少ない忠誠の士であり、花も実もある武将で、

大八郎と鶴富の二人にいきなはからいがあったと奈須の人たちは信じている。

(二)

那須氏と奈須氏を調べていくうちに新しい発見をした。電話帳で那須氏、奈須氏の分布を調べてみると、那須与一らの平家追討の兵がはいった大分から椎葉まで、那須もしくは奈須の姓を名乗る人の分布が地図上に一直線に並ぶことに気づいた。

特に多い大分市・別府市から玖珠郡・大野郡・竹田市を抜け熊本県の蘇陽町・清和村・矢部町（いずれも現山都町）等、宮崎県では高千穂町・五ヶ瀬町そして椎葉村に至っている。また、その延長上にも分布し西は熊本県の人吉地方、東は四国の愛媛・高知にもあり、幕末の頃土佐藩の参政《さんせい》吉田東洋《とうよう》を暗殺した那須信吾も那須家の養子で家系は那須与一に結びつくらしい。

このことから那須一族は生国下野から一族郎党大挙して平氏の追討を行ったようで、通過した土地に一部が残り繁栄したのではないかと思われる。

蘇陽町の大見口《おおみくち》に奈須の姓を名乗っている数軒の家があり、ここには押方の奈須一族に似た伝承が伝わっている。集落のはずれには那須与一宗高の墓もあり、大きな自然石に銘文が刻まれているが、長い風雪のため判読できなかった。

大見口奈須家の本家・奈須喜左衛門は、大庄屋であったが、江戸末期に没落し、庄屋跡は残

奈須時男さんと「百足丸」

っていない。その分家の奈須時男さん宅には与一の佩刀《はいとう》と伝える「百足丸《むかで》」がある。無銘だが鎌倉時代の作と思われる古刀で、二尺四寸三分（約七四センチ）反り七分の刀身は鎬《しのぎ》造り中切先《ちゅうきっさき》、地鉄《じがね》良好地沸《じにえ》厚くつき丁子乱れ、気品があるなかなかの物で備前長船とみた。銘刀である。「ほたる丸」という短刀もあったとのことだが、紛失して今はない。

時男さんの話では、庄屋には多くの古文書があったが、火災で焼失したとのことだった。那須一族はこの地に入り、生国《しょうごく》下野那須地方とよく似たこの阿蘇高原に開拓者として定住したものと思われる。

㈢

大見口奈須家の家紋は違い鷹であるが、これは土地柄阿蘇家の紋で本来の家紋ではない。奈須家の家紋は四方木瓜《もっこう》と紹介したが、本家の「なかえ」では五瓜《ごか》に唐花の家紋が用いられている。那須一族の本来の家紋は「菊上一文字」だが、この家紋を用いないのは、世をはばかってか、あるいは臣従《しんじゅう》した豪族から下賜《かし》されたものだろうか。

五ヶ瀬町には、数軒の奈須姓を除いて、那須姓が多く、そのルーツは椎葉になる。古く交易の手段は駄賃《だちん》つけと呼ばれる、牛馬の背に荷物を積み、山の尾根づたいに輸送が行われていた。当時、塩・米・酒・衣服等の物資の集積地は馬見原で、ここより、鞍岡、本屋敷を通り霧立越を越えて椎葉に物資の輸送が行われ、その関係か椎葉の人たちが鞍岡に住み着いたと思われる。

しかし、これとは別の説によれば、江戸時代初期にあった「椎葉千人ざらえ」と称する大事件で、椎葉から逃亡した人たちが住み着いたともいわれているが定かではない。

十根川神社にある「椎葉山由来」によれば、椎葉は米がとれないため石高がなく、椎葉山もしくは奈須山とよばれ、その支配者は大八郎宗久の血をひく奈須玄蕃で、嫡子左近・次男弾正・三男将監《しょうげん》・四男九郎右衛門がいた。それに対する新興勢力として十三人衆と呼ばれる人たちがおり互いに反目していた。実力のあった弾正の娘は人吉藩の犬童家に嫁いでいたが事情があって離縁され、その身柄を十三人衆に引き渡されたことから対立感情が増し、恐れた弾正は肥後の加藤忠広に庇護を求め、幕府は延岡藩に命じ鉄砲隊を派遣した。

しばらくは平和な椎葉の里だったが、機会を狙っていた十三人衆は弾正の向山城を襲い、弾正父子を討ち、小崎城の左近の嫡男主膳にも兵を向けた。主膳は脱出して江戸に出向き、十三

向山城跡

かつて十三人衆に襲撃され、「椎葉千人ざらえ」につながった。今は整地され、かつての面影はない

人衆の討伐を願い出、元和五年（一六一九）、徳川幕府の阿部正之と大久保忠広は豊後の鶴崎を経て人吉に出向き、十三人衆を含む三十人を呼び出し、厳しい詮議《せんぎ》を行い十九人の首を刎《は》ねた。さらに、阿部・大久保は人吉藩の兵をもって椎葉を攻め、二百四十四人を幕府に対する反逆者として処罰した。そのおり一部は逃亡したとも伝わっている。

今は静かな山里、椎葉の村には源平の時代より近世まで幾多の血が流された歴史があった。平成八年（一九九六）開通した国見トンネルを通れば、椎葉はフォレストピア圏内の隣村になった。

※　　　　※

なお、押六の奈須氏の家紋「五瓜唐花」について一言。大枝史郎著『図像化された日本文化の粋　家紋の文化史』には、木瓜は木瓜の花、あるいは胡瓜（木瓜）の切り口の図案化、御簾《みす》の上部の帽額につけられた紋から発展したもの、といわれていること、さらに中国では木の上につくる鳥の巣を指すことばといわれ、卵を産み落とした巣を真上からみた図が原形とされていること、現代に伝わる木瓜紋は、唐花を美しい曲線で囲み、完成された家紋の一つであること、また瓜を五つにした紋は「五瓜に唐花」と呼び、その一つに織田信長が使った織田瓜があることなどが記されている。

坂本［さかもと］氏

荒踊の特異性は近江からの移住の証明か？

向山の坂本氏は松川菱紋（上）を用いるが、三ケ所兼ヶ瀬の坂本氏は先祖近江佐々木氏の四ツ目結び紋（下）を使う。

(一)

戦国時代の天文年間（一五三二～五五）、近江で没落した佐々木六角高頼の末家の兄弟が、高知尾を支配していた三田井左京太夫右武《すけたけ》を頼って落ちてきて、兄は馬崎を、弟は坂本を名乗り、その館を高千穂の川南《かなん》（五ケ瀬川の南側の村を指す。鞍岡、三ケ所、桑野内、押方、向山、岩井川、分城、七ツ山、家代《えしろ》）と定め三田井氏の忠臣になったと記されている。

これは江戸後期の作とされる『高千穂古今知乱《ちらん》記』に書かれている馬崎氏、坂本氏の出自の由来である。

天文六年（一五三七）、桑野内の二上大明神の神宮寺である観音寺（二上大明神の別当寺）の宝殿に、豊後の国長野八幡から来た大般若経六百巻を受け入れる大変な行事があった。この大般若経はそれより百四十年前に伝わったもので、当時の禅僧や地位ある武士など全国から約五十名が持ち回りで肉筆写経した一級品である。

この受け入れ行事は領主三田井氏の命で行われたようであるが、般若経の中に入っていた奥書に書かれた加行《けぎょう》の人数（仏教用語。伝習伝改のため集められた歴々）は、厚福寺□□（古殿神社の別当寺の住僧か）、□□左衛門尉、河内長門守□□、坂本式部少輔、興呂木伊賀守□□、坂本山城守、□辻主馬允、當社禰宜市□（二上神社神職）、甲斐九郎兵衛、□□□□、内宣命太郎左衛門尉で、坂本氏と判断できるのは式部少輔と山城守の二名である。名前からしてひとかどの人物像が見えてくる。これが高知尾での記録にある坂本氏の初見である。

坂本氏は、「高千穂古今治乱記」に佐々木六角高頼の末弟と書かれているが、佐々木六角（承禎）義賢の活躍した天文年間は近江源氏の佐々木氏の最盛期で、遥かに遠い九州の山中に落ちてくる必要は無い時代である。むしろ近江源氏佐々木氏の没落の時代で、永禄から元亀年間で台頭する国衆との合戦のたびに負け、最終的には近江の一等地は織田信長のものとなった。

「高千穂古今治乱記」に書かれている松尾玄蕃允の姓「松尾」は他の古文書の解釈から「佐保」であり佐々木氏の同族、六角高頼の末家兄弟の兄は「馬﨑」と改め弟は「東坂」を直ちに「坂本」と改めとある。この文書の信憑性は地名の有無であるが「東坂」の地名は滋賀県栗太郡栗東町にある。
さて、佐々木一族が高知尾にいつ頃来たかということであるが、見立煤市の佐保家文書に明応四年（一四九五）とかなり古い時代に、領主三田井右武が佐保玄蕃允の佐保衛門に充てた土地の宛行状があるのでこの頃であろうか。

（二）

佐々木氏の分流六角氏の一派は故地近江（滋賀県）観音寺城を追われ九州に辿り着いた可能性もある。否定できない証拠の一つが荒踊りである。三ヶ所弁でいずれも高知尾の地にありえ

近江源氏の棟梁
佐々木六角義賢（承禎）

バサラ大名で佐々木道誉以来の版図を拡げた名将である。弓馬の名手としても知られている。

名将として名高いが晩年はカードの引き間違いで浅井長政、織田信長と争うことになる。

佐々木六角高頼は承禎の祖父となる。末家兄弟が高知尾に来たということであれば義賢は近い近親者である。（図はWikipediaを使用）

ない特異性、リズムの違い、それ等説明の付け難い九州以外の何処から来たものか、決定的な論拠は後学の徒に頼るしかない。

それまで単調でゆったりとした踊りが雷鳴のような火縄銃の音でにわかに勇壮となる。二十四のパーツ、計約六十名が一斉に自分の道具を持ちパーツごとに踊るのであるが、ひときわ目立つのは白い股引きに赤い襦袢をまとい猩々の髪を振り乱し激しく舞い踊る太鼓たたきである。地上高く飛び上がり激しくバチを打ち付ける。その太鼓に繋がれたのは、この舞の企画者である領主に飼われたペットの猿である。朱い猿面を着け茶の股引姿で太鼓の合いの手をするように日の丸の扇をもってニホンザ

荒踊り

この踊りの始まりは三ヶ所坂本の専光寺の新しい後継者となる新発意のお披露目に行われたという。新発意は引立烏帽子をかぶり直垂衣装もりりしく幟を持ち狂言回しのように場内を駆け巡る。この風流は「カッコいい」といつもおもうが出演者60名ともなる大掛かりなもので村中先祖代々それぞれの役回りを引き継いでゆく困難さがある。このイベントがいつまでも演じられるように願いたい。

ルの特徴をとらえた仕草で踊るが嫌らしさは感じられない。

現在「荒踊りの館」が建っている所に、坂本山城守正次という武将の居城坂本城があった。城郭の一部を三ヶ所川と峻険な崖が廻る天然の要害の地で、三田井氏はここに近江出身の佐々木氏一族、弟の東坂氏を置いた。東坂氏は地名の「坂本」を直ちに名乗った。それが山城守正次である。

昭和三十五年、診療所建設のため屋敷跡といわれる所を地開きしていたところ六個の大甕に詰めた大量の古銭約四万五千枚が出土した。さらに古桶にも古銭九千枚がつづいて出土した。この古銭については、主家三田井氏落城の際、追討の手が及ばなかった坂本に、密かに向山より選ばれ三田井家再興のために埋められたとも伝えられている。

三田井氏が滅んだあと、山城守正次の孫伊賀守正行は仏門にはいり釋休覚と名乗り、炎王山専光寺を開基し、現在に至っている。

後藤［ごとう］氏

大坂の陣の落武者説も混じり、庄屋、社家、浄専寺開基と多士彩々

桑野内庄屋の後藤家は「上り藤」（上）を用いる。三ヶ所浄専寺は旧姓後藤姓、鶴丸紋（中）が家紋である。また押方合戦の目撃者・上押方の神官家後藤氏は珍しい木瓜紋（下）。

㈠

五ヶ瀬町の桑野内は、北西に五ヶ瀬川を挟んで肥後国と境を接し、北東部に桝形山《ますがたやま》などの山並みを背負い、五ヶ瀬川の断崖上に扇状に広がる台地を開いた要害の土地である。まずこの土地に入るのは困難で、津花《つばな》峠を越えるか吐之瀬《はきのせ》の川底を歩くことになり、このような地形から南北朝の頃、南朝方で活躍した芝原（興梠）又三郎は大規模な桝形山城を造り、後年、縣《あがた》（延岡）の城主となった高橋元種は土師《はじし》甚右衛門を桝形山に隣接する樺木岳《かばきだけ》に城主として置いたほどである。

山郭《さんかく》の地桑野内は、故あって世俗を捨てた名のある者や、落ちのびた武将が隠遁《いんとん》するに適した土地で、京都九條家の御殿支配方《ごてんしはいがた》の猪久保《いくぼ》氏、縣からの落武者小貫《こぬき》・大貫《おおぬき》一族、豊後からは小方（緒方）、佐伯氏などが移り住んでいる。また明治になってからも、肥後細川家の御料理役で細川忠興以来三百年細川家に仕えた村中氏も桑野内に来ている。

桑野内の庄屋後藤氏の祖、後藤左門実冬《さもんさねふゆ》もその一人で、諸国遍歴の後、桑野内土生《つちはえ》に住み着いている。後藤左門が桑野内に来たのは、戦国の時代が終わり、江戸幕府が開かれた頃と推測され、同じ頃三ヶ所宮の原浄専寺《じょうせんじ》の開基後藤孫太夫が元和元年（一六一五）に来たとされているので、後藤氏の一族がこの地に落ちてきたものと思われる。

土生の後藤健一氏宅は後藤庄屋の分家で、ここに残る系図は江戸後期口伝《くでん》をもとに書かれた物か、または写しと思われ、記述に間違いがあるが、これによると、桑野内後藤家は一般的にいわれる藤原利仁《ふじわらのとしひと》流ではなく、藤原北家流（藤原不比等《ふひと》の次男房前《ふささき》の流れで、藤原氏で最も栄えた）で、興味があるのは承平天慶の乱（九三一～四七）で有名な藤原純友の祖父長良《なかよし》からの分脈で、長良から三代後の左右衛門尉光能《そうえもんのじょうみつよし》という人が後藤姓を名乗り、それより二十七代後に後藤又兵衛尉重則《またべえのじょうしげのり》の名前が出てくることである。

この後藤又兵衛尉重則が大坂夏の陣で活躍し、道明寺の戦い（元和元年）で討ち死にした後藤又兵衛基次《もとつぐ》と同一人物であるかは、系図で判断する限り定かではない。

桑野内後藤家の系図によれば、後藤又兵衛尉重則の父は丹後守重康といい大和国小泉城の城主で、近江浅井氏との合戦で討ち死にしている。

講談で有名な豪傑又兵衛基次の父は新左衛門基国という播磨《はりま》の人で、小寺官兵衛《かんべえ》（後の黒田如水《じょすい》）と一緒に別所《べっしょ》家に仕えている。父新左衛門が病死した後、又兵衛は官兵衛に引き取られ、その子松寿丸（長政）と一緒に養育された。別所家を離れ羽柴秀吉の麾下となった官兵衛のもとで、又兵衛は長政を上回るほど頭角を現し、長政ができなかった豊前中津の宇都宮氏を降伏させるなどの功で、一万六千石を与えられている。

その後、長政にうとまれたこともあって浪人し、諸国の大名から招きもあったが旧守の邪魔もあり悉《ことごと》く辞し、大坂の陣では豊臣秀頼の招きで入城。ここで薄田隼人正《すすきだはやとのしょう》や塙団右衛門《ばんだんえもん》など講談を彩る豪傑と一緒に華々しく散ったとされている。

立川文庫本では、道明寺合戦で討ち死にした又兵衛は生きており、秀頼公を奉じ島津の船で薩摩に落ちたと記されている。この話は肥後白水村にも残り、芹川《せりかわ》という所に又兵衛の屋敷跡と墓が残っている。

先日、白水村の郷土史家で熊本史学会会員の田尻盛穂《もりほ》氏の案内で、子孫といわれる後藤松夫氏宅を訪ねた。ここには「伝うるに、豊臣秀頼公大坂落城の時薩州島津を頼り隠遁す。その時又兵衛随身《ずいしん》して薩州に蟄《ちっ》す。その後又兵衛上方《かみがた》（徳川方）の風聞を窺《うかが》う。度々ここを通行して当所に宿したり。終りには当所に蟄居し、名を武蔵と改え数カ年後病没す」との伝承がある。

桑野内庄屋家　後藤氏の略系図〔出典　桑野内　後藤健一家文書　他伝承、墓碑等を参考とした〕

大職冠藤原鎌足 ― 北家房前の後胤道長流 ― 略 ― 左衛門尉光能 ― 略 ― 丹後守清綱 ― 略

後藤姓
是より武官名を名乗る

源為義家臣後源頼朝に仕える

丹後守重康 ― 又兵衛尉重則 ― 因幡守實輝 ― 略

丹後守重康
大和国小泉城城主
浅井氏との合戦で戦死

又兵衛尉重則
黒田長政の幕下山崎合戦で軍功、太閤の直臣
として朝鮮の役で大功するも大坂落城の時戦死

因幡守實輝
父又兵衛討死後九州へ落人
大友合戦で戦死

左門實冬 ― 采女實時 ― 七郎右衛門實重 ― 七次郎實次 ― 嘉平次實友

左門實冬
父左門九州流浪後
桑野内村に落ち着く（この頃桑野内は三ケ所村より分村）

采女實時
桑野内村居住

七郎右衛門實重
藩主三浦壹岐守より
初代桑野内村庄屋承る

七次郎實次
桑野内庄屋
二代目

嘉平次實友
桑野内庄屋
三代目

七郎右衛門實治
桑野内村庄屋四代
三ケ所村庄屋兼帯　同役鞍岡村庄屋綾和藤治不祥事に連座
桑野内村庄屋職罷免　後に山裏村庄屋を承る

本家
七郎治實通 ― 七郎實信 ― 七郎實正
桑野内庄屋家五代　六代　七代

次男正統別家
由右衛門實邦
給地五俵小侍御取立　山林下役

庄次郎實久 ―― 七郎治實正 ―― 大四郎實裕 ―― 以下略
波帰御番所小道番
廻淵小道番　由右衛門と改名

七郎治實正
小侍相続
旅人吟味役

大四郎實裕
給地一石　廻淵御番所
山林下役　九ヶ村の村廻役

文太實儀
八代・十代庄屋
├ 啓治（七郎治實勝） ―― 以下略
│　九代庄屋　上野村庄屋兼帯
└ 房治 ―― 以下略
　　山裏村庄屋

又兵衛の墓は全国に六カ所あるとされ、当時の庶民の感情を表した『難波《なにわ》戦記《せんき》』のヒーローとして語られ、やがて伝説化されたものと思われる。

桑野内後藤家の系図の又兵衛尉重則について基次と違うのは、徳川の世をはばかってそのように変えたものではないか、と田尻盛穂さんは述べられた。

（二）

桑野内の後藤氏は、延岡藩主三浦壱岐守の時代に七郎右衛門實重が桑野内庄屋職に任じられ、以後代々庄屋職を継いでいる。有馬氏時代に設けられた肥後国の波帰の御番所《ごばんしょ》の役人も務め、實重の曾孫《そうそん》實治は、功績が認められ、そのうえ老母への孝行ありとして小侍に取り立てられている。

宝歴六年（一七五六）に次男由右衛門は山裏村（上岩戸と見立地区）の庄屋に、安政年間（一八五四〜六〇）には七郎實勝は上野村の庄屋に任じられている。こうして、桑野内後藤氏は桑野内から上野、岩戸、三田井にかけて広がり繁栄をつづけた。

幕末の頃の庄屋であった後藤大四郎という人はなかなかの豪の者で、延岡藩の山林奉行の役にあった。ある日、赤谷からの帰り道、城山越しの人切り場あたりで、犬に似た灰色の獣がうずくまっているのを見つけた。それは狼で、喉に猪か鹿の骨をかけて苦しんでいるようすで、大四郎は狼の頭をむんずと押さえ、喉に手を突っ込んで骨を取ってやった。それからというもの、この狼は大四郎がこの道を通るといつも付き添い、興地という所で「あ〜ん、あ〜ん」と鳴き山に帰っていったそうで、今でもここを「あんのもと」と呼んでいるとの逸説が伝わっている。

桑野内後藤氏の出自については諸説があり、蘇陽町下山にある八幡宮の社家の旧記には「備前の国の住人小嶋三郎高徳の男左衛門尉《むすこさえもんのじょう》高明と云う者応永二年（一三九五）豊後国に移り、其の裔《えい》次郎大夫高正苗字を後藤と改め日向国高千穂郷桑内村に移り住処を東屋敷《あずまやしき》と号す」とあり、社家は後藤氏でその一族も「仁瀬本村年称明神の祠官《しかん》」と記されている。

小嶋某は南北朝時代の南朝方の武将児島高徳《たかのり》のことで、後醍醐天皇が隠岐《おき》に遷《うつ》されるとき寝《しん》所《じょ》に忍び、庭の桜の樹を削り「天莫空勾踐時非無范蠡」の漢詩で赤心《せきしん》を奏上《そうじょう》した人である。児島は、常に南朝方にあり各地に転戦したが、歴史上では信濃で戦った後、消息が途絶え詳《つまび》らかではない。桑野内が芝原又三郎等南朝の活躍する舞台でもあったことから、子孫が頼って来たのかもしれない。

上押方嶽宮《たけみや》神社の社家も後藤氏で、古い家系である。現在の当主、正則氏の話では、当初、嶽宮神社の横に「平屋敷《ひらやしき》」という所に神主の家はあったとのこと。嶽宮神社の社家は三田井氏時代は、甲斐若狭守鑑晶《わかさのかみあきまさ》の一族と推測され、鑑晶一族が二上神社の本宮争いで敗れ没落後、後藤氏に代わったものと思われる。

上押方後藤氏の先祖も戦国末期か江戸時代初期に来たもので、桑野内後藤氏、宮の原浄専寺開基後藤孫大夫らの一族と思われる。

孫大夫は豊臣家の遺臣で、入道し釈宗願《そうがん》といい、廻渕の三ヶ所鉱山の繁栄を願って西栄山《さいえいざん》と山号《さんごう》を称したらしく、宮の原二上大明神（現在の三ヶ所神社）の別当寺《べっとうじ》天台宗観音寺を浄土真宗本願寺派に改めている。二代目釈浄清《じょうしょう》の頃、本山の良如《りょうにょ》上人に本尊木仏や寺号が免許されている。

浄専寺は代々後藤氏であり、江戸時代に押方の庄屋安在家から坊守、鞍岡金光寺から養子を

樹齢250年余りの浄専寺の枝垂桜

迎えている。明治になり再び養子を迎えることになり、宮の原の篤志家《とくしか》原田家より次男定《さだまる》を嗣子《しし》に迎えた。ちょうどその頃、廃仏棄釈にあい定は還俗《げんぞく》し、寺本と改姓、明治十二年（一八七九）復寺《ふくじ》になったが、そのまま寺本の姓を名乗っている。定は後、寺本覚峰《かくほう》と称し、なかなかの傑出した人物で村民の福利増進を考え、茶園を造成し、植林を奨励し畜産事業にあたっては牛馬の改良に努めている。

浄専寺には見事な枝垂《しだれ》桜があるが、これは九代戒肇《かいちょう》が江戸時代に京都から苗木を持ち帰って植えたもので、樹齢二百五十余年の古木である。

寺本覚峰と親交のあった、三ヶ所八重所の後藤寅五郎は開田の必要性を痛感し村長在任中、再三にわたり県へ陳情し延長二四キロの用水路を開削、また、畜産改良のため岡山県よりホルスタイン種を導入した。特筆すべきは三ケ所村の郷土誌ともいうべき『三ケ所村　村のおもかげ』は、消えかかろうとする村の歴史を自らの記憶や地域の古老から聞きだし表したもので三ケ所村の発展に寄与した。

用水路の開削に情熱を懸けた人に三田井後川内の後藤陣四郎と、その妹婿の伝蔵がいる。三田井地区は水の便の悪い所で畑地が多く産物はとうもろこしと麻緒《あさお》が主体であった。農家は貧しく、それを憂いた二人は有志に呼び掛け、幾多の困難を乗り越え上野川より用水を引いた。後藤伝蔵は、田畑三十町を所有する郡内一の資産家になったが、驕《おご》ることなく人望の厚い人でもあった。

後藤寅五郎翁

三ヶ所八重所の人後藤寅五郎は、地域の有志と図って産業の振興に努めた。村長時代、水田の必要を痛感し、三ヶ所川より延長24キロに及ぶ水路を引き100ヘクタールもの開田に至った。

稲葉〔いなば〕氏

日露戦争旅順港封鎖作戦で名誉の戦死
稲葉秀六の先祖は伊予水軍河野氏の出

豊後臼杵藩稲葉氏の出自は伊予水軍の河野氏という。元寇の役(1281年)で敵船に討ち入り傷つきながらも敵将を討ち取った河野通有《みちあり》の剛勇は有名。戦国武将稲葉一鉄、徳川三代将軍家光を擁立した春日局《かすがのつぼね》も河野氏の血を引く。稲葉一党は家紋の「折敷《おりしき》に三文字」の幟旗を掲げ活躍した。

(一)

岩戸は中世以来豊後、豊前さらに瀬戸内海に通じる高知尾の玄関口として歴史の通過点であり、古くは、漆島氏、大神氏、田辺氏、そして佐藤氏、工藤氏などの大族が祖母傾の山系を越え高知尾へ来た。岩戸に根を下ろした木下氏、稲葉氏などが豊後、豊前を故地としている。

岩戸稲葉氏についての記録はないが、下永の内の岩神に自然石の墓石がある。この墓石の主について、伝え聞いた伝承を継ぎ合わせると、粗筋は以下のようである。

「いつの頃か定かではないが、鎧を着た武者がこの岩神の地に落ちてきた。怪我をしていたので、土地の娘が気の毒に思い手当てをした。長い間の介抱の甲斐あって武者は元気を取り

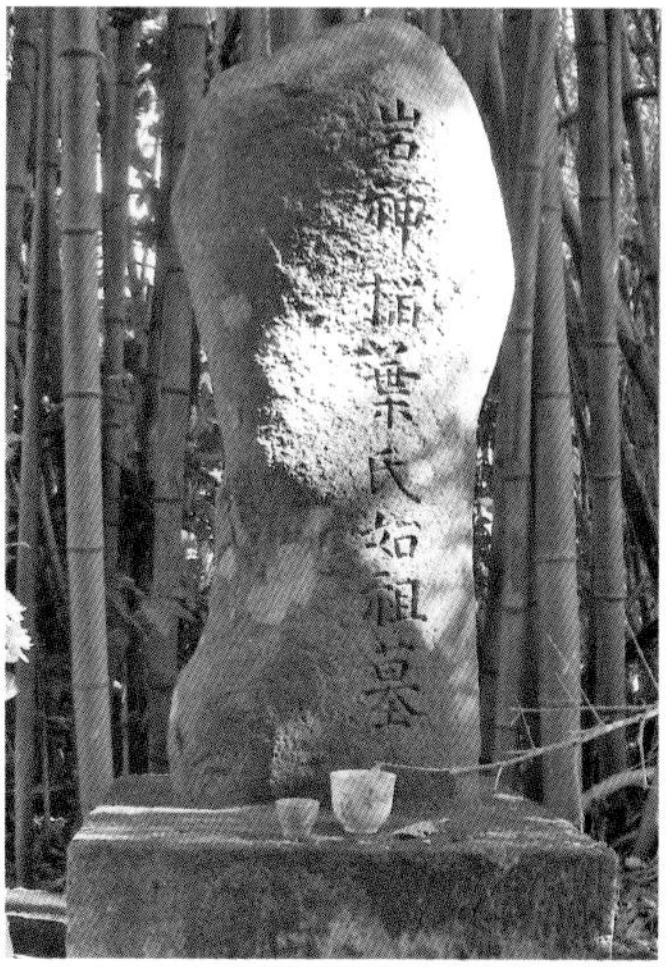

下永の内岩神にある、岩戸稲葉氏の先祖と伝わる墓石

高さ150㎝くらいの自然石に「岩神稲葉氏始祖墓」と彫ってある。それ以外碑文など文字がないため手掛かりはないが、伝え聞くところによれば、ここが稲葉氏の屋敷であったとのこと。

戻し、やがて二人は相思相愛の仲となり、この岩神の地で百姓になった。この者は、豊後国の臼杵の殿様の縁者で、家督をめぐって兄弟が争い、戦に敗れて逃亡の末たどり着いたのがこの地である。この者が兄か弟かは分かってはいない。畏れ多いが、後々のために苗字はこの者が名乗る稲葉とした」

この伝承を臼杵市の教育委員会に問い合わせてみたところ、「兄弟が藩主の座をめぐり争ったことは一度もない。江戸末期、継嗣のいない藩主はあったが兄弟、一門からの養子縁組で円滑な継承が行われ、幕府もそれを認めている」とのことであった。正史である藩の記録には都合の悪いことは書けないであろう。記録には残らないお家騒動はどこそこの藩にあったらしい。

臼杵の稲葉氏は、有名な戦国武将の稲葉一鉄の嫡子貞通を藩祖とする。一鉄の祖父は河野通貞といい、伊予の水軍越智氏の出である。家紋も先祖にちなみ角切折敷《すみきりおりし》三文字の旗印である。

通貞は関ヶ原合戦の前に西軍を離れて東軍に与し、功労があったため美濃郡上八幡から加増され慶長五年（一六〇〇）、臼杵五万石を与えられた。

臼杵城は大友宗麟の隠居城で島を城とした浮島城であり、島津も攻めあぐんだ難攻不落といわれた名城である。縁者に有名な春日局がいる。

家光の乳母春日局は稲葉氏の出身

（二）

天岩戸橋は昭和四十年（一九六五）頃までは吊り橋で、江戸時代まではその上流の「笹野戸橋」が本道である。大きな杉材で橋桁を造り、その上を板で葺き欄干もついた板橋であったらしい。数年おきに台風で流されたが、村中総出で架け替えられた。湾洞越《わんずごえ》や俵石越、卯木の原越に向かう交通の要衝でもあり、岩戸村庄屋の役宅もこの奥にあったためだ。

笹野戸橋からの登りは、石畳が酒屋の屋敷下あたりまで敷いてあった。明治十年（一八七七）の西南の役において、逃げ遅れた官軍側人足二人が薩兵に斬られた遭難の場所でもある。

昔はこのあたりに大石があり、神として祀っていたので「岩神」という地名が付いたらしい。

岩神の旧道横にある井戸の跡

岩戸永野内の石畳

不思議なことに今は現存せず、大正の末頃に見たのが最後で記録もない。昔の道は速川橋に向かう直線道路はなく、旧道を馬場付近に上がり、それより下って戸渡路土橋（後に石造眼鏡橋）を通って野方野より上野峠を越えた。

　岩神は南西向きの温暖な場所で、水の便に恵まれ古くから多くの人が住み着き、一時は「町」の様相もあった。豊後からの移住者稲葉氏はもとより、牧野氏家中で牧野氏転封の際浪人となった長尾氏の旧宅もあった。造り酒屋の甲斐久之助宅や周辺永の内を含めれば、医者の碓井氏、土呂久鉱山へ派遣された旗本崩れの酒井氏ら多士済々である。

　江戸末期は岩戸川を挟んで笹の戸が土呂久鉱山で賑わった町とすれば岩神、永の内側は文化の花開く町であった。碓井玄良の父元亮は国学者本居宣長の嗣子大平の門人であり、岩戸村庄屋土持信賛《のぶよし》の師でもあった。彼らを慕って多くの文人墨客、勤皇の志士

旅順港閉鎖作戦の指揮を執る広瀬武夫少佐（写真中央）

が岩神の道を往来した。

明治二十六年（一八九三）、岩神小学校がこの地に開校される。日露戦争旅順港閉鎖作戦で活躍した稲葉秀六も、この真新しい学校で学んだことであろう。

日露戦争異聞、旅順港閉鎖作戦に散る　稲葉秀六

「杉野は何処、杉野はいずこや」は有名で、広瀬は行方不明となった杉野兵曹長を探すがこの後、露軍の砲弾の直撃を受けて戦死した。

旅順港閉鎖作戦で、後に軍神と謳《うた》われた広瀬武夫少佐（のちに中佐）のエピソードが生まれたのが日露戦争緒戦の海戦である。

遼東半島の突端にある旅順港（現大連市）は入り江になっており、黄海に面した出口を両腕が抱くように半島が囲んだ天然の良港である。ロシア太平洋艦隊はこの港を拠点としていた。兵站《へいたん》が伸びた日本軍の補給線維持のため黄海、日本海、海上の制海権確保は最重要課題である。ほぼ拮抗する戦力の

稲葉常三郎之三男而資性有奨
武之気象明治三十五年五月志
願干佐世保海兵團為一等戦艦
初瀬艦機関兵三十七年征露之
役旅順港攻撃中屢有戦功仝年
五月十五日不幸觸於敵手之水
雷與艦共戦没年僅二十也嗚呼
哀哉

岩戸永之内稲葉家の墓所にある秀六の墓石（上は碑文の内容）

あった露軍艦隊を叩くため旅順港に奇襲、夜襲攻撃を行ったが戦果は上がらなかった。

次にとられた作戦が入り口の狭い旅順港に船を沈め、露軍艦隊を港内に封じ込める閉鎖作戦である。決死隊が老朽船に乗り込み自沈し脱出した水兵を水雷艇が回収するというもので、1回目は露軍の反撃により目的地から大きく外れた所で沈んだ。2回目は4隻が参加したが、露軍の攻撃により沈没あるいは自沈した。広瀬少佐もこのとき戦死した。3回目は12隻での大規模なものであったが、悪天候に阻まれ港外遥か手前でほとんどが沈み失敗に終わった。それ以降、この作戦は実行されなかった。

しかし大本営発表として「この作戦は概ね成功」と東郷平八郎元帥は発表。結果として戦意は向上したとされる。この作戦から13日後の5月15日、逆に日本海軍の戦艦「八島」と「初瀬」がロシア側の機雷により撃沈される。この「初瀬」の機関兵として乗船していたのが、閉鎖作戦で数々の武功を挙げた稲葉秀六であった。先祖の出自が伊予水軍河野氏につながる秀六にとって、海戦での戦死は本望であったかもしれない。

4の章

落武者の系譜Ⅱ

高九社神社

津隈［つぐま］氏・角隈［つのくま］氏

豊後大友氏の軍師角隈石宗《つのくませきそう》と同族。豊前に発祥。つきまとうキリシタンの影

七折初代津隈権太夫の家紋は抱き茗荷《みょうが》紋。豊後出身の戦国武将にこの家紋が多いのは大友宗麟が好んで用いた杏葉紋《ぎょうようもん》に似ているからであろう。同族の有名な大友氏軍師津隈石宗の家紋は宗麟から下賜された杏葉紋で、デザイン的にはすこぶる美しい家紋である。

（一）

津隈という字は筑摩に当用し、ツグマ、ツクマ、チクマと同語源で、その意味は間隙地《かんげきち》など土手を構築した所、また曲がりくねった地形をいう。九州で関連する地名として、『宇佐大鏡《おおかがみ》』に豊前国京都《みやこ》郡《ぐん》の津隈の庄（福岡県行橋市の下津熊、上津熊、中津熊）が記されている。津隈氏の発祥はこの地と推測され、関連する姓氏として豊前の筑摩氏、津曲氏などがある。大友宗麟《そうりん》の軍師として著名な角隈石宗も同族の可能性がある。

津隈氏が、高千穂郷に来たのは、日之影町舟ノ尾の旧家津隈秀雄氏宅に伝わる由緒書から、戦国時代の永正から天文年間（一五〇四～五四）と思われ、それまでは、肥後の菊池氏の家臣で

豊前津隈の庄

津隈氏、角隈氏の発祥の地と推測される豊前下津隈（現在の行橋市）

津隈越後守藤原宣吉という武将が三田井氏に、また同族の津山長門守が筑前の秋月家に仕えたとある。

その頃の高千穂の領主は、三田井右京太輔右武《うきょうだゆうすけたけ》で、名将の誉れ高く、右武を慕って全国から、名のある武将や牢人《ろうにん》が来ており、右武はそれを家臣や給人《きゅうにん》として迎え入れている。古くは、菊池氏から分かれた甲斐党、常陸国《ひたちのくに》の牢人中川内膳（長子瀬兵衛清秀《せひょうえきよひで》は賤ヶ岳《しずがたけ》で戦死。豊後岡藩の祖）、近江から佐々木兄弟（兄は東阪を坂本に改め、弟は馬崎）や佐保兄弟などが来ているので、津隈氏もその頃に来たものと思われる。

三田井氏は当時の日向の大守伊東氏にならい、高千穂の防御の拠点として四十八の城塁《じょうるい》を築き、それらに城主を置いた。天文十九年（一五五〇）、津隈越後守には縣口《あがたぐち》、綱ノ瀬川の要害八戸城を守らせ四カ惣（舟ノ尾、阿下《あげ》、椛木《かばき》、八戸）の守備とした。

天正十九年（一五九一）、縣の高橋元種は、岩井川の甲斐宗摂と謀《はか》り、三田井氏の討伐に兵三千を繰り出し、八戸にいた坂本太郎兵衛を討ち、つづいて、椛木《かばき》の甲斐氏一族をビワの首という所で殺している。越後守は、山神峠の北波羅落野《きたはらおの》という所に身を隠し難を逃れた。やがて、高千穂の反高橋の勢力も一掃されたため越後守も元種に降り、肥後から追仏《おいぼとけ》の薬師を持ってきて本尊となし薬現寺を開基している。

高橋元種に滅ぼされた三田井親武の従弟に筑前守親政という人がおり、その嫡子に伊平太、左平太、庄次郎とその姉四人の子どもがいた。元種は三田井氏の血統が残ることを恐れ、三田井家の旧臣深角の谷川左京に匿《かくま》われていた親政の子どものことを聞きつけ、討つように命じた。左京は臣事《しんじ》していた三田井氏の恩顧《おんこ》もあり大いに困惑したが、やむをえず左平太と姉を討った。津隈氏には庄次郎を討つように命じられたが、津隈氏は庄次郎と諮《はか》り偽首《にせくび》を用意した。しかし、このことを知らず驚いた乳母は薙刀《なぎなた》で切ってかかったため、津隈氏は抵抗することなく平清水で乳母に討たれたとある。

この津隈氏について、津隈秀雄さんは越後守の子太郎左衛門尉宣次といわれているが、後に太郎左衛門は有馬氏に仕え初代の代官になっているので、父越後守と推測される。太郎左衛門尉宣次は寛永六年（一六二九）、平清水の高六社明神に三田井氏の遺児三人を合祀し、高九社大明神としている。有馬家の縁起から鷹九社大明神とも呼ばれている。

高橋元種の改易により慶長十九年（一六一四）に肥前島原から有馬左衛門尉《さえもんのじょう》直純《なおずみ》が延岡藩五万二千石で移封する。直純の父晴信《はるのぶ》はキリシタン大名で、江戸幕府の禁じたキリスト教を棄てきれなかったために幕府の命により山梨に幽閉され切腹させられている。本来ならば有馬家は改易されるところだったが、直純の人物が見込まれ、徳川家康の曾孫国姫（日向御前《ひゅうがごぜん》・家康の長男信康の孫娘）と結婚したため改易をまぬがれ延岡転封《てんぽう》ですんだ。

(二)

慶長十九年肥前島原の日野江城《ひのえ》から有馬直純が縣の延岡城に入国した。直純も、国姫の影響を受け、棄教し神仏の守りに努めているが、多くの家臣はキリシタンだったため、延岡に来るのを喜ばず島原に留まった。そのため有馬氏は多くの藩士を召しかかえなければならず、高橋氏、三田井氏、土持氏、大友氏の旧家臣が禄仕された。有馬氏の家臣帳で、宮崎県に関連する姓を調べると、津隈、甲斐、伊東、柳田、大崎、矢野、新名、佐藤、田崎、橋本、谷川、黒木、長友、小野等の姓がある。

直純は、高千穂地方の統治のため、今の西臼杵支庁のような行政機関として代官所を舟ノ尾に設け、その初代の代官に津隈太郎左衛門を任命している。また家康の曾孫とあって国姫の費用も出費がかさみ、その対策も含め要所に御番所を設け税金の徴収も行っている。郡内では河内（豊後、肥後口）、飛瀬口《とびせぐち》（鞍岡道の上・肥後口）、廻渕《めぐりぶち》（肥後口）、波帰瀬《はきのせ》（桑野内・肥後口）、三本松《さんぼんまつ》（上岩戸日高・豊後口）があり、役人の多くは現地採用の高千穂郷の小侍《こざむらい》が務めている。

直純の孫清澄《きよずみ》の代に「山陰《やまげ》百姓挑散事件」が起こり、そのために越後（新潟県）の糸魚川《いといがわ》に転封になり、さらに越前（福井県）丸岡に移封になるが、有馬氏は以降幕府の要職も務め明治までつづく。

有馬藩士の子孫を新潟県糸魚川市と福井県丸岡町（現坂井市）に調べていただいたが、糸魚川市では、甲斐姓二人、原田姓七人あるのみで、有馬藩士関係者四千四百余人悉く、丸岡に引っ越したと記録にある。丸岡町では、宮崎県出身の姓を含め大半の藩士の姓が残っている。丸岡町には、有馬氏が延岡藩から舞人を扶持《ふじ》してきたと伝える日向神楽があり、日之影町で直純の勘気《かんき》にふれ、討たれ深角神社、平底神社で祀る織田信長の孫、織田兄弟を織田観音として有馬氏代々手厚く祀っている。

津隈權太夫の墓

津隈權太夫遭難の地仁田久保に建つ墓

津隈氏は、有馬氏の信任が厚く、二百石足軽大将に津隈勇《ゆう》右衛門、同じく、百石足軽大将に津隈権大夫、御中小姓に津隈喜太郎の名があり、特に津隈権大夫は、旗本組の組頭という大変重要な役職にあった。この権大夫は太郎左衛門尉の子どもで、有馬氏の侍大将とあるだけに、無類の兵法家であった。

ところが、どういう訳か、権大夫に邪法（隠れ切支丹）の嫌疑がかかり、阿下《あげ》の瀧の内という所に蟄居《ちっきょ》させられた。風評悪く直純の子康純は、これを仁田久保に鎧武者を差し向け討った。しかし、兵法家だけに討手も数人が落命したと伝わっている。

そのことがあり、津隈家は武士を棄て、以来、弁指《べんざし》になり帰農したとのこと。後の代も結婚しても婦人の姓を名乗らなければならなかったそうである。しかし、津隈家は権大夫宣昌（慶）以来、長大夫宣久、源之丞《げんのじょう》重久、三大夫重次と受け継がれている。

有馬家には、この権大夫の一件とよく似た事件が記録にあり、寛永十三年（一六三六）鬼塚平右衛門が上意討ちになり、また、修験者の三峰という者も上意討ちにあっている。

日之影町の広報誌に鷹九社《たかくしゃ》大明神の棟札の記事が掲載されていたが、これによれば、大願主《がんしゅ》として権大夫、大施主として子の長大夫の名があり、慶安元年（一六四八）となっているので、事件はこの前後のことで、長大夫が父の釈罪のために造立したものかもしれない。

また、宮崎市のコレクター永徳さんは、高知尾津隈と刻んだ寛永十三年の鰐口《わにくち》を所蔵されているとのことで、鷹九社大明神へ津隈氏が奉納した鰐口と思われる。

舟ノ尾津隈家には権大夫秘蔵のマリア観音と思われる仏像が残っているが、筆者が旅行で訪ねた長崎県生月町《いきつき》（現平戸市）と平戸市の歴史資料館で見た隠れキリシタンの像と全く似ており、権大夫が何らかの事情でキリシタンになったと思われる。有馬氏が以前はキリシタン大名であったことや、有馬氏の旧地島原の乱に津隈氏をはじめ西臼杵からも多くの出陣者があったことなど考えれば無理もない話である。

不思議なことに桑野内西の津隈家の先祖が武者修行でこの地を通りかかったとき、さ迷っているおしょうろうさん（霊魂）にであい、「自分は主《あるじ》をなくし、迷っている」と聞き、その姿を木像に彫り背負って持って帰り祀ったとのこと。今も伝わるその木像は長い刀をさした気品に満ちた武将の姿をしている。

桑野内西の津隈一さんの家系も舟ノ尾津隈家の系統で、言い伝えでは権大夫か源之丞からの分かれと思われる。津隈一さんの所には由緒書があったとのことで、探したが見つからなかった。

もしかして、津隈氏が有馬家旧臣で肥前の高来郡から来たことも考えられるので北有馬町、南有馬町（いずれも南島原市）に照会したが、有馬氏の旧臣は悉く島原の乱で討ち死にしており、手がかりはつかめなかった。

※　※

今回、津隈氏の調査では、丸岡町（現坂井市）教育委員会の金元さん、糸魚川市教育委員会の山岸さん、行橋市の社会教育課の小川さん、宮崎市の永徳さん、南有馬町（現南島原市）教育委員会の松本さんに大変お世話になりました。この稿を借りてお礼を申し上げます。

山田［やまだ］氏

先祖は島原の乱一揆軍の唯一の生き残り「天草四郎の旗指物」の絵を描いた絵師

右衛門作の家紋は、肥前有馬家の家紋「五瓜唐花紋」と同じ。旧主キリシタン大名有馬晴信から信任を受けていた証拠であろう。

㈠

慶長十九年（一六一四）七月、延岡には、奥州《おうしゅう》棚倉《たなぐら》に配流《はいる》された高橋元種に代わって、肥前から有馬左衛門佐《さえもんのすけ》直純《なおずみ》が五万三千石で入封《にゅうふ》した。直純が延岡に移封されたのには少々訳があった。

直純の父晴信は肥前の日之江の城主で島原半島一帯を支配する戦国大名であった。肥前の熊と恐れられた梟雄《きゅうゆう》龍造寺《りゅうぞうじ》隆信の幕下《ばっか》にあったが、薩摩島津氏と組み沖田畷《おきたなわて》で龍造寺隆信を敗死させ失地を回復した。また、貿易に関わるトラブルで長崎に入港したポルトガル商船を攻撃しこれを沈めるなど、勇猛な武将であったが、一方、熱心なキリシタンでもあった。天正年中に従兄弟の千々石《ちぢいわ》ミゲルをローマ法皇のもとに遣わしたことは有名である。しかし、慶長十七年（一六一二）幕閣本田正純の家臣岡本大八の奸計《かんけい》で晴信は贈収賄事件を起こし、申し開きができず甲州に送られこの地で自刃した。

晴信の嫡男直純は、キリシタン大名小西行長の姪を正室としていたが、関ヶ原合戦には東軍につき、離別して小西領を攻めた。徳川家康の養女国姫は、直純が気に入り直純は国姫を正室としてむかえた。熱心な法華経の信者であった国姫の影響もあって幼少の頃に洗礼を受けたキリシタンを棄教、宗門の取り締まりに尽くした。

本来ならば直純は、父晴信の起こした事件に連座して罪を問われる身であったが、家康の養女が正室とあって罪は問われなかった。幕府は、最もキリシタンの影響が少ないと思われる日向延岡の地に有馬氏を封じたのである。

移居にあたって、家臣の大半を占めるキリシタンの人たちは島原に残った。延岡に入った家臣は騎馬八十騎、足軽三百人とわずかであった。

有馬氏の家臣に山田右衛門作（与茂作とも）という絵師がいた。幼いころより絵筆を良くし、セミナリオ（教会学校）で西洋画法を身につけた南蛮絵師であった。有馬氏が領地替えになったときは、主家の禄を離れ島原半島の突端口之津に住んだ。口之津は有馬氏が開いた貿易港で、長崎以前のキリスト教布教の中心地でもある。

山田氏は、肥前高来郡山田庄に起こった有馬氏の支流で、一族は有馬氏に仕え、要職の中にもその名を見る。

一方、島原には有馬氏に替わり大和国五条より松倉重政が移封される。島原の悲劇はこの松倉氏が来たことに始まる。

松倉重政は筒井順慶の養嗣子定次の家老として仕えていたが、関ヶ原の戦の先駆け、大坂夏の陣で軍功を尽くして、主家筒井氏が改易されたあとも評価され、大名に取り立てられた経緯がある。島原に来た松倉氏の課題はキリシタン対策と新たな城の普請《ふしん》であった。有馬氏は日之江に本城を置き原城を支城としていたが重政はこれをきらい、新たに島原（森岳城・島原市）に壮大な築城を行った。それは、所領の石高四万石を上回る壮大な規模である。

歴史上の重政の人となりは、一大名の家臣から一国一城の主《あるじ》となり、いわゆる〝やる気満々〟の人物であった。それは権力者である幕府、徳川家の関心を得るためであって領国経営のためではなかった。記録に残るキリシタンへの弾圧は過酷を極め、まさに殉教とよべる壮絶なものであったようだ。さらに、新城普請のための過大な負担は領民を苦しめた。

重政のあとを継いだ松倉勝家は暗愚で父以上の苛政を敷き家臣の信頼を失った。当然、どこかでそれは暴発する。一説によれば、島原南部の有馬村で農民が集会に踏み込んだ理不尽な代官を殺し、次々に各所で農民が蜂起した。それは、領主苛政に対する農民一揆ではなく、キリ

天草四郎の旗指物。右衛門作が描いたとされる
（本渡市立天草切支丹館所蔵）

シタン宗門が結びついた大規模な反乱となって領内全域に広まった。

同じ頃、有明海を隔てた唐津藩寺沢堅高《かたたか》の領内天草でも大規模な一揆が起こり、富岡城の城代三宅藤兵衛を敗死させるほどの勢いとなった。

二つの一揆勢力は連帯し、伴天連《ばてれん》（宣教師）の予言にあった少年益田（天草）四郎時貞を天の遣《つか》いとして盟主に頂き、寛永十四年（一六三七）島原半島の東端原城に集結し立て籠《こ》もる。その数は二万七千七百五十四人（三万七千人とも）。一揆を指揮したのは四十人の牢人衆で、大半は有馬氏や小西氏の旧臣であった。

山田右衛門作は新領主松倉氏に扶持を得ていたが、キリシタンということから一揆勢に加担し、七百の手勢を与えられた。

（二）

田原山室の山田家は「島原からの落ち武者」と子孫の間では密かに伝わっていた。

寛永十四年（一六三七）に勃発した島原の乱は、幕府軍の十二万を超える圧倒的兵力で鎮圧される。一揆軍三万七千人は激しい攻防ののち翌十五年二月捕虜一人を残しことごとく屍《しかばね》を原城に晒《さら》す。この一揆軍唯一の生き残りが山田右衛門作という人物で、田原の山田家のご先祖にあたるとされている。

先日、田原太郎の内倉東喜雄さんの案内で、内倉さんの母の実家である山田家の墓所の調査に行った。山田家は上田原最上部、山室《やまむろ》にあって、隣家は杉山健吾（高千穂神領運動）母方の曽祖父八尋《やひろ》右衛門《えもん》ゆかりの杉山家（後田原氏）の屋敷跡である。周辺は、半左衛門を代表とする佐藤氏、川窪氏、新名氏、川（河）内氏、熊野神社社家内倉氏など、中世から江戸時代に活躍した一族の本願の地で、歴史に彩られた所でもある。

山田家の古い墓所は、集落の北西部経塚より上った尾根筋にあった。墓石は寄せ墓のため、山田家の新しい墓所に移してある。一番古い年号の墓石は享保十七（一七三二）善二良《ぜんじろう》の父四《よつ》右衛門《えもん》と読める。この墓石より古い、先祖の墓と伝わるものがあるとのことで、尾根筋を探したが見つからなかった。島原の乱から約百年後に亡くなった四右衛門が右衛門作の子孫とすれば、その間三代か四代の開きがあるので、調査する必要がある。

右衛門作は、一揆軍の侍大将の一人であったが、矢文で城内の様子を幕府軍に知らせた人物としても知られている。矢文によれば、妻のナツ、末子の権之助が人質に捕らえられ、逃亡の船まで沈められ、やむなく一揆軍に加わったとある。

原城の攻防は激しいもので、幕府軍の将、板倉重昌《しげのぶ》が討ち死にするほどであった。ちなみに、剣聖宮本武蔵もこの戦に参戦したが、一揆軍の石つぶてがあたり負傷している。

原城の本丸址を見上げる。矢文は合戦で対峙した両軍の情報伝達、和平交渉への手っ取り早い手段であった

一揆軍の協力な抵抗に驚いた幕府は、「智恵伊豆」と言われた幕閣の重鎮松平信綱を名代として九州の諸大名を集めた。延岡藩有馬氏としては旧領のことであるから、直純が江戸から、子の康純は延岡から三千の兵を率いて参戦した。高千穂の小侍、足軽のほとんどが動員された。

江戸時代になっての高千穂衆の戦《いくさ》経験は、六年前の寛永八年（一六三一）、肥後の加藤忠廣《ただひろ》改易の際、家臣が八代に立て籠もる動きがあったため、有馬氏は幕命により、鉄砲衆六百七十挺を主軸に約千人の兵を八代城に向かわせた。このとき高千穂衆は高知尾組という鉄砲足軽として動員されたが、戦闘にはならずほどなく開城された。島原の陣立ては、ほぼこれにならっている。

記録や伝承に残る高千穂の出陣者は、津隅、田崎、興呂木、坂本、甲斐、押方、佐藤、柳瀬、新名、鳥飼、山室、橋本、綾、工藤、桐木、佐保各氏などがあり、出陣にまつわる不思議な物語も伝わっている。この戦は高千穂の人たちには身近な事件でもあった。また、岩戸の庄屋富高（土持氏）紋右衛門は、高千穂郷十八カ村の代表として陣中見舞いに行っている。

内通が発覚して一揆軍に囚われた山田右衛門作
（デアゴスティーニ発刊「ビジュアル日本の歴史No.13」秋月郷土館所蔵「島原陣屏風」を撮影）

原城で攻撃する幕府軍と籠城の一揆軍のやりとりは、全て矢文で行われた。一揆軍の矢文の責任者は右衛門作であった。矢文の内容は控えが残っており領主側の資料より信憑性が高いといわれ、一揆参加者の心情が読める。

この矢文を一番重要視して一揆側の言い分を重視したのは幕府側総大将の松平信綱であった。当初は、

山田右衛門作が捕らえられていた
原城の出丸「天草丸」の入り口

双方とも解決策を探っている内容で、代表者の会見も矢文によって行われた。日増しに強硬になる幕府軍の姿勢に、右衛門作は矢文を通じて城内の状況を知らせる裏切り行為に出た。双方会見の時、一揆側代表右衛門作は幕府側の代表有馬氏家臣有馬五郎左衛門に一揆軍の状況を伝え、自身の保身を確約した。

神の御子天草四郎時貞が南蛮船の攻撃で負傷したため、一揆軍にも動揺が出た。右衛門作が考えた総大将四郎時貞生け捕りの方法などが一揆軍に露見してしまい、ついに右衛門作の妻子は処刑され右衛門作は牢に押し込められた。

寛永十五年（一六三八）二月末、原城の総攻撃が行われた。延岡藩主有馬氏にとっては旧領のことなので、その働きは他の大名以上のものであったようだ。とりわけ、島原に縁故のない高千穂衆の働きは目覚しく、押方の押方八郎左衛門重康や七折の工藤十太夫、上野中嶋の桐木氏らが活躍した。山浦村見立の佐保源吾左衛門尉の刀は血糊のため手から離れなかったという。しかし、従軍した有馬氏の損害は大きく、戦死者三十九名、負傷者三百八人にのぼる。戦死者のうちには、押方村の押方弥市、岩井川村の戸川伝右衛門、三ヶ所内の口の甲斐次兵衛らが討ち死に、山浦の甲斐丹後守は行方不明となる。

㈢

城内の内情を記した右衛門作の矢文は幕府軍に届かず一揆軍に拾われ裏切りが発覚。いよいよ、右衛門作は首を刎ねられそうになった土壇場で、総攻撃で城中になだれ込んだ筑前小倉の小笠原氏の兵に助けられ、幕府軍総帥松平信綱の前に引き出された。

「島原陣屏風」に描かれている右衛門作は、天草衆の守る出城天草丸の一角、急ごしらえの牢獄に後手に縛られ軟禁され、春先というのに着物一枚、髪と髭は伸び放題の姿である。

矢文を重視し原城攻略の指揮をした信綱は右衛門作を許した。信綱が右衛門作を許したのは、矢文に書かれた右衛門作の心情を察してのことと、一揆の生き証人としての必要があったからであろう。

寛永十五年（一六三八）二月二十八日原城は陥落した。本来、一揆はリーダー（首謀者）のみを処罰して終わるのだが、島原、天草の農民一揆と宗教が結びついた強力な抵抗を恐れた徳川家光は、ジェノサイド（根絶やし、皆殺し、浄化）ともいえる殺戮《さつりく》を命じる。原城の一揆勢三万七千人は女子どもに至るまでことごとく切られ終結した。

旧有馬氏の支配下島原半島にいた旧来の人たちは村を挙げて立て籠もったため、島原は無人の地となった。そのため幕府は、九州の諸藩に命じ、移民を強制させた。遠くは関西や小豆島からも移り住み、新しい産業も導入された。島原の素麺がそうである。乱の前に有馬氏家臣として延岡に来た人たちこそ、本来の島原半島の住人であったといっても過言ではない。

唯一、万死に一生を得た右衛門作は信綱の招きで江戸に上ることになる。江戸では、得意の絵筆で日本で初めての「火の用心」のポスターを描いた、またキリシタン目明しになった、などの逸話が伝えられている。

それからの右衛門作については、山田祐（古）庵と名乗り長崎の小川町で余生を過ごしたとか、同じ長崎の本蓮寺に居たとか、平戸に住んだ（松浦静山・甲子夜話）とか、いったんは棄教したキリシタンを再び信じた、等の多くの諸説があり定かではない。

さて、ここで右衛門作と田原山室の山田家のつながりを述べる前に、縣（延岡）領内におけるキリシタン、もしくは隠れキリシタンについて述べておきたい。

取り潰されるはずであったキリシタン大名有馬家は、徳川家康の長男、岡崎三郎信康の血を引く国姫が有馬直純を見初めたことで救われた。縣はキリシタンに染まっていない土地ということで移封されたが、それ以前の天正六年（一五七八）、豊後の大友宗麟は縣の旧主土持氏を攻め東海《とうみ》の無鹿《むしか》に耶蘇（キリスト経）の王道楽土の建設を目指した所でもある。宗麟の計画は耳川の決戦で島津氏に敗れたことで頓挫する。

有馬氏の記録「国乗遺聞」「藤原有馬世譜」によれば、島原の乱の前、寛永十三年（一六三六）に有馬氏譜代の家臣、鬼塚平右衛門が上意討ちで北金右衛門により一族十三人が討たれている。平右衛門は肥前日野江以来の旧臣で、直純に従い大坂冬の陣にも出陣した強勇不敵の士である。誅罰の原因は書いてないがキリシタンの可能性が強い。同じようなことは寛永二十年六月に松島彌内左衛門が家族五人と、その五日後に松島五右衛門が妻子五人と上意討ちにあっている。これもキリシタンの嫌疑であったと見るべきであろう。

日之影町舟ノ尾の津隅氏の祖津隅権太夫は、父太郎左衛門尉宣次の後を継ぎ高千穂代官になった人である。島原の乱には足軽大将として出陣し武功を挙げた。また、有馬氏に命じられやむなく高千穂の旧主の子孫、三田井弥太夫の一族を誅殺している。

この権太夫にキリシタンの風聞が起こったので、職を辞し七折の滝の内に蟄居した。直純は、これを許さず、権太夫は仁田乃久保という所で奮戦の末追討の手の者に討たれた。

先年、子孫の津隅秀雄氏から権太夫の守り本尊とされている麻利支天の像を見せてもらったが、隠れキリシタンの秘仏の可能性もある。もし、権太夫がキリシタンを信じていたとすれば、島原在陣中にキリシタンの人との接触があったのか、縣の有馬氏家中に信者がいたとも考えられる。

当時、政敵を葬る手段として用いられたのがキリシタンの風評で、権太夫の一件もこのようなことであったのかもしれない。

㈣

上岩戸秋元の観音はマリア観音ではないかといわれていたので、先日お許しを得て拝顔させていただいた。高さ四〇センチほどの小児を抱えた坐像は巧みな彫りで気品がある。そのお姿は一般的に安産、子育てを祈願し信仰される子安観音といわれるものであった。赤ん坊を抱く姿を幼いキリストを抱くマリアの姿に見たて信仰したと混同されやすいが、秋元の観音は純然たる慈母観音の姿である。

田原興照寺の隠れキリシタンの位牌

30㎝ほどの白木の位牌。頂上部の内部、および軸の３段目側面と†の文字が墨書してある。

田原、山室の山田家にほど近い中原《なかばる》に興照寺《こうしょうじ》（正・聖）という小さい寺がある。古くは、上野の今山などと共に阿蘇坊中の名刹西願殿寺《さいがんでんじ》と交流のあった天台宗の寺で、釈迦、毘沙門、不動などの脇侍《わきじ》を含め数対の仏像がある。

小さい一宇にすぎないが、安在氏とのつながりの深い寺で、釈迦堂の庵には安在氏の家紋九曜星を配し、江戸時代中期の押方庄屋安在氏の位牌数体、興呂木氏、新名氏などが彩色、修復した記録、それらに混じり、天正十九年（一五九一）真如坊（安在玄蕃か）が開基とみえる棟札、慶長二十年（一六一五）の権大僧都《ごんのだいそうづ》法印の位牌など雑多に散乱しているが歴史と由緒を感じる。

その中に、高さ三五センチほどの白木の位牌がある。組立式になった位牌で、雲を彫った頂上部をはずせば芯に†の文字が墨書してある。もう一カ所上部より三段目芯の側部にも†の文字。まぎれもなく隠し十字で、密かにキリシタン信仰をした人がいたことの証しである。

先日、本渡市立の天草切支丹館を訪ね近藤鉄男館長からご教示いただいたのは、隠しキリシタン仏など、当時幕府が禁じていた耶蘇教信仰の対象としてお参りをした道具であった。筆者はこの位牌についてこの興照寺にゆかりのある安在氏のものと考えていた。それは、九州にもう一カ所、中世からアンザイと読む安西氏がいる大分県国東の国見町に調査に行ったとき、国東安西氏の墓が立派なキリシタン墓であったからである。

豊後は戦国大名大友宗麟《そうりん》自らがキリシタンであったため、旗下の武将の多くはキリシタンであった。国東安西氏の棟梁安西八郎太郎は関ヶ原合戦（一六〇〇）で、西軍大友義統《よしむね》側につき東軍黒田如水らに敗れた。落ち武者として辿り着いた安西氏の一部が高千穂安在氏となり隠れキリシタンとして隠し十字位牌の所有者であったなどと考えていた。

しかし、興照寺の開基は関ヶ原合戦以前で、押方板屋の安在氏系図とも符号しない。謎を抱えたままであったが、田原山室の山田氏が右衛門作ゆかりの家系であれば謎は解ける。位牌は、右衛門作、もしくは右衛門作の子が住んだ可能性がある島原の乱終結後の寛永十五年（一六三八）より、有馬氏転封の元禄五年（一六九二）の古さと見てよい。

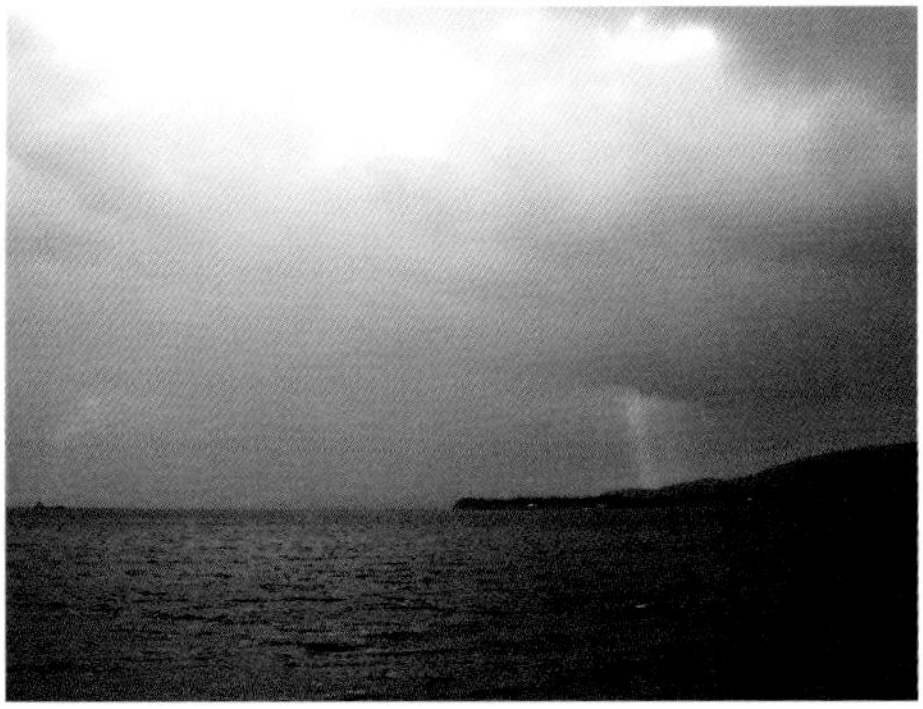

原城遠望

右衛門作の年齢であるが、正念寺の文書に有馬晴信が慶長十四年（一六〇九）、長崎でポルトガル船マードレ・デ・デウス号を襲い撃沈した際に、襲撃者の一人に山田右衛門の名がある。「作」の文字は武士らしく付けてはいないが右衛門作であることは間違いない。この事件当時、右衛門作の年齢を二十〜三十代の青壮年期とみれば、原城に立て籠もった当時の年齢は五十から六十代になり三万七千人の反乱軍の指揮者の一人として妥当な年齢である。

しかし、乱が鎮圧されて高千穂に知行地、屋敷を与えられても子孫をもうける年齢ではないので右衛門作の子、孫である可能性は大である。

原城で人質となり、切られたのは末子権之助とあり、他に子どもが数人いたと推測できる。乱後江戸に上がった右衛門作、子の誰かが有馬直純から与えられた田原に住み、密かにキリシタンを信仰していた。やがて、その信仰もうすれ、地域の中に山田家は残った。そう考えたい。

㈤

田原、興照寺の「隠し十字」の位牌で、山田氏の稿を終わる計画であったが、高千穂町教育委員会の緒方学芸員から、隠れキリシタンについて書くなら「烏八臼」についても書いたほうがよいのではとの指摘があった。耳慣れない烏八臼という言葉と、不思議な石造物について、その用途が隠れキリシタンに結びつくとの可能性を指摘する学者もいるので、山田氏の欄で書くこととした。

「うはっきゅう」の文字

烏（ウ・からす）に八（ハッ・はち）と臼（キュウ・うす）を組み合わせて「うはっきゅう」と呼ばれ、この三文字を墓碑などの碑文の頂上に一文字で記したものをいう。上図のように三文字を組み合わせるもので、これ以外の組み合わせや別字の組み合わせもある。「烏八臼」については謎が多く、識者においてもその意味、用途に確たる説明がつけない状況で、研究は始まったばかりともいえよう。

養福禅庵跡の滝下の板碑

日之影平底の墓所

そのようなことから、県内では数基の烏八臼しか確認されていなかったが、研究が深まるにつれ、いたるところで文字が発見されるようになる。町内では現在、上野の上西平の養福禅庵跡（滝下の西村直氏宅上）の板碑と、龍泉寺境内の庚申《こうしん》塔に烏八臼の文字が確認されている。

烏八臼の文字が使用され始めたのは室町時代後期で、それより江戸時代末期まで使われ、主に曹洞宗《そうどうしゅう》の墓石や供養板碑（卒塔婆）に多く、庚申塔にもみられる。

「ウ・ハッ・キュウ」という読み自体も謎で「ハッ・キュウ・ウ」と読む学者もいる。緒方氏からいただいた資料と、県立図書館等の資料を要約すると、その目的、字義は①呪詛、呪文の意。②被葬者の行い、即ち過去の善行、悪行をした者の報い、埋葬者の状況を表す「随求陀羅尼小呪」で、滅罪成仏の功徳を示す。③烏《う》は黄泉《よみ》の国（あの世）を表し、八《は》は正道を言い、臼《きゅう》は常夜灯と解する。④日月の意。⑤出家しないで仏門にはいった優婆塞《うばそく》（男）、優婆夷《うばい》（女）のこと。⑥梵字合字の崩れ。⑦吽《うん》（阿吽）の合字。⑧釈迦が成仏の印として弟子に授けた字形。⑨臼は「帰」の意であの世へ帰ること。⑩供え物に近づく鳥を追う鴃《げき》という鳥のこと。⑪カン、タンといい「ついばむ」の意、鳥葬のなごり。等さまざまな解釈がある。

この他に、古代中国の思想に、太陽に三本足の鳥（八咫烏《やたがらす》）がいるとされ、「烏」は太陽を表し天帝で即ち「デウス」と解釈、「ハッキュウ」は歯の古文で「ならぶ」の意、したがって「デウスの座に並ぶ者」となり、切支丹が信仰の対象としたデウス（キリスト）を信仰した者の墓標と解釈する識者もある。

天草の苓北町《れいほくまち》富岡に天草島原の乱の死者を葬った千人塚とよばれる首塚がある。乱後、天草の初代代官となった鈴木重成が乱で死んだキリシタンを含む犠牲者を憐れみ築いたもので、後に正保四年（一六四七）に碑文を刻んだ自然石の供養塔が建てられた。

注目されるのはこの碑文の中央部に八＋臼＋烏の文字が円の中に刻まれていることである。碑文は漢字で小さく刻字されており、名代官といわれ乱後、天草の復興と島民のために労を惜しまず、その半生をささげた鈴木重成が、曹洞宗東光寺の住職中華桂法に起草させたものである。

碑文に「……夫《そ》れ原《たず》ぬるに、鬼理志丹《キリシタン》の根源は、専《みずか》ら外道の法を行って偏《ひとえ》に国を奪わんと……」とキリシタンの危険性を説く内容になっている。この例では、烏八臼の文字がキリシタンを封じ込める意味に用いられている。

滝下の板碑は、天正六年（一五七八）に豊後のキリシタン大名大友宗麟によって攻められ落城した吉村氏の玄武城への上り口にあり、龍泉寺は大友勢の戦禍にあっているので、天草の千人塚同様キリシタンを封じ込めることに用いたものかもしれない。

隠れキリシタンは、江戸時代に徹底した弾圧があり密かに信仰され、各地にその痕跡を見ることができる。キリシタン研究家が無理にこじつけるような事例もあるが、烏八臼はキリシタン信仰のひとつの方法である可能性もある。また、その反対の解釈もあり、今後の研究を待たなければならない。西臼杵郡には烏八臼の文字の入った未発見の石造物があると思われる。見つけた人は教えてほしい。

竹次［たけつぐ］氏

作左衛門は秀頼探査の隠密で薙刀の名手
島原の乱負傷の武者をみとり供養塔建立

家紋は「丸に根笹」を用いる。苗字にあやかって家紋にも用いた。しなやかで強靭な竹は日本人にとってなくてはならないアイテムを作る材料で、籠、提灯、箸、武器等あらゆるものに利用された。竹の小さなものを笹といいその生命力の強さを家紋に用いた。

（一）

河内の西集落は、中村より尾羽根を越えて坂を下った往還沿いの西南大地に点在する。迫からさらに北の尾根に登り、河内川の流れがゆるくなった川久保より川を渡り、五ヶ所を経て豊後竹田に向かう。後世河内川に板橋が架けられ容易に対岸に渡ることができるようになったが、橋はたびたび大水で流された。

延岡藩は有馬氏以来、対岸の熊野鳴滝神社の麓、河内に御番所を置き、豊後口の往来取り締まりや徴税を行った。河内川沿いに竹矢来が設けられ、西と川久保の集落に「小道番」が置かれ、高千穂庄内の小侍が交替でこれを務めた。

この国境《ざかい》の要衝である河内地区の西の集落に、竹次氏はいつの頃か住み着いた。その年代は定かでないが、おもしろい言い伝えがある。

西の竹次家の先祖は竹次作左衛門という武士で、大坂城落城の折、行方が分からなくなった豊臣秀頼の探索を徳川家康から命じられた隠密であったというもので、そのお墨付きが代々伝わっていたとのことである。しかし、現在の当主喜代一氏には詳しく伝わっていない。父の善三氏が若死にしたため、幼かった喜代一氏には父から先祖の秀頼探索の話などはまったく聞かされていなかった。ただ、先祖が延岡から来た侍で、藩主高橋氏の剣術指南もしくは薙刀の師範の家であったらしいことは聞かされていた。

もう一カ所、田原の染野の竹次家の旧家は先祖の由緒を示す文書はないが、竹次民生氏の話によれば肥後の名族菊池氏の一派らしいとのことであった。

タケツグと読む竹次氏は、全国的にも珍しい。由来となる地名も日本国中見つからなかった。図書館や電話帳で調べてみたが佐賀、京都、群馬にあり一番多いのは移民の地北海道で、少数派の苗字である。

高千穂町の田原と河内の竹次氏に特筆すべきことは、いずれもこれらの土地に関わった人物を供養し顕彰して、それを後世に残したことであろう。

河内西の竹次虎吉は同士と語らい、肥後境の要害「鬼頭山城」の城主「甲斐将監《しょうげん》惟房」の

大神朝臣惟房墓

河内中西にある鬼頭山城主「大神朝臣惟房」の供養塔

墓石を、江戸末期の慶応元年（一八六五）に建てた。阿蘇凝塊岩三段でつくられた高さ一・五メートルの供養塔には「大神朝臣惟房墓」と刻まれている。惟房は甲斐氏で「藤原」とするのが正しく大神朝臣はおかしいが、惟房が三田井親武（大神氏）に殉じて高橋氏に抗したことからこのような碑文になったのであろう。

墓の前両脇に花崗岩の供養塔が並んでいる。右に安在志摩、佐藤□□、劉進之輔、今志□□門とあり、左に清水賢之進、玄能法師、玄能法院、加藤□行と読める。これらの士は、将監惟房の家臣で、鬼頭山城落城の際討ち死にした者と思われる。もしかしたら、竹次氏も惟房の家臣で、そのよしみで供養塔を建てたとも考えられる。協力者には佐藤半左衛門、矢津田寛治、佐藤雅太郎、興梠新十郎、河内栄、佐藤勘吾、安在久米治など当時の河内、田原の有力者が名を連ねている。

これより十二年前の嘉永六年（一八五三）、竹次金左衛門（虎吉の養父）はもう一つ別の供養塔を建てた。それは、迫の屋敷周辺が郡内有数の古墳群で用地の整備中に相当の墳墓を破壊したと思われ、その供養のために経塚に「大乗妙典興經一字一石」の供養塔を建てている。

(二)

島原の乱で重傷を負った有馬氏の老臣鷹屋七之允は、帰国の途中、河内で落馬し重体となり、数日後に息をひきとった。弘化二年（一八四五）、田原染野の郷士竹次久三郎は七之允の菩提を弔い、染野稲荷社の奥に墓石を建てている。

有馬直純が延岡の藩主に移封されて二十三年後の寛永十四年（一六三七）、領主松倉氏の苛政と禁教令に従わぬキリシタンが合流し島原半島南部の原城に立て籠もる。元領主でかつてキリ

鷹屋七之允の墓

鷹屋七之允は名を純次といい、有馬氏の諱名「純」の偏諱を受けた重臣。七之允の遺骸は、伏見より勧請された染野稲荷の裏山に葬られた。伏見より勧請された染野稲荷の裏山に葬られた。竹次久三郎は「武徳勇功信士」と刻んだ立派な墓石をおいた。最近、七之允の遺骸は子孫が持ち帰り、今は空墓とのことである。

シタン大名であった有馬氏は熾烈な城攻めを余儀なくされた。鷹屋七之允もその一人である。

七之允は有馬氏譜代の家臣で寛永十九年（一六一四）の大坂冬の陣には足軽大将として参陣、寛永十五年の肥後の加藤忠廣改易の際は黒鉄砲隊を率い武者奉行として八代に出陣している老臣である。石高は六百石と有馬氏家臣の上席で高千穂庄内にも多くの知行地を持っていた。

有馬氏家臣は常に先人に立ち、かつての同胞、親類一族と切り結ばねばならなかった。有馬氏の記録「国乗遺聞」等によれば出陣者四百二十六人、うち手負いの創傷者は三百八人、討ち死にの者五十八人にのぼり有馬氏の置かれていた立場が分かる。その中には高千穂庄出身の出陣者も含まれる。

竹次久三郎が七之允の墓を建てた背景には、染野に七之允の知行地約十石余りがあり、久三郎が二百年前の旧恩を返したことによるか、先祖がゆかりの者であったかなど今は憶測するほかない（「国乗偉聞」によれば鷹屋七之允が死んだ場所は筑後柳川となっているが、これは間違いである。石高も資料によりまちまちで、三百五十石の資料もある）。

第三編

戦国の世から幕藩体制下へ

5の章 台頭する国衆たち

地方武士にとって最大の収入は、合戦の先兵となる傭兵の収入である。高知尾の痩せ地にしがみついてギリギリの生活を強いられる輩にとって、戦場で命のやり取りで得る高額の収入は得難い。そのような生活の中で頼れるものは信仰であった。中世は神仏混淆の時代、火伏の神「愛宕信仰」と相まって「勝軍地蔵信仰」がうまれた。

愛宕勝軍地蔵

押方［おしかた］氏

時勢を見て領袖を変えつつ阿蘇氏を最後まで支えた一族

職業軍人であった押方氏は主家を三回変えており、その都度家紋を変えた。下押方の押方氏の家紋は丸に州浜紋、興梠氏の家紋と同一である。遠祖とする佐藤氏の家紋源氏車は用いない。熊本県の南部に多い押方姓の人たちは、阿蘇氏麾下で戦った下押方から行った人たちの子孫である。

㈠

押方の中心地。上押方と下押方を本組《もとぐみ》と呼び、古代から人が住み着いた所で、郡内有数の横《よこ》穴墓《あなぼ》古墳群や住居跡が発掘されている。台地上にありながら水の便が良く、数カ所に涸《か》れたことのない水汲み場がある。

この土地に鎌倉時代初期に職業的武士団が定住するようになった。その一族は俵藤太秀郷《たわらとうたひでさと》の裔《えい》、東北出身の信夫庄司《しのぶしょうじ》佐藤氏の一族であった。

佐藤氏の多くは、源平合戦では源氏方で戦った。この一族に、後に兄頼朝に追われた源義経と行動を共にした佐藤継信《つぐのぶ》、忠信《ただのぶ》兄弟がいる。兄の継信は、屋島の合戦で義経の前に立ち能登《のと》守教経《かみのりつね》の矢を受け討ち死に、弟忠信は主君義経をかばって、吉野山を転戦、別れて京都潜伏中に江間四郎（後の北条義時）に攻められ腹十文字に切り自害している。忠信は歌舞伎の『義経千本桜』で、義経の寵愛《ちょうあい》を受けた静御前を守る「狐忠信」で有名である。

忠信に子どもがあり、名前を佐藤次郎忠治と呼び、吉野山合戦より落ちて、宮崎の浮田村に住み、その後高千穂の山裏に移り西臼杵の佐藤氏の先祖となったと伝えられている。

この忠治が宮崎に来る前に、佐藤氏の一族が宮崎浮田村に定住していたと思われ、平部嶠《きょう》南《なん》の書いた『日向地誌』に佐藤左衛門尉という人の名前がある。

押方氏の先祖も佐藤氏で、忠治（入道して「道元」という）とは別系統の佐藤氏である。北面の武士に右京之介重貴《しげたか》という人がおり、その子蔵人少輔重一《くらんどしょうゆうしげかず》は壇ノ浦の合戦で討ち死に、その子左近大夫一基《さこんだゆうかずもと》が、やはり宮崎の浮田村に落ちている。左近大夫一基の子もしくは孫の蔵人源《げん》太兵衛《たひょうえ》則光も忠治の後を追うように高千穂の下押方に移り、定住先の地名をとって、押方氏を名乗るようになった。押方氏が職業的な武士であったのは佐藤一族の多くが京都御所の北の門の警護役、いわゆる北面の武士で、かの西行法師も佐藤義清《よしきよ》という北面の武士であった。

永正十四年（一五一七）の押方文書によれば、押方氏には三つの姓があり、筑前秋月《あきづき》氏に仕えたときは秋月氏の祖大蔵《おおくら》姓を名乗り、三田井氏に仕えたときは（一時で、客分的存在であろう）大神《おおが》姓を、甲斐大和守に仕えたときは藤原姓と、主の姓を名乗ったことが記され、鑓《やり》一筋鎧《よろい》一足

押方［おしかた］氏

押方氏の拠点、下押方地区

昔は畑作を主業とする貧乏な村であったであろう。他の村がそうであるように、食扶持を稼ぐために農閑期には戦闘員の一人として雇われ、農繁期には村に帰り鍬をふるった。

で主従を結び、戦場を駆けめぐる職業的な武士であったようである。

押方氏は、拠点を下押方に置き、戦場である仕事先を肥後方面に求め、各地を転戦している。

鎌倉幕府が亡ぶ元弘三年（一三三三）の押方文書に、押方次郎三郎経秀《つねひで》が阿蘇氏に仕えたことが記されており、その系統は、南北朝時代は阿蘇、菊池とともに南朝方で奮戦し、以来戦国時代まで阿蘇氏に臣仕している。その子孫は、熊本県下に広がり特に、八代郡、球磨郡から泉、東洋、宮原、龍北等に押方姓の人が多くいる。

元弘三年に菊池一族、阿蘇一族が博多の鎮西探題攻めで味方の裏切りにあい敗れて鞍岡山中に逃げ込んだ際、それを支援した者がいたと思われるが、押方経秀が同年阿蘇氏に臣仕していることから、押方一族は菊池、阿蘇氏とこの頃から交流があったと推測される。

経秀は、南朝方の武将阿蘇惟時《これとき》、恵良惟純《えらこれずみ》に仕え、形勢不利となった南朝方で活躍している。このころ、高千穂の南朝方の武将に芝原又三郎性虎がおり、高千穂の手勢を引き連れ各地に転戦しているので、あるいは経秀は行動を共にしたと思われる。

（二）

南北朝時代に、押方から出て南朝方の阿蘇惟時、惟村や、恵良惟澄に仕え活躍した押方経秀の系統は、阿蘇大宮司家のために惜しみ無く働いた。

永正十年（一五一三）、阿蘇大宮司職をめぐって、兄阿蘇惟長《これさき》と弟惟豊《これとよ》の争いの時、鞍岡に逃げ込んだ惟豊を支援したのは、経秀の四代後の豊後守忠政であった。

この惟豊に味方したのが当時三田井氏の客分で台頭しつつあった武士団甲斐党の頭領格、鞍岡の祠官《しかん》甲斐大和守親宣《ちかのぶ》であった。親宣の協力を得て勝利した惟豊は、親宣を勲功第一として譜代の家臣の上に置いた。

押方氏は、甲斐親宣に仕え、親宣の子親直（宗運《そううん》・御船三千町を知行）の時には、押方氏一族で百五十町を領している。押方一族の頭領押方刑部少輔重能《ぎょうぶしょうゆうしげよし》は元服の際、甲斐大和守親宣が烏帽子親になっているので、甲斐氏と押方氏は親交が深かったようだ。

天文二十二年（一五五三）、二上神社の本宮をめぐって押方の神官家甲斐重久と三ヶ所の神官家甲斐重次に争いが起きる。この原因のひとつに考えられるのが、押方本組に二上神社の外宮《げくう》を再興したことで、その普請奉行をつとめたのが、三田井家の筆頭家老で力のあった甲斐若狭守鑑昌《あきまさ》で、その鑑昌が押方神官家側に、一方の三ヶ所神官家側には智謀の将と畏怖された御船城主甲斐親直がつき、実力者同士の代理戦争の様相になった。鑑昌も一族が肥後隈庄《くまのしょう》に知行地を持っていたので、この地方の覇権をめぐった甲斐一族の戦いでもあった。

下押方地福寺の地蔵堂

樹齢450年以上のイチョウの木のある押方氏ゆかりの地蔵堂。後に奉納された須弥壇は彩色も鮮やかで、高千穂町指定文化財でもある。

戦は高千穂、肥後でも展開し、最初は鑑昌側が有利に戦っていたが、親直方に鑑昌の主君三田井親武が加勢したため戦局は一変し、追いつめられた鑑昌は弟兵庫頭武昌《たけまさ》ら一族と押方の嶽宮神社の裏毘沙門山《びしゃもんやま》で自刃している。

この戦に、押方氏は親直方についたと思われ、重能の子押方内蔵人《くらんどのすけ》佐重屋は、親直から感状をもらっている。

押方重屋は、永禄年間（一五五八〜六九）に三田井氏と一緒に下押方に地蔵堂地蔵寺を建立、今でも地域の信仰厚く火伏地蔵尊として祀られている。この地蔵は愛宕《あたご》将軍地蔵と呼ばれ、宇納間の地蔵尊はこの地蔵を勧請《かんじょう》したものである。

鑑昌一族を追討した押方合戦より約四十年前、三田井家の家臣佐藤修理進《しゅうりのしん》父子、馬原中務《なかつかさ》少輔が主君三田井右武に背いた事件があったが、この時、押方又三郎重勝は甲斐親宣と共に、調停役を務めており、その功により押方村、下野村に領地をもらっている。

押方氏系図（藤原氏　秀郷流）

引用及参考：押方家文書　西川功氏高千穂太平記　阿蘇文書　宮崎奈古八幡文書
※地蔵堂は禅寺地福寺のことで押方氏の菩提寺である。略系図にて欠落多数あり。

則光（源太兵衛蔵人を佐藤之進とする　文永六年（一二六四）より押方に住す）── 秀則 ── ○
- 秀勝（押方吉良右衛門）
- 女（豊後国佐伯氏へ）
- 経秀（押方三郎二郎　阿蘇惟時に臣事する）── 経明（砥用常陸介　阿蘇惟村に従う）
  - 経重 ── 忠富（砥用常陸介）
  - 郷経（押方豊後守）

- **忠政**（鞍岡山中に籠もり阿蘇惟豊を援けた）
  砥用豊後守
  - **押方正市允**
    阿蘇惟光に仕える
    - 子孫は熊本県和泉村押方氏

- **信季** 押方七郎右衛門
  文明九年（一四七七）卒
  - **季里** 押方忠大夫
    - **義季** 押方左源太
      西川氏説を引用
    - **重能**（系図には義季の子とあるが年齢の差は僅かで兄弟とみる）
      押方形部少輔　入道名を宗慶か？
      永禄十二年（一五六九）卒
      永禄十年重能、重屋連名の鰐口（地蔵堂）現存

- **重屋** 押方蔵人佐（掃部佐）
  天正八年（一五八〇）押方地蔵堂を建立。永禄三年（一五六〇）三田井親武と重屋、宗慶阿蘇大明神下宮中畑神社再興
  文禄元年（一五九二）卒
  - **経康** 与左衛門尉
    慶長六年（一六〇一）地蔵堂須弥壇左右扉に線刻。
    朝鮮の役から無事凱旋のお礼に寄贈
    須弥壇の彩色は見事で群青の青は郡内随一
    正保三年（一六四六）卒
    - **重辰** 八郎左衛門
      肥前島原切支丹籠城出陣
      鑓一筋拝領
      - 以下略

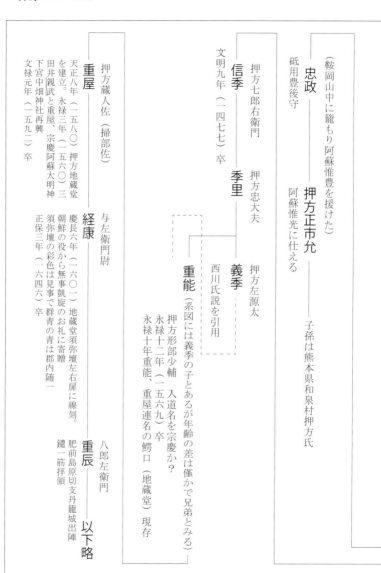

現在、押方氏が拠点とした下押方には、子孫が残り旧家をしめす屋号が、おかた（御屋方・御家田・お館）、どんもと（堂之元）、てらやしき（寺屋敷）、ばばんなか（馬場中）、くねんした（子下・舟下）、きのした（木下）、おっく（奥）があり、今は無くなっているが、ひがし（東）、かみやしき（上屋敷）など、歴史を伝えている。

押方氏は、三田井家の譜代の家臣ではないが、一時は三田井氏に仕えたようである。天正年中（一五七三〜九一）、仲山城落城の際、三田井氏ゆかりの姫君と思われる方が主従数人と押方氏を頼ってきた。恩顧ある三田井家のお姫様ゆえ、匿《かくま》うべきところだったが、追討の厳しさもあり、やむなく他所へ落ち延びてくれと頼んだ。それを嘆いた姫君は窓の瀬川の断崖より身を投げ、同行の武士たちもそれぞれ自刃したと伝わっている。

この姫君は奥御前と呼ばれ従者と一緒に若宮様として、一族により今も手厚く永代祀られている。

豊臣秀吉の朝鮮の役に押方氏の三兄弟は加藤清正に従い出陣し、釜山《ぷさん》に上陸し朝鮮各地を転戦している。しかし、凱旋帰国の際、三兄弟の乗った船は別々となり長男は加藤清正の船に、次男は四国の蜂須賀小六の船に、三男は肥後の小西行長の船に乗ることになり、別れ別れとなって高千穂に帰国したのは長男一人であった。手柄をたてた長男には加藤清正より槍一鑓《やり》が贈られ、長男は凱旋帰国のお礼として、押方の高千穂迫《さこ》尻《じり》稲荷大明神に欅《けやき》造りの本殿一棟を寄進

正一位高千穂稲荷大明神

している。現在の正一位高千穂稲荷大明神である。

さらに、長男はこのとき、朝鮮から道案内の夫婦を連れて帰り、下押方に住まわせたとの伝えがあり、この夫婦が植えた樹齢四百年のマキの木が押方氏の墓所八人塚にそびえている。

有馬藩時代に、押方八郎左衛門重辰が、島原の乱に出征し、手柄をたて鎧を有馬氏よりもらっている。また、内藤藩時代は小侍となり、郡内の御番所の役人や、押方庄屋を務めている。

土持［つちもち］氏

岩戸土持の祖。親子二代戦野に埋る

本来は「唐花」であるが三田氏麾下では下賜された「左三ツ巴紋」を使っている

（一）

土持氏は、その起源は宇佐八幡の神職で、大元は宇佐、大神《おおが》、漆間《うるしま》氏などと共に宇佐宮創立に功労のあった田部氏である。また高知尾の歴史に大きな影響を与えた。

第十八代反正《はんぜい》天皇の五世の孫直彦《なおひこ》（亥《の》）宿禰《すくね》は、宇佐宮創建にあたって造営使として赴任した。工事は難工事で、どうしたことか池を埋め立てる工事が思うように進まなかったため、宿禰は土を衣の袂《ふところ》に入れ、池に盛ったところ、たちまち埋め立てができた。宿禰はその功績により田部土持の姓を賜ったとの由緒が伝えられている。

養老四年（七二〇）、大隅（鹿児島県）の国司が殺され、南九州に勢力のあった隼人族の反乱が起きる。朝廷では大伴宿禰旅人《たびと》を将軍として派遣したが、隼人族はなかなか強く、宇佐八幡に祈願してようやく平定ができた。土持系図には後世の斉衡年間に隼人征伐があり、土持氏の功績が記されている（養老年中〈七一七〜二三〉が正しい）。

このようなことがあって、豊前、豊後、日向三国に神社が管理する神戸《じんこ》が設けられ神領の制度が設けられる。日向国には多くの宇佐神領ができた。この宇佐神領（荘園）の管理者、いわゆる庄司《しょうじ》（臼杵郡司ともある）として日向に赴任したのが、直彦宿禰より十五世の田部（土持）信村で、その孫宗綱は那珂荘《なかしょう》の年貢滞納が多かった惟宗（後の島津氏）高安《たかやす》の年貢の整理をしている記録がある。後、宗綱の三男は惟宗氏の養子として惟宗栄高となり、島津氏と土持氏がこの当時から緊密な関係であったことがうかがえる。

都万神社　日下部氏が神官であった。土持氏の記録がある

当時都万《つま》神社の神官であった日下部《くさかべ》氏は勢力もあり日向国の国司でもあった。この日下部氏には男子がなく田部栄妙（えいみょう・よしたえ・よしただ。宗綱の孫か）が養子となり、栄妙は新納《にいろ》（入郷児湯の古名）に土地を所有していたと思われ、土持冠者《かんじゃ》栄妙と称し、土持氏初代の宣

綱（信綱とある者を同一人とみた）と名乗った。

延岡市の歴史を書いた『延陵世鑑《えんりょうよかがみ》』や土持系図には、貞観から保元（八五九〜一一五九）までの土持宣綱の頃まで三百年間にわたり三河国に移封され、その間高知尾の三田井氏が縣を含む県北を統治したとあるが、これは宣綱が日下部氏を継いだことを脚色したものと推測される。

平安時代末期になれば、宇佐神領の支配も行き届かず、日下部氏を併合した土持氏は、県北縣から日向国中原《ちゅうげん》の児湯、国富、財部《たからべ》（高鍋）などに勢力を伸ばし、さらに南下するほどになった。支族は増え、土持七頭《ななかしら》という財部（高鍋）、臼杵、大塚（宮崎）、清水（児湯）、都於郡、瓜生野、飫肥にまで進出した。これは工藤祐経《すけつね》の子孫伊東氏の日向移住の時代まで続き、以来戦国時代まで両者は日向の中原を巡り、血で血を洗う戦いを続けることになる。

日向に臼杵郡司として下った土持信村が居たのは現在の日向市富高であり、地名の富高を名乗っていたので、土持の本家筋は、富高を名乗ったり、土持を名乗ったりしている。この富高をはじめ、土持から別れた姓は岩切氏、柳田氏、中城氏、三田井氏に仕えた馬原氏、地名を選んだ飫肥氏、大塚氏などがある。確証はないが、新名氏もおそらくは土持氏と考えられる。

時代は下り、南北朝時代、日向も南朝、北朝入り乱れて戦いが続くことになるが、その中で土持氏は一貫して武家方、いわゆる北朝方にあった。この北朝方であった土持氏のもとへ客分として身を寄せていたのが、菊池氏から別れ甲斐姓を名乗っていた重村という人で、後に甲斐

土持［つちもち］氏

氏の祖先となる武将である。
九州での宮方、いわゆる南朝方で有力なのは肥後の菊池氏、阿蘇氏、大隅の肝属《きもつき》氏で、高知尾の荘民もこぞって南朝方で働いている。

㈡

土持、富高氏は田部氏の一流である。富高氏は、本来はトダカといい、それより転訛《か》した戸高氏も、さらに十社宮（高千穂神社）の神官家であった上野の田部氏、日之影町の丹部氏、丹波氏も、若田部氏も同族である。

土持氏の系図を見れば、その祖を「反正天皇」としている。反正天皇の尊称が「多遅比瑞歯《たじひのみずは》別尊《わけ》」といい、反正天皇の出身地河内丹比《かわちたじひ》にいた一族丹比部《たじひべ》を指すと思われる。因《ちな》みに丹比部は、膳部《かしわべ》という天皇家の食事の世話をしたり、また乳部《ちちぶ》という牛乳を絞る（古代では乳製品を作っていた）役いわゆる職業の集団の人たちであった。

しかし本来は田部氏が正しく、田部も職業の集団で古代において主に屯倉《みやけ》（全国各地に作られた。米を管理する倉庫を中心としての行政組織）のもとで耕作に従事した部民、または、その管理者を田部連《たべのむらじ》と称した。管理には算術が巧みでなければならず、その役務は計算能力のあった渡来系の人たちも登用されているので、豊前宇佐地方出身田部系土持氏は漆間氏同様、渡来系の人たちであった可能性もある。

さて、田部氏流土持、富高を名乗る人たちが高知尾に来たのは二回ある。一回目は高知尾の伝説のひとつ「鬼八退治」にまつわるもの、二回目は戦国時代、延岡縣から三田井氏の客分となり、岩戸城主となった富高将監《しょうげん》である。

十社さんの鬼八退治は、神代の話とされているが、そうでなく、もっと後世の事件であるようで、それは登場する人物が十社さんを除き、もっと後代の名前の人たちであることや、鬼八法師にまつわる遺跡（墓石等）も新しく、神代の時代（四世紀以前とみる）の遺跡は古墳を除きあまり残っていないことなどから判断すれば、平安時代初期か、もしくは豊後からの大神氏高千穂太郎政次の高知尾入国を天慶もしくは天暦年間（九三八～五七）と推定して、それ以前か、古くても奈良時代後期と思われる。

源平末期の文治五年（一一八九）に書かれた『旭大臣十社大明神記』やその他の古文書で事件のあらましを要約すれば、〝じんむ天王之王子正市伊様〟（原文のまま。別の古文書では三毛入野《みけいりの》尊《みこと》）が、日向の国戸鷹《とだか》（富高、あるいは宮崎の都とも、宇戸里《うどのさと》とも）から丹部の大じんむね（宗）重、若丹部（若田部）の大じん佐田重等が押方乳が窟（チンチガイワヤ）に住む荒振《あらぶ》る神鬼八を主従四十四人で攻めて誅し、その体を処処に埋めた。となっている。

この二人の〝大じん〟とは、高千穂宮の神官家である田部（丹部・左大臣）、富高（右大臣）で、鬼八征伐の功により旭の称号をもらっている。この両家は、田部氏で、実在の人物と思われるが、正市伊様もしくは三毛入野尊は、何者かということになる。

当初高千穂神社は皇祖三代を祭る高千穂皇神《すめらがみ》であったが、いつのまにか鬼八を退治した三毛入野尊と、その皇子、さらに鬼八の妻で後に尊の妻となった阿佐羅姫十社を合祀されるようになった。鬼八退治は当時の高知尾地方の大事件であり、先住の統治者一族を征服したものと考えられる。

三毛入野尊、正市伊様は誰かを解く鍵は、延岡土持氏にありそうだ。

神殿　鬼八塚

『延陵世鑑』によれば、直亥宿称《なおいのすくね》より十六代の後胤《こういん》土持冠者影綱の代貞観元年（八五九）より保元二年（一一五六）までの三百年間、土持氏は突如として三河国に移封され、その間高知尾の三田井氏が県北を統治したと記録されているが、この当時は領主の移封など考えられない時代で、ましてや高千穂太郎政次の高千穂入国以前で、三田井氏の延岡統治はありえない。しかし、鬼八退治に土持田部の一族が高知尾に侵入し、先住の高知尾統治者鬼八

春の浅ヶ部

一族を統制し、その棟梁である者、例えば土持影綱、もしくはその子が、神代の三毛入野尊の名を語ったとすれば、ありうる話かもしれない。

以来、三百年間その子孫が県北を治めたというが、その間、承平天慶の乱（承平・天慶年間〈九三一～四六〉に起こった平将門と藤原純友の乱）以降、豊後より実力のあった緒方惟基の長男高千穂太郎政次の高知尾入国があり、三百年間の記録は抹殺されたのではないか。

鬼八退治に登場する人物を、現在の西臼杵においてその子孫を考えてみると、先住民鬼八を興梠氏、阿佐羅姫を浅ヶ部田崎氏の一族、両大臣家の子孫は、田部氏、丹部氏、丹波氏、日之影の富高氏、戸高氏と推測される。それらの子孫が居住するのが浅ヶ部集落。一部は後川内集落に点在している。

㈢

後醍醐天皇による建武の親政（一三三三〜三六）も、恩賞を不服とした武士団の反発をまねき、ふたたび戦乱の巷と化した。いわゆる南北朝の時代で、日本国中の武士や鎧一筋で名を上げたい悪党と呼ばれる土豪も敵味方に分かれ参戦した。

縣の土持氏は、鎌倉討幕以来北朝方の棟梁足利尊氏に近く、その旗下で働いていたようで、岩戸土持系図にもその記載がある。他の系図でも国綱、惟綱、諸綱、国栄という一族の戦死が記され、同じ日向国内の伊東氏が本家と分家で、武士方、宮方に分かれて争ったのとちがい、終始一貫北朝方であったようだ。

これより以前、九州の南朝方の主力であった菊池家の家督争いがあり、鎌倉で評定の際、訴訟の相手であった菊池時隆と刺し違えて死んだ武本の子武村は現在の山梨県に逃げ、地名の甲斐を名乗った。その子重村は足利尊氏の庇護のもとに、父祖の汚名を晴らし、肥後菊池の名跡を回復するために、尊氏の協力のもと、武家方豊後大友氏の兵を借りて、肥後に侵攻しようとしたが、延元三年（一三三八）に合志鞍岳の合戦に敗れ、縣土持家に身を寄せることになった。

当主土持栄綱は、甲斐氏を北方町（現延岡市）あたりに住まわせ、厚遇したので、甲斐氏は土持のもとで次第に力を養い、一族は県北を中心に勢力を広げる。

このことから、甲斐氏にとっては土持氏は先祖の大恩のある家系といってもよいのだが、後年、これを覆すような出来事もある。詳しくは甲斐氏の稿で述べたい。

北朝方で功績のあった土持氏は、その後、隣接する伊東氏、分家の財部（高鍋）土持氏との確執もあったが、有力武士団としての英気を養い日向県北に基盤を築いた。

縣土持氏の居城松尾城（延岡市）

戦国時代になり、財部土持家は都於郡伊東氏に滅ぼされ、伊東氏と度々の合戦が繰り広げられるが、高知尾三田井氏の調停もあり、小康状態がつづく。しかし、伊東氏が木崎原の合戦で島津氏に敗れ、伊東義祐が日向の山中を伝い、親戚筋であった豊後の大友氏を頼ったことから、大友宗麟の日向侵攻になる。

土持氏は、薩摩の太守島津氏と親交があったが、門川の米良氏が島津氏とトラブルを起こし、土持氏は、米良氏や右松氏と敵対関係になる。この機を見て天正六年（一五七八）、大友宗麟は日向に向けて出兵、別働隊は高知尾の反大友の吉村氏を降し、合流した大友の兵三万は縣の松尾城を攻略した。

この合戦には高知尾勢も攻め手として加わったようで、岩戸の佐藤越後守という人が戦死している。戦場は松尾の城から、祝子、三須、行縢《むかばき》、北方一帯にかけて繰り広げられた。

土持氏は、家臣の奈津田弾左衛門ら家臣の奮戦もありよく戦ったが、多勢に無勢、土持十六弾正少弼親成《ちかしげ》は、行縢山で捕らえられる。親成の養子相模守高信も奮戦し、大友旗本隊に切りこもうとしたが、家臣に諌められ、松尾城で、家臣と共に自刃した。

親成は、豊後に送られる途中、浦辺という所で切腹し、古来より日向の名族縣土持本家は滅んだことになるが、高信の子佐馬権守親信（実は親成の子ども）は、家老土持山城守に付き添われ、薩摩に落ち島津氏に仕え、その子孫は現在鹿児島県に広く定着している。

土持八代遠江守宣弘の長子秋綱は、九代の当主になるが、末子若狭守弘綱は分家（宮崎土持氏か）し、その子土持越前守左衛門次郎重綱は高知尾三田井氏に客分として身を寄せた。

㈣

縣土持氏が、豊後大友氏に攻められて滅ぶ約二十年前の永禄年間（一五五八〜六九）、土持一族の若い武将が高知尾領主三田井氏のもとに身を寄せていた。当時の高知尾には諸国の牢人や落武者が、名将の誉れ高い三田井右武とその子親武を頼って来ていたが、三田井氏はその多くを召し抱え、領内の守備や辺境の地に開拓者として住まわせた。

縣から来た武将の名は、土持重綱（越前守・左衛門次郎、または富高主水助昌重とも）といい、三田井親武は岩戸城の内の岩戸城の城主とした。重綱は名前を富高将監太夫昌繁と改め、この富高将監が高知尾土持氏、富高氏の始祖となる人である。

天正十四年（一五八六）、耳川の合戦で大勝した島津勢は、余勢をかって大友攻めを起こし、豊後へ北進する。富高将監は、先手大友氏に滅ぼされた本家縣土持家の再興はこの機とばかり騎馬の者三十六騎、歩卒合わせて百余人で豊後攻めに向かった。この戦の状況は『筑紫軍記』『豊薩乱記』『延陵世鑑』『日州古今治乱記』等に記され、次のとおりである。

当時、豊後への進入路は宇目梓越えで、ここは先の日州耳川の合戦で戦死した佐伯栂牟礼《とがむれ》城主佐伯宗天の三男惟定が守っていた。佐伯惟定は、わずか十五歳の若さだったが智勇に優れた良将で、薩摩勢の侵入を防ぐため家臣の柳井左馬助らに命じ兵を要所に伏せていた。

富高将監主従が、梓越えを経て因美《いんび》という所にさしかかった時、突如として柳井左馬助らは攻めかかり、将監らは閉所に追い込まれ悉く討ち取られた。このことから、薩摩勢は以来豊後への進入路を変更しなければならなかったようである。

島津の侵入を独力で防ぐことができない大友宗麟（総鎮）は、大坂に羽柴秀吉を訪ね援軍を求める。天下統一の最後の仕上げとして、九州征伐を目論む秀吉にとっては絶好の機会で、四国の長曾我部元親、仙石権兵衛秀久らに命じ兵を送った。天正十四年（一五八六）十二月、島津勢は大挙して大友氏の居城府内の城をめざしたが大友勢と長曾我部、仙石の四国勢と戸次川《べっき》

三竃江《みかまえ》大明神

で対峙し激戦となった。島津勢はなかなか強く大友四国連合軍を散々に討ち破り、四国の雄といわれた長曾我部元親の嫡子信親や、劣勢の大友軍の中でよく戦っていた利光統常らが戦死したほどである。

攻め手の薩摩の中には高知尾勢が相当含まれ、長曾我部軍に奇襲をかけた武将の名は三田井政利（三田井氏の系図にその名がなく誰かということは分かっていない）という人で、また緒方攻めには、興梠左京進、高千穂新兵衛信忠、岩戸五郎継元、佐藤五郎兵衛信興等の名前が『筑紫軍記』に載っているので、高知尾勢がめざましい活躍をしたことが推測される。

しかし、緒戦の島津の勝利も、その後関白太政大臣となり豊臣の姓をもらった秀吉が、傘下に降った諸大名に出兵を命令し兵力三十万近くの大勢をもって攻めたため、島津は相次いで敗れ、敗走を続けた。秀吉は、弟羽柴秀長に日向方面をまかせ、自らは肥後方面を指揮し南下した。九州一の勢力となった島津勢も日向高城（木城町）の戦を最後に秀吉に降り、島津の当主義久は頭を丸め、薩州川内《せんだい》で秀吉に謁見し許しを乞うた。

秀吉は、博多で九州の国割を行い、日向国は佐土原、都於郡、三納、穂北を島津家久に、諸県郡を島津久保に、木城、財部、櫛間を秋月種実に、飫肥、曾井、清武を伊東祐兵《すけたけ》に、そして、縣、三城、宮崎を高橋元種に与えた。この国割が後々、高知尾に大きな悲劇をもたらすことになる。秀吉の行った九州国割は大まかであったため、その後九州各地で旧領主である国衆の反乱が起こるのである。

縣を与えられた高橋元種は、筑前秋月家の出で、後に高橋鑑種の養子となった人である。島津と大友合戦の際には島津方に付いていたが、秀吉の九州征伐の折には秀吉に降っていた。土持氏と違い、機を見るに敏な人であったようだ。土持氏は本来ならば、飫肥を与えられた伊東氏同様旧領の縣の地を領有できる可能性もあったわけだが、土持氏は最後まで薩摩に与しなければならなかった不運な状況があり、名族縣土持家の再興はならなかったのである。

高橋の封域の中に、当時の行政単位で違う高知尾の名前の記載がなかったため、当初は高橋も高知尾の領主三田井氏も所領の統治はとまどいがあったようで、後に高橋元種は一計を案じて三田井氏の討伐を行うこととなる。

(五)

豊臣秀吉が九州征伐の後に行った国割で、各地で、在地土豪と新領主との間で紛争が起きた。肥後では、佐々成政の検地強行に反対した隈部《くまべ》、和仁《わに》、辺春《へばる》、内空閑《うちこが》氏や、甲斐氏など旧阿蘇氏、菊池氏の家臣による国衆一揆《こくしゅういっき》、その後の梅北の乱と続き、豊前では、黒田長政による宇都宮一族の駆逐、城井、野中氏等の中通一族、また、肥前の西郷氏や築後の草野氏なども異を唱える。

それまで、小さいながらも領主的存在であった国衆にとっては、先祖伝来、幾多の合戦により命がけで得た土地を、降って湧いたような新しい国割で召し上げられることは納得できるはずがない。一方、新領主としても、天下人太閤秀吉の命令で与えられたもので、服属できなければ弓矢にかけてでも抑え込まなければ、責任を取らされ詰め腹を切らされる。佐々成政の二の舞になるのは目に見えている。

天下の情勢は秀吉の全国平定後、刀狩、全国検地、そして朝鮮出兵という一連の情勢変化の中で、群雄割拠の時代は終わり、旧勢力の払拭、淘汰という方向にあった。旧領主は、新領主に抵抗するか、所領、家臣、武器を捨て従属するかの選択しかなかった。

高橋元種の高知尾の三田井氏勢力の扱いも、この基本路線に沿ったもので、高橋はすでに、旧地豊前香春岳《かわらだけ》城時代、鎌倉以来の名門宇都宮隆房を黒田氏と共に攻めているので、三田井氏の存続を当初から考えていなかったと思われる。三田井氏討伐以降、甲斐宗摂の誅殺、十社宮の祠官田尻市ノ正《いちのかみ》、河内亀頭山城主甲斐将監惟房、七折の甲斐坂本、甲斐敦昌、朝昌、重安父子などを排除し、力のある旧勢力の頭目の掃討を行っている。

神孫を称え、高千穂太郎政次以来六百五十年の長きにわたり高知尾を統治した三田井氏にとっては納得のいかないことであった。『治乱記』によれば三田井勢も高橋との一戦は考えていたようで、高橋軍を高千穂峡の要衝に誘い入れ、殲滅《せんめつ》するゲリラ作戦を立てていたが、宗摂の裏切りでそれもかなわなかったようである。

三田井氏の旧勢力、特に縣土持氏の血を引く富高氏は、三田井氏の麾下で力を蓄えており、先の大友攻めで戦死した富高（戸高）将監の嫡子大膳太夫重長は岩戸城の城主で、その嫡男弥十郎長義は、大野原亀山城の城主だった。元種にとって富高氏は新領地縣の旧主の血筋で、その存在は将来禍根を残すことも考えられ、元種は三田井攻めと同時に富高攻めを行った。

天正十九年（一五九一）九月、高橋の本体は、三田井氏の本拠仲山城と、現高千穂高校裏の淡路山城を攻め、別動隊は大野原亀山に向かった。亀山城は、岩戸川に突き出た三方を断崖で囲まれた地形で、守るに易く攻めるに難《かた》い要害の地で、また家老の藤田左京はなかなかの軍略家で、高橋勢八百騎を、少数ながらよく防いだが、高橋勢が対岸の野方野詰めの尾羽という所から鉄砲を撃ち込んだため、さしもの名城も落城した。亀山城の下、岩戸川には、藤田左京が高橋勢の鉄砲隊に向かって弓を射た、左京の踏みたて石が残っているそうである。

『治乱記』によれば、亀山城には、城主富高長義と、弟の勘兵衛尉重家、長家、長信がいたが、左京は富高兄弟を間道から逃し、切腹した。長義は、肥後に逃れ矢部の庄戸土呂《ととろ》城の城主甲斐兵庫頭《ひょうごのかみ》秋政を頼り、弟たちは七折の徳富に隠れた。しかし高橋の探索に見つかり、重家は岩戸境猿岳に逃れたが、長家は討ち死にしたものか、天に昇りて星となるとある。長信は捕らえられた。

富高大膳長頼は居城岩戸永野内で高橋勢と戦ったが、鶴門という所で討ち死にしたと伝えられている。一説には、大膳は密かに岩戸を脱出し河内中瀬に住んだともいい、「殿の森」という山中に、大膳の墓と伝える石碑がある。その墓石には「戸高大膳之丞・元録（禄）三年十一月廿十日逝去・行年六十三歳・家来木村徳之助年三十一歳」と刻んであり、これを建てた木村徳之助は、殉死したとのことである。この元禄三年（一六九〇）は、天正十九年より百年余り後の時代で、富高大膳であるはずはないので、高橋に捕らえられた長信、または土持系図にある百蔵、千々代の子孫がここに落ち、戸高大膳丞を名乗ったことも考えられる。この大膳丞の子孫が、河内、五ヶ所の戸高氏、富高氏である。

㈥

『高千穂治乱記』によれば、亀山城を逃れた富高弥十郎長義は、肥後国矢部戸土呂の城主甲斐兵庫守秋政という武将を頼った。

長義が甲斐秋政を頼ったのは、甲斐氏の先祖重村が鞍岳の合戦で本家筋の菊池武時に敗れ、土持氏に客分として身を寄せその旗下で力をつけ、甲斐氏繁栄のもととなった先祖の恩顧を考えたと思われる。

甲斐秋政は、佐々成政の後に肥後に入国した加藤清正に臣従していたとみられるが、清正にとっては直臣ではなく、在地国衆、不穏分子とみなされ、清正はこれを排除しようと一計を案じる。愛藤次（寺）城の結城《ゆうき》氏の討伐を秋政に命じ、その留守の城を清正は攻め、秋政を肥後から追い出す。この秋政という人物、ならびに結城攻めなどは謎が多く、史家の間でも論議され確定的なものがない。

甲斐秋政と弥十郎長義は、肥後を退出し、薩摩の島津を頼るべく、高千穂へ逃れる。主従十七騎は岩井川の小崎より今の六峰街道を通り、七つ山を経て国見峠より宇納間に抜けようとする。ここに、秋政主従が通ることを聞きつけた、同じ甲斐氏で高橋側の家代の与惣左衛門は二百人の配下を引き連れ攻めてきた。長義は二尺七寸の太刀を振るい奮戦したが、多勢に無勢、「遁《のが》れるのは無理」と、秋政を介錯し、自らも切腹して果てた。長義二十四歳と記されている。

一方、高橋の探索を七折の徳富から岩戸境猿岳に遁れていた長義の弟源太郎重家は、清左衛門と名を変え帰農していたが、延岡高橋氏失脚のあと、新たな延岡の藩主になった有馬左衛門佐直純に、由緒ある家系をもってとり立てられ、嫡子清右衛門重嗣（次）は、岩戸村の庄屋になる。重次はその後、高千穂十八カ村の大庄屋にまでなっている。この人の墓は、岩戸全体がよく見える所に埋めてほしいという遺言により、人里離れた愛宕山の山頂に立っている。

重次の嫡子紋右衛門重信は寛永十四年（一六三七）島原の乱の際、高千穂庄屋十八人と共に、有馬氏の陣中見舞いに行った記録がある。この紋右衛門より、しばらくの間岩戸土持庄屋家は、母方の姓佐藤氏を名乗るが、国学を能《よ》くした十一代の庄屋完治整信は、苗字を土持と改め、またそれに併せ、一族一門は分家の年代により、遠祖の姓、土持、富高を名乗った。

土持庄屋家は代々傑出した人物が多く、中でも完治の子霊太郎信賛《のぶよし》は、幕末の人で文武両道に優れ、和歌を詠み書を能くし、延岡藩の国学者樋口種実の門弟として国学を修めた人である。後に、種実が書いた『高千穂神跡明細記』の著述にも協力している。

当時の高千穂地方は、畑作が中心の寒村で、ひとたび災害があると農民は飢饉に苦しみ、一揆、騒動の多い所だった。信賛はこれを憂い、延岡内藤藩の許しを得て、同志と計らい開田と用水の開削に努め、多くの苦労の末にそれを成し遂げている。また、豊後の人で、五ヶ瀬町三ヶ所に住んでいた国学者碓井元亮を招き、子弟の教育や医療にもあたらせている。

信賛は敬神の念厚い人で、江戸の町人から寄進を求め岩戸神社の修理復興に努め、また、勤皇の志士や、多くの文人墨客との親交もあり、草深い僻地の高千穂で門人子弟の教育にあたり、有能な人材の養成も行っている。明治維新以降は、新しくなった行政機関「大区長・戸長」の上席役人を務めている。

赤星「あかぼし」氏

肥後の名族の一派。天険を利用した山城の遺構は今も残る

肥後菊池氏より別れた家系で菊池氏の家老職を務めた赤星本家は並び鷹の羽根紋（上）を用いる。岩井川に落ちてきたのは同じ菊池家々老職の隈部氏との確執であったようだ。もしくは天正15年（1587）の肥後国衆一揆で敗れ甲斐宗摂を頼って落ちて来た落武者か、岩井川で地侍の娘を娶り井桁に橘紋（下）を用いたのかもしれない。

（一）

刈り取りを前に豊かな稔りをつけた水田が広がる日之影町古園地区。県道から少しはいった所に水路の記念碑がある。昭和十六年（一九四一）に開削した顕彰碑だが、聞けばそれより古く江戸時代の文政、嘉永（一八一六～六四）、文久の頃から大正時代にかけて集落の谷間から用水路が開かれていた。

先賢は子孫に豊かな恵みを残した。村の共有林には桧や杉が植林され昭和四十年代に村の茅《かや》葺《ぶ》き屋根は全て瓦に葺き替えられたとのことであった。そこには古き良き時代の農村の姿がみえる。集落の上手、仁田原から古園に下り下城に向かって歩けばなぜか懐かしい風景に出会え

日之影町岩井川古園地区の下城《しもんじょう》と呼ばれる地域

中世の城砦の遺構、城《ジョウ》の様式を伝える貴重な地域である。その領主とみられる赤星氏もしくは森氏は、豊臣秀吉が配下の佐々成政を肥後国の国主に任命し検地をしたことに反発して起きた天正15年（1587）の「肥後国衆一揆」に対する弾圧を逃れるためにこの地に落ちてきて築城したと思われる。

る。それはこの村の持つ歴史的な風土が醸し出すものなのかもしれない。

江戸時代の中頃まで、岩井川村の庄屋は古園の善五平を名乗る甲斐氏が代々務め、幕末に大人の甲田氏や日吉氏に代わったが、この地は大人の甲斐宗摂を代表する甲斐氏の絶対的な基盤である。

中世末期、この古園を含む岩井川に肥後の名族菊池氏の一族が点々と住み着いた。その中には菊池氏の一派赤星氏もあった。

大族甲斐氏が縣（延岡）より高知尾に入ったのは室町中期と推測されるが、それより遅れ菊池氏の衰退期の天文年間（一五三二〜五五）、赤星は古園に入ってきたと思える。

当時の高知尾は手つかずの広大な原野が各所にあり、新たな戦力を必要としていた三田井氏はそれらの土地に外来の者たちを入植させることで武力を手に入れ、一挙両得の形で住まわせた。

甲斐氏がそうであるように、彼らはいったん事があれば一領《ひとそろい》の具足（槍、刀、鎧）を手にして支配者のもとへ馳せ参じる仕組みで屯田兵のようなものである。

一時期、武時－武重－武士－武光と南朝の勢力で九州を席巻する勢いであった肥後菊池家は、相次ぐ内紛や豊後大友氏の介入、国人の台頭により二十二代菊池能運《よしかず》以来衰退の一途を辿る。やむなく一族家臣は新たな盟主を求め全国に四散した。

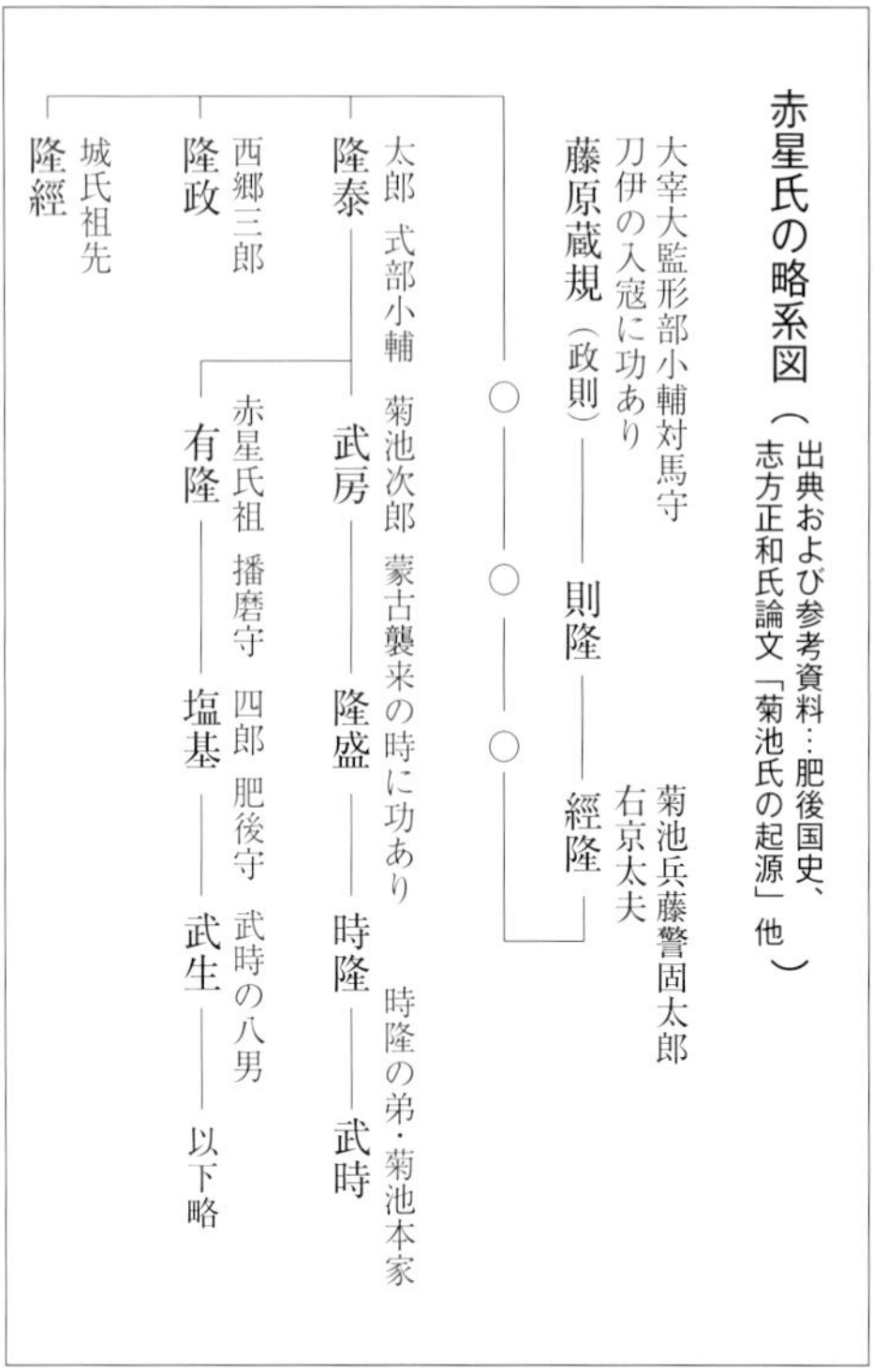

高知尾という所は、武時以来数度の合戦に敗れては逃げ込み再起しては戦った菊池氏の聖域であり、南朝方として共に戦った盟友の土地でもある。三田井氏は菊池氏の先祖を祭る菊の宮神社も勧請した。まさに高知尾は父祖の地ともいえる場所でもあった。

多くの菊池の残党は高知尾の三田井右武、親武親子を頼った。来たのは赤星氏だけではない。肥後からの移入者は現在西臼杵郡内にある苗字で判断すれば、菊池（地）氏（鞍岡、三ケ所兼ヶ瀬、三田井大野原、七折他）、藤田氏、甲佐氏、中尾河野氏、山室氏、有藤および宇藤氏、山本氏、古城氏、米田氏、津隈氏、藤本・富士本氏等推測されるが、日之影町に子孫が多い。

さて赤星氏の出自だが、赤星系図には初代を菊池九代式部少輔隆泰の四男有隆としている。兄は元寇の役で活躍した菊池武房である。

系図には赤星の由来を、文永年間の蒙古襲来（一二七四年）の際、兄武房、弟康成と共に五百の敵の首を挙げた。さらに弘安の役（一二八一年）では、敵将と一騎打ちになり有隆は組み敷かれたが下から刀で蒙古人を刺し通した。そのため鎧が星のように血に染まった。帝（亀山帝）はそれを聞いて大いに喜び、菊池を改めて赤星にせよとの故事に因むとある。本当は赤星氏の領地が赤星村にあったから地名を名乗ったという説もある。

(二)

肥後赤星氏の子孫が居住するのは日之影町岩井川古園の下城《しもんじょう》地区である。この下城地区は名前の示すとおり、集落自体が中世の城郭の遺構を残す。下城地区に続く手前の小高い丘は古城と呼ばれ、各所に室町様式の五輪塔などが点在し村全体が貴重な文化遺産の地域である。

日之影町岩井川古園下城城郭概要図

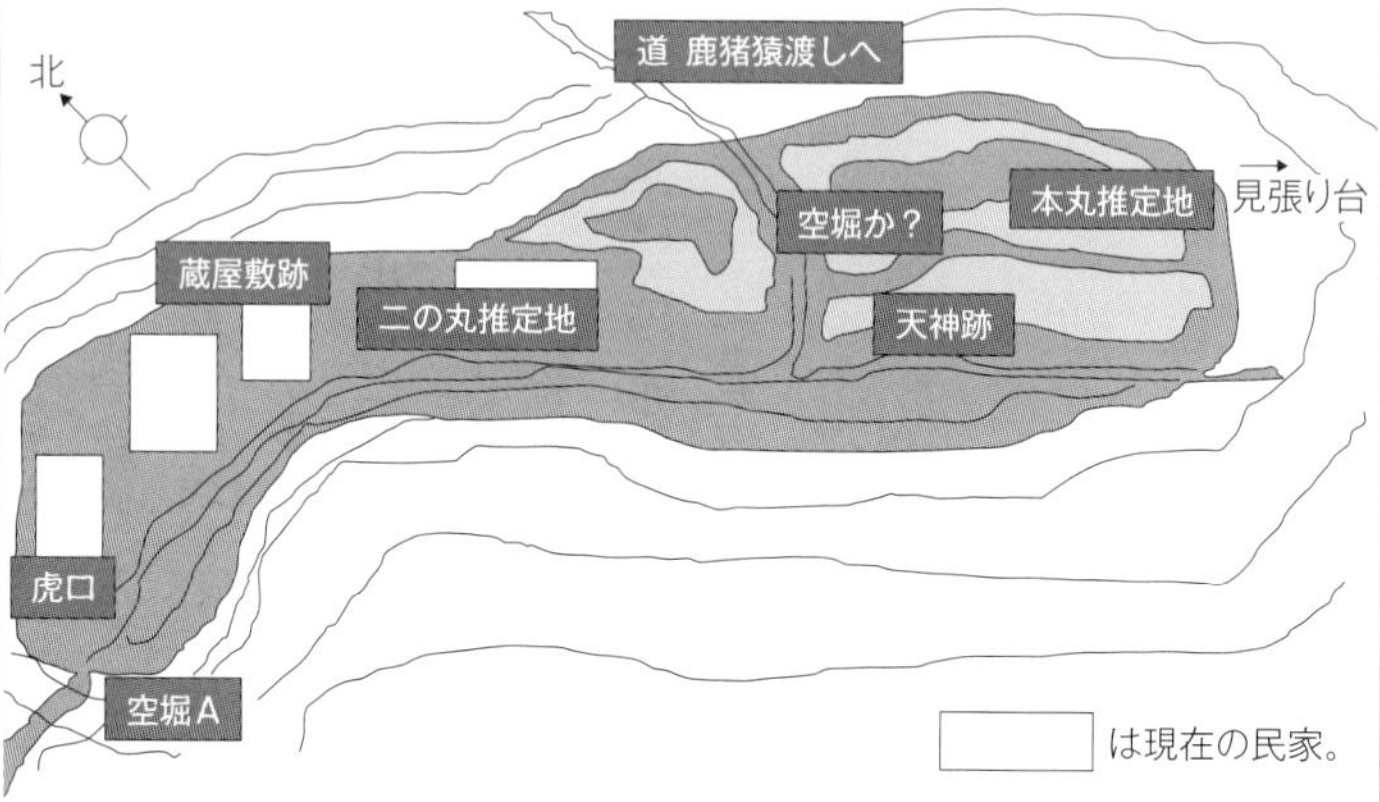

古園下の城

空堀Aは中世の頃、防御のため掘り切ってあったようだ。当時は板橋か土橋が架けられていたと思われる。

虎口（こぐち・推定）は城《ジョウ》への入り口にあたる重要な場所、敵の侵入を拒むためわざと狭い地形を選んだ。

先日地元の赤星喜平さんに案内をいただき古城から下城を歩いて簡単な測量も行った。城郭の一部は住宅建築工事で当時と変わった部分もあるが、全体的には当時の城《ジョウ》の構造がほぼ推測できる。

下城の入り口となる窪地はかつて堀切りで、板橋が架かっていたと推測した。いったん緩急の場合には外せる仕組みである。詳しくは発掘調査をしてみなければ分からないが、その上手部分が虎《こ》

口《ぐち》（防御のため狭くした入り口）と呼ばれる城門が設けられていたかもしれない。城郭内には蔵屋敷、天神跡と呼ばれる所もある。南側の斜面は階段状になりそこは棚田状の水田が開かれているが「ジョウ」の地形を残す。北側は五ヶ瀬川に向かって急峻に落ちる地形で天然の要害である。ここを山道が下がり鹿猪猿《かいのそ》の渡しで対岸の七折の平底に渡る。

本丸と二の丸の間は幅一間の空堀とも推測できる堀割（もしかしたら後世の掘削のあとかも）で区切られている。本丸の東側下方に見張り台があるとのこと。

本丸と推定される頂上部に自然石の供養碑が建っている。碑文には「下城主森何某古城」と刻んである。これは、下城に住まいの山本・古城・赤星の三家が江戸時代の後期の安政年間（一八五四～六〇）に先祖の伝承をもとに建立したもののこと。この城主森とは何者か、山本、古城、赤星三家とのつながりは謎である。

この城郭が下の城と呼ばれるには上の城がなければならない。『日之影町史』では、勢力のあった甲斐宗摂の本拠地が隣の大人集落であることから宗摂に関わる支城のひとつの可能性を示している。筆者は、古園集落の後方の山、高城山に注目している。『高千穂古今治乱記』によれば、城主は有藤玄蕃守信久といい、天正年間（一五七三～九二）、三田井氏御内の御所落城の際華々しく戦い敵陣に散った伝説的な武将で河内有藤氏の先祖である。

この高城山は有藤氏の持城で石山城という。石山城に至るには古園より仁田原を通り「うめ

仁田野の棚田

石山城に至るには仁田原の美しい棚田を通り「うめげ峠」を越えて至る。石山城は別名高城山ともよばれ、北西に阿蘇も見渡せる

げ峠」を越えて登る。この石山城が上の城と考えれば説明はつく。有藤あるいは宇藤氏（七折椛木）の出自であるが菊池一族同様、肥後であることは間違いない（宇藤氏・有藤氏の項参照）。

領主三田井氏は、戦闘経験の豊富な菊池一族を要所に配置した。ひとつの謎とされている甲斐宗摂の出自も、有名な阿蘇家に仕えた謀将、肥後御船城主甲斐宗運ゆかりの者（有力な説として宗運の次男か、宗運の伯父親安の子あるいは孫）ともいわれている。また、下城主森某については、菊池氏に森姓を名乗る一派（菊池武光より起こる）があり、その一人とも考えられる。

下城地区の入り口に古園神社がある。城郭内にあった天神はここに合祀されているが、境内の一角に菊池太郎の名前を刻んだ石塔があり、その横に米田氏なる者が建てた立派な五輪塔は城主の墓と伝わっている。

森田・守田［もりた］氏

森田の名字は烈婦おひや様の姓か

宗摂が宗運の嫡子ということであれば甲斐氏本流とみて違い鷹紋（上）であろう。ただし、諸塚七ツ山森田家の家紋は丸に笹《ささ》竜《りん》胆《どう》（下）であった。

（一）

以前から、高知尾の中世の歴史に終止符を打った戦国時代の武将甲斐宗摂（入道名・宗攝、宗説、宗雪とも）の子孫のその後を書きたいと思い、由縁のある方たちを訪ねた。最初に取材の約束をいただいたのは知行地であった諸塚村立岩の森田英治さんご夫妻である。宗摂の嫡子甲斐小左衛門は名字を森田姓に代えていた。その改姓は主君三田井親武を討った裏切り者と呼ばれることを案じてのことかは分からない。

宗摂が普段の住まいとした日之影町の大人から家代に向けて通ったと思われるコースを辿る。追川から六峰街道に上る途中、甲斐秋政主従遭難の地である九左衛門峠に立ち寄り家代の金鶏

金鶏寺

金鶏寺に伝わる甲斐兵庫頭秋政の木像

赤糸威《あかいとおどし》の鎧を着て床几に腰を下した姿は凛として美しい。阿蘇家家老の甲斐早雲の後継の１人とみられるが、『高千穂古今治乱記』以外に詳しい資料がなく、謎の武将である。

寺に着く。

金鶏寺の開基は諸説あるが、『金鶏寺縁起』（『諸塚村史』）によれば、「……甲斐長門守宗説は、家代に安居し政治を見るにあたり当寺を菩提寺に定め、守護神愛宕将軍大菩薩を奉安し、以て当寺の鎮守仏となし山号寺号を改め玉鳳山金鶏寺と称す……」とある。寺には宗説が信仰していた地蔵尊、不動尊、薬師如来などを安置し持ち運んだ笈《おい》（宮崎県指定文化財）がある。金鶏寺とは、この笈の金具が金の鶏であったことから名付けられたとのこと。寺には伝説的な謎の武将甲斐秋政のお姿（木像）もある。

甲斐秋政主従17名が自刃した峠の尾根

『高千穂古今治乱記』に肥後を追われた甲斐秋政なる人物と主従一七名が、薩摩の島津を頼るべく高知尾の山中へ逃亡する。加藤清正の計略にのって、対立する相藤次城の城主結城彌平次（小西行長家臣

秋政主従が休息中、襲われ
自刃した九左衛門峠

を襲い戦勝し凱旋したが、留守中の戸土呂城は加藤清正に攻められ落城。やむなく一方を切り開いて高知尾山中に逃れる。

この逃避行の背景が治乱記作者の錯誤で五年後の肥後の状況になっており、正確には肥後国衆一揆の起こった天正一五年（一五八七）から阿蘇惟光が「梅北の乱」首謀者とした冤罪で斬首された文禄二年（一五九三）に遡る。逃亡中の秋政は様々な苦難に遭遇するが、禍い全てが甲斐氏に起因する同族の争い。この時代いかに甲斐一族の力が蔓延し強大なものであったか、その証明でもある。

最初の苦難は三ヶ所赤谷で起こる。この地の弓の名手甲斐源太左衛門（加藤氏家臣帳にある）に矢を射かけられる。秋政は源太左衛門と知古の間であったと見え、「甲斐にあらずや、源太暫く待て、言う事あり」と言ったが矢は放たれ、秋政の左目に突き刺さる。津花峠で矢を抜き、六峰街道から岩井川の小崎の城に一宿、翌日は黒葛《つづら》原の民家で歓待を受ける。黒葛原を出て家代と七ッ山の境国見峠（九左衛門峠か）にて休息。

休息するも束の間、隠れて待っていた家代の被官甲斐与惣左衛門と手勢二〇〇人、一斉に攻めかかった。甲斐秋政に従っていた大野原亀山城主富高長義が二尺七寸の太刀をふるって獅子奮迅の活躍も多勢に無勢、秋政最後従容として腹を十文字に掻き切り自刃、長義以下柳谷らもこれに続いた。不思議なことに、勝ち勇む与惣左衛門にどこからともなく飛んできた矢が胸を貫き、与惣左衛門は絶命したとある。

立岩集落の中心部には由緒ある諸塚神社が鎮座する

耳川の支流柳原川沿いに遡上し、諸塚神社の鎮座する立岩集落で森田氏ご夫妻の出迎えを受けた。この人が彼の宗摂の血を引く人かと思えば感無量である。実は森田英治さんに会う前に、日之影町に伝わる宗摂の血筋の一人、八戸にお住いの森田千恵子さんご夫妻にもお会いしている。お二人とも気品ある顔立ちはさすがで、長い時間は経ったとはいえ、宗摂の子孫にふさわしい容姿とお人柄であった。

森田英治さんの家は旧立岩小学校の上の高台にあり、集落全体が見晴らせる場所、集落の中心部に旧七ッ山神社の諸塚神社が鎮座する。明治時代に諸塚山の山頂から遷座された由緒ある神社で、中世の頃に大白山信仰の祭神を祀るなど、英彦山系統の修験の場所である。大白山信仰の起源は朝鮮の祖神の降誕神話と関係があり、神社内にある古鏡がその証明として残されている。

その奥には、伊東三位入道義祐主従が豊後落ちした際に宿泊した立岩帯刀《たてわき》の屋敷跡、近くに立岩の甲斐氏の由緒を示す十一面観音の御堂もある。

諸塚村の森田家略系図
（※推定できる範囲において年次羅列）

女 ══ 長門守・和泉守 宗摂

宗摂の正室は俗に「おひやさま」と呼ぶ人である。知行地大人に伝わる伝承では、宗摂の浮気相手を家臣に命じ弓矢で射殺したとある烈女。大人周辺には宗摂の家臣として肥後から移住した者が多く、夫人は菊池氏族森田氏の出とみてもおかしくない。

甲斐小左衛門
縣高帳（年月不詳）高橋氏 三百石（席次十七番目の上士）

有馬氏の記録『国乗遺聞』に慶安三年（一六五〇）に都合七十石卸書甲斐小右（左）衛門とあるは同一人物であろう。有馬氏に再雇用されたが、元禄四年（一六九一）、同氏の越前移封により牢人となり、父祖の地「家代」に隠棲し森田の姓を名乗ったものと思われる。

守田与兵衛 ── 森田小左衛門 ── 八太夫（？）

守田与兵衛
国乗遺聞高帳（原城之役御供）
（中尾番面附にある森田與兵衛と同一人物）

森田小左衛門
高千穂小侍面付 元禄十一年（一六九八）御口屋役
※家代村

『国乗遺聞』に、寛永十五年（一六三八）の島原の乱に与兵衛の出陣記録があることから、岩井川中尾の河野家に伝わる「三田井家臣天正年中高千穂小侍番面附」（甲斐宗雪殿より願之通…都合百石の加増地宛行配…）とあり、康純（有馬氏）からの承諾書の宛名「森田與兵衛殿」の文書の信ぴょう性が証明できる。

十兵衛 ── 守田次右（左）衛門 ── 守田建蔵 ── 文（丈）右衛門

元治二年（一八六五）給地高一石（別書森田） 内藤氏小侍御足軽筆順名付帳 文久四年（一八六四）
合力米弐俵・山林役宗旨改（正徳二辰年（一七一二）・延岡御家中分限帳 九津見家文書）
宗門改帳 禅宗旦那寺 家代金鶏寺 ※御取立不訳 明治初年

諸塚村には森田姓は現在七ッ山の英治さん宅のみで、本願の地ともいえる家代《いえしろ》（エシロとも）にあるべき守田氏、森田氏の苗字はない。日向市や三郷町には、森田の苗字はかなり多く、宗摂の子孫はそちらに広がったと思える。

（二）

天正六年（一五七八）、高城川原の合戦（耳川の戦い）に勝利した薩摩勢は豊後大友氏の勢力下にあった肥後に侵入した。肥後の国衆（地侍）が次々と島津方に降る中で、一人孤塁を守っていたのは阿蘇の高森氏である。天正十二年、薩軍は兵三千で日向口の高森城を攻めるが、城主高森惟直（惟居）は知略によって島津軍を退ける。高森城攻めの困難さを知った島津は、隣接する高知尾の三田井氏に出陣を求めた。

その頃、高知尾の領主三田井親武は、薩摩島津氏と豊後大友氏という巨大な勢力の狭間の中で生き残りを懸けた難しい舵取りを迫られる。それまで大友氏の傘下で平穏な日々が続いた三田井氏周辺もにわかに慌ただしくなる。すでに三田井氏は人質を送って島津氏の勢力下にあり、朝秦暮楚《ちょうしんそぼ》（信念や主義が定まらずふらふらするさま）の厳しい状況の中で頭角を現したのは甲斐宗摂であった。

宗摂の出自を示す決定的な文書や系図がなく、謎の多い武将である。知行地であった岩井川

起請文中にある
宗摂の花押

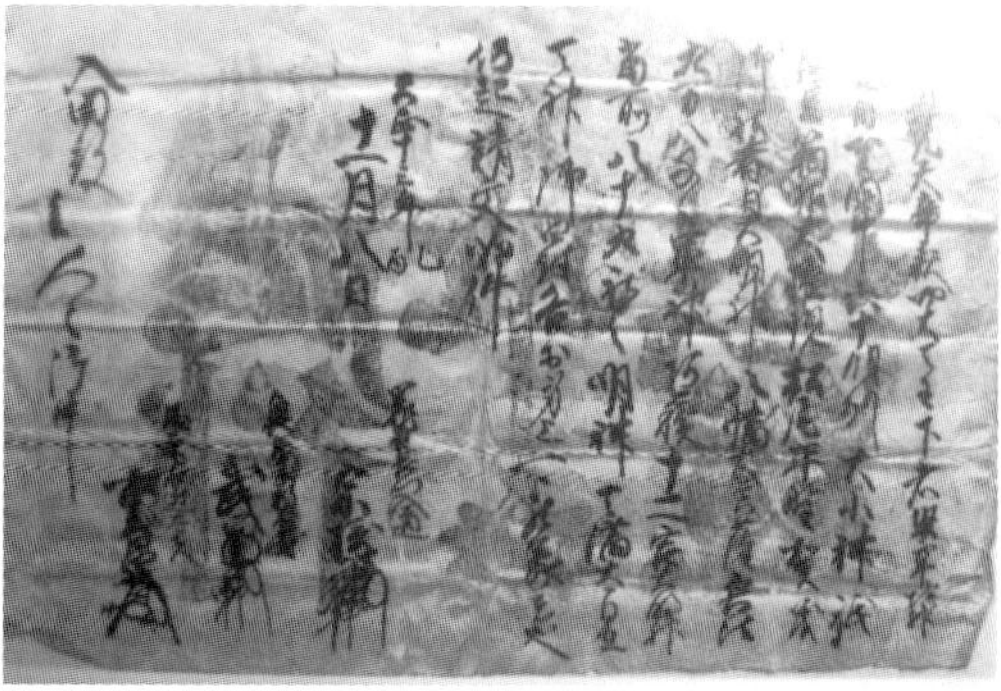
天正13年（1585）11月8日付の入田氏への
起請文（3枚のうちの1枚）

大人の地蔵堂にある棟札の写し（『日之影町史』木札修正）には、「甲斐和泉守入道藤原宗雪氏、天正年中三田井家臣ニシテ肥後國御舟城主甲斐宗運之二男ニシテ當村小崎城及加志原搦手高城岩城守君ニアリシガ文禄四年九月落名此上之地ヲ清地ニト清メ御墓築岩井川村中ニテ奉斎所之霊地也」とある。

子ども多かった甲斐宗運（親直）の嫡子親秀（宗立）に次ぐ二男とみても自然で、三田井家の家老格になり得たのはそのためであろう。そうであれば、肥後御船において歴戦不敗智謀の将父宗運の後姿を見て育ったはずで、三田井氏旗下において軍師的な役割もあったと推定される。

宗摂の活躍は豊後神原の入田氏十一代義実（宗和）の調略であった。島津の新納忠元を介して行われた入田氏の寝返りの画策である。大友家の家督をめぐる争い（二階崩れの変）で、父を殺されている義実にとって大友からの離反は当然とも思える。しかし、義実は武門の誇りもあり、簡単に節を曲げないひとかどの戦国武将である。

その義実を説得して盟約の起請文（『宮崎県史資料編　中世』）を書かせたのは、三田井家筆頭の要職にあった甲斐宗摂と興呂木武富、馬原重昌である。起請文は熊野誓紙と呼ばれるカラスの絵を刻印した和紙の裏に書かれるもので、それは神と契約することになり、誓詞を破れば地獄に落ちるとされている。入田氏の子孫の家に現存するこの起請文は文面の内容、表現ともに優れ、筆者の素養が偲ばれる一級の文書である。交渉にあたった甲斐、興呂木、馬原三名の連署花押の墨跡鮮やかで、大仕事の任を果たした彼らの面目躍如が読み取れる。

天正十四年（一五八六）一月、島津の新納忠元を総大将に二回目の高森城攻めが行われる。一回目の失敗もあるので、周辺の高森方の諸城を攻め落とす作戦がとられる。その命を受けた高知尾勢は甲斐宗摂と興呂木因幡が指揮を執った。この時、二瀬本の柏民部大輔も討たれたという。高森城の攻防は多勢に無勢で、高森惟直以下二百名が討ち取られて落城、悲しい柏姫の悲話も残る。

高森峠の五合目付近にある
高森城址の石碑

㈢

先日、諸塚立岩の森田英治さんから、古い墓が出てきたとの連絡を受けお訪ねした。墓石は家に向かう道路の上部にあり、寄せ墓で竿石を取り去った後の墓石群の中に埋もれていた。その中から宝篋《ほうきょう》印塔の隅飾突起や塔身部分が出土したが、上部の相輪や宝珠などは土中に埋まっていると思われる。出土したパーツを組み合わせると二組の宝篋印塔ができた。

長い間土中にあったためか石質は新しい。問題はこの宝篋印塔を建立した目的である。

出土した宝篋印塔

宝篋印塔は、支配者層の墓もしくは支配者の死後の生前供養のために造られた。この宝篋印塔が若狭守親基夫婦の供養か、横死した宗摂の追善供養のためか、あるいはこの地の実力者のためか、それは分からない。

甲斐氏系図（岩井川系図）に、甲斐親直（宗運）の弟に若狭守親基「立岩ニ城跡アリ」とあって、その子が親教と書いてある。この親基は宗摂以前の七ッ山の支配者であったようだ。諸塚村の歴史に詳しい諸塚役場の甲斐誠氏は、この親教こそ宗摂である可能性を指摘している。宗摂の年齢からして当を得た考えであろう。

周辺には諸塚神社をはじめ立岩城址、十一面観音堂や伊東義祐の豊後落ちの際に宿泊した立岩帯刀の館などの旧跡が点在している。森田家の下方は旧立岩小学校の跡地で、この地域には珍しい広場もある。郷士であったと思える広川家も小学校の先にあり、ここの周辺は立岩の中心地であった。

宗摂に関わりのある三つの城

宗摂に関わりのある文献や伝承から推測して、宗摂は三つの城を有したか、もしくは城主として歴任した。

まず岩井川の西北高城山の頂にある石山城。この城は古園の「下の城」に対する「上の城」で最終的な詰めの城の役割である。石山城は「高千穂四十八塁」に有藤氏の居城とある。この肥後出身と思われる城主有藤玄番頭信久は、天正一九年（一五九一）の仲山城落城のとき出勤して、宗摂手引きの高橋勢の襲撃に遭遇し華々しく斬り死にした青年武将である。有藤氏は宗摂と知古の人物であったと思えるが、仲山城攻防が夜討ちのような状況であったので双方戦ったのであろう。

家代での館は後に子孫の小侍守田氏が住んだカクイ（囲い）という地名の所で、現在「甲斐宗説居城家代城之跡」の記念碑が地元の老人クラブの手で建てられている。

(四)

甲斐宗摂の子孫について、「子の小左衛門は禄一千石を以て元種に仕え、高橋移封後は有馬氏に白石で仕えた……」とあるらしい。高橋氏の家臣禄（縣高帳・県史資料編）には、上席十七番目に三百石と甲斐小左衛門の名がある。

高橋元種は慶長十八年（一六一三）、猪熊大納言事件や水間勘兵衛事件などの責任を取らされ

三方を急峻な崖が囲む
天然の要害中崎城跡

金鶏寺下方の「家代城」跡

最後の城となった中崎城の本来の城主は宗摂の家臣小崎左衛門とするのが正しく、五ヶ瀬川からそそり立つ断崖は攻めるのは困難な要害で、寄せ手の大将水清谷四郎三郎（甲斐氏）は戦死している。

高橋元種が行った高千穂討伐の合戦

年　月	相　　手	戦　　況
天正19年9月（1591）	三田井親武（城主） 有藤玄番頭（石山城主）	甲斐宗摂の手引きで親武の寝所である中山の御内の御所に侵入、親武の首級を取る。有藤玄番頭以下憤死。三田井の淡路山花見城もこのとき落城、城主三田井筑前守正親と残党は茶屋の尾羽根に逃れるも追い詰められ、悉く討ち死にする。
	富高弥十郎長義（城主） 藤田左京（家老）	大野原亀山城に縣勢800で攻める。三方を岩戸川に面する断崖に囲まれた要害。家老藤田左京の知略で落ちず、高橋勢は岩戸川対岸の高台より鉄砲を撃ちかけ落城。藤田左京は城主富高長義兄弟を逃し、城を枕に自刃。
文禄２年９月（1593）	田尻市ノ正則種一族13人	一族は代々十社宮の社家、肥後御船の若宮社の神職にあった市ノ正は、兄弟一族で攻め手の高橋方河原、土師等に抗し浅ヶ部の猿伏、下野、三田井寺迫、一の祝子など各処に転戦するも一族悉く討ち死にした。
文禄３年８月（1594）	甲斐将監惟房（城主）	18の支城を持つ肥後国境亀頭山城（岩神城）は度々の合戦で落城しなかった名城。高橋勢も攻めあぐんだが識者の「生き城であるから亀の首にあたる部分を掘り切れ」との意見。そうしたら落城した。染野は激戦地、埋葬した千人塚もある。
文禄４年７月（1595）	甲斐和泉守宗摂河野、城尾、七折の甲斐氏等	宗摂が籠もる中崎城は三方が断崖上にある堅城。高橋は入郷の甲斐氏の水清谷四郎三郎に命じ兵二千（200人か）で攻める。守備の甲斐大内蔵は鉄砲で敵将水清谷を討ち取るも多勢に無勢で落城。城主宗摂は逃亡の途中、鶴の平で追っ手に囲まれ自刃。
慶長３年（1598）	坂本太郎兵衛、椛木の甲斐氏舟の尾の津隈氏	高橋勢は宗摂を攻める前に八戸城に籠もる坂本氏を、また椛木の甲斐氏（名前不詳）は琵琶の首という所で討たれた。このとき三田井氏の客分津隈越後守は山神峠の北波羅落野に逃れた。
	父甲斐敦政、子朝政、孫重安	宮水の囲城に本拠を置く敦政は、分裂した三田井氏家臣の中で反高橋の急先鋒であったため攻められ、親子孫三代宮水にて討ち死にする。
	富高大膳重長 富高主馬（一水氏の祖）	天正16年（1588）に父将監戦死の後、同19年には弥十郎長義など子息も討ち死にした。節を曲げずに高橋に降ることのなかった大膳は居城の岩戸永の内に攻められ鶴門にて討ち死に。富高主馬は山浦大猿渡の戦いで敵将長門某を弓で射落とした。

奥州棚倉へ配流となり、小左衛門は浪人となった。その後縣に入封した有馬氏に再雇用されたと推測される。『諸塚村史』には、元禄五年（一六九二）に有馬氏が越後糸魚川に転封された際、縣残留組の中に五十六石で甲斐小左衛門の名前があるが、村史ではこの間八十年ばかりの開きがあるので同一人物ではないとしている。

この問題は、日之影町中尾の河野家に伝わる有馬康純から森田與兵衛に宛てた通称「中尾番面附」と呼ばれる文書で解決できる。文書の日付が寛文二年（一六六二）とあるので区切りがとれる。この文書は日之影町岩井川中尾の河野家に伝わるもので、『高千穂特別記録文献資料3』に記されているが、筆者は実物を見たことがない。以前河野家を訪ね、当主の河野保夫さんと家中を丹念に探したが見つからなかった。

同文書は高千穂の郷土史を解明する上で重要な文書で、西川功先生が『諸塚村史』の編纂を行った際、文面の内容を鑑みて外された可能性もある。奥書から推測できるのは、「天正年間の宗摂による三田井親武襲撃に功労のあった者、あるいは同心した者への恩賞としての加増」を、宗摂の子孫である森田與兵衛が高橋元種に代わって入封した有馬直純の子康純に請求したことへの回答書で、「……先地五拾石ノ為都合壱百石ノ加増地宛行配全……康純（花押）」とある。

宗摂が排除されるのは当然として、子の小左衛門を千石はともかく参百石の上席に措《お》いたのは、高橋元種の人となりが表れている。三田井家を滅ぼした大悪人と高千穂では評価されているが、史実では面倒見が良く義を重んずる人で、奥州配流にあたっては多くの大名がそれを惜しみ嘆願書を出している。元種の律義な申し送りが後継の有馬氏へ託されたとみる。

森田與兵衛の存在は、有馬氏の記録『国乗遺聞』の「原城之役（島原の乱）御供……」に「守田与兵衛」とあるので同一人物として証明できる。延岡市の有馬氏研究家であった故橋よね子氏から頂いた調査録に、慶長十九年（一六一四）の大坂冬の陣に森田清兵衛の名がある。この年は有馬氏の縣移封と重なり、直純は島原日野江からの出陣であった。清兵衛は縣から大坂に参陣している。この清兵衛が宗摂の嫡子もしくは小左衛門同人と思われる。さらに、與兵衛の父か嫡子とみられる八太夫の名もあるが詳しくは分からない。

いずれにせよ、家代森田・守田氏が宗摂から連綿と続いた家系であることは間違いない。

豊臣秀吉の九州仕置きが高知尾の歴史を変えた。新しい支配者高橋右近太夫元種

日本の「中世」と呼ばれる時代の終焉のきっかけは耳川の合戦であろうか。この戦の勝者薩摩島津の勢力は北上し、豊後の大友氏の支配地域あるいは影響下にある地域を次々に侵食していく。支えきれなくなった大友宗麟は豊臣秀吉に助けを乞うた。その頃、島津と大友の合戦の戦場は北部九州であって、この地域の在地大小の勢力は敵味方になって争っていた。

豊臣秀吉の介入によって九州の秩序が回復した時、勢力図は一変し新しい支配層が決まる。いわゆる

豊臣秀吉による九州仕置きである。秀吉の勢力が九州に入ってきた際、うまく立ちまわった勢力は大友側、島津側に限らず生き残ることができた。黒田、小早川、佐々など九州以外からの勢力は別として、九州在地の大友、筑紫、蒲池、立花、相良、宗、鍋島、五島、松浦、大村、有馬、伊東、秋月、高橋と島津の諸将らである。

彼らが生き残れた一番の要因は「運と見極め」が良かったことであろう。運はこのとき、北部九州という場所にあって戦っていた者、見極めは、一時は秀吉と敵対し島津旗下にあった者でもいち早くその戦力、時代の移り変わりを悟り秀吉に許しを求めた者は幸運であった。反対に不幸であったのは、九州の中原ともいえる肥後の勢力である。後に秀吉の出した「惣無事令」に背くことになるおよそ五二の肥後国衆は、争った新しい支配者佐々成政と喧嘩両成敗として排除された。

阿蘇氏旗下で活躍していた甲斐氏一族もその憂き目にあう。高知尾における三田井氏も時代の潮流に乗ることはできなかった。三田井氏が戦国大名として南北朝時代の活躍のように打って出ていれば、可能性は低いにしても生き残り得たかもしれない。家臣筋であった甲斐氏の存在があまりにも巨大化して、その陰に隠れてしまったことが没落の要因と思える。肥後出身で、各所に転戦しかなりの情報を持っていたと思える甲斐宗摂がとった裏切りの行動も理解できるような気がする。

幸運な一人は高橋右近太夫元種であろう。筑前の秋月種長の子で大友一族の名籍高橋氏に入婿したが、舅の鑑種が故あって大友氏に離反したため毛利方、後に島津方に与した。島津降伏時は豊前の香春岳城主であったが、いち早く兄（甥とも）秋月種実と共に秀吉に許しを乞い、九州仕置きで天正一五年（一五八七）、縣（延岡）に五万三千石で配置された。

天空の村 樅木尾

6の章 山の民の系譜
——技能集団

小椋［おぐら］氏

惟喬親王《これたかしんのう》のお墨付きを得て山中を自在に。轆轤《ろくろ》を挽《ひ》いた山の民・木地師

学問の神様菅原道真が愛した梅の花をモチーフにした梅鉢紋、多くの人が用いている。梅鉢というのは五つの花弁の中央にある雌しべが太鼓のバチに似ているところからつけられた。

（一）

室町時代応仁の乱（一四六七〜七七）以降、戦国時代にかけては日本国中、人々の往来が最も盛んな時代だった。戦に敗れた諸国の浪人は主を求めて諸国を放浪し、また中世から近世に変わる時代の転換期で、多くの文化が花開いた時代であった。

世の中は戦にあけくれる一面華やかで、芸能、芸術は民衆パワーの中から起こり、戦国の武将は、たしなみとしてこれを受容し、今日残る日本の伝統的な技術や芸能の多くはこの時代に確立されたといっても過言ではない。戦乱が、技術革新や芸能を育んだといえる。その最たるものが、茶道や能、出雲の阿国《おくに》の歌舞伎であり、また、刀鍛冶や鉄砲、築城の技術、軍資金と

しての鉱山の開発であった。

また、生活に必要な衣食住も改良され、多くの物資の需要が高まり、それらを製造する技能集団が活躍する時代でもある。それらを手掛けた人たちの多くは、高度な技術を持った渡来朝鮮系の人で、主に近畿地方にその集団がいた。

近江の国（滋賀県）の国主六角佐々木氏は、それらの集団を庇護し、やがてその技術は穴太衆《あのう》（阿野とも。石垣築城の技術を持った集団）や、軍陣《ぐんじん》の土普請《つちぶしん》を業とした黒鍬《くろくわ》（者）らに継承された。

それらの一党に、食具の木器（膳、椀、盆）を轆轤を使って製造する集団がいた。技術を生かし、鉱山で鉱石を分離する淘汰鉢《ゆりばち》の生産もした。それらは、戦国大名の戦略と結びつき、全国に分散してゆく。彼らは鉱山の開発も手掛け、ある者は漆塗りの技術を手掛けたが、主流は轆轤を使った食器の生産を生業《なりわい》とし、呂久呂師、木地師、六郎、小六の名称で呼ばれている。

木地師は、食器生産の必要から当時の権力者に保護され、各地を自由に渡り歩くことができ、原料となる樹木の伐採も山八合目以上は自由に伐ることができた。

この木地師（屋）は小椋姓を名乗り、その始祖伝承は次のように語られている。

文徳《もんとく》天皇（在位八五〇～五八）の長子惟喬親王は清和天皇との皇位継承に敗れ近江の国に逃れた際、随伴した藤原実秀《さねひで》に小椋の姓を与えたという説と、惟喬親王の子、小倉王《おぐらおう》の子孫が小椋氏、小倉氏、巨椋《おぐら》氏とも伝わっている。なお、渡来系の大蔵氏にもその伝承がある。

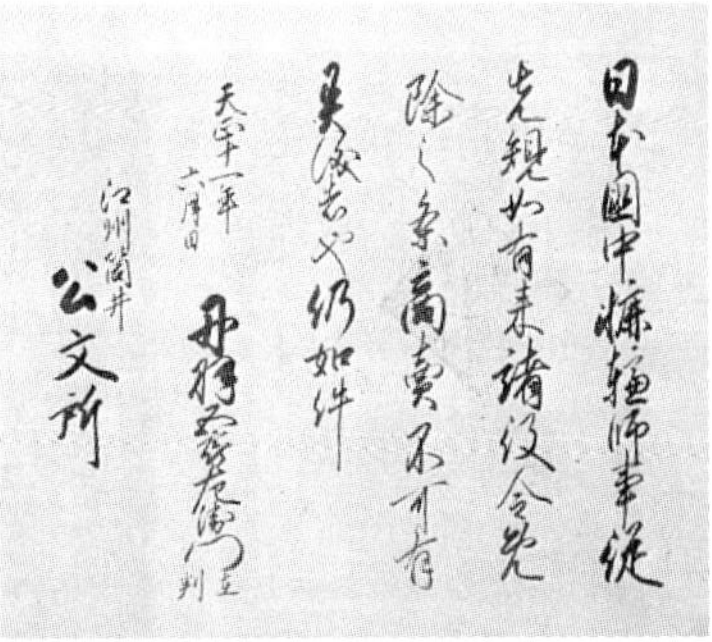

三ヶ所坂狩の小椋家に伝わる由緒書と祖神惟喬親王像（上。泉房子提供）が入った箱

祖神を不遇の惟喬親王とし貴種の力を借り、自らの由緒を示すお墨付きを得て全国の山を往来した。見知らぬものが深山で作業を容易にできたのもこのお墨付きがあればこそであった。

遠く故郷を離れ山々で木挽《こび》きをし、漂泊する生活であったが、しきたりは厳格に守られ、木地師になるには中世の武家社会同様、烏帽子《えぼし》、直垂《ひたたれ》による古風で厳粛な儀式が行われた。木地師の免許状は、その由緒を示すため、箱の蓋に皇室の御紋章である菊の紋を印している。

(二)

小椋一族は全国に分散してゆくが、ある者は鉱山開発をしたり、木挽きによる食器の生産で生計をたてたり、中には、武士団として戦国大名になった洞《ほら》が峠で有名な筒井順慶《じゅんけい》のような人物もいる。また、近江商人として有名な三井家(伊勢の出だが本家は近江)、井筒屋なども小椋氏に関係があるようだ。

小椋氏の総支配は、先祖の地である近江国小椋荘の蛭谷《ひるたに》と君が畑の二カ所にあり、それぞれ系統別に祖神への奉賀料が納められた。

西臼杵に残る地名も木地師に由来する地名が多く、五ヶ瀬町の波帰には木地屋谷とか木地ふじ屋敷の地名があり、また、鞍岡の木合屋《きごや》や岩戸の土呂久なども木地師に由来する地名と思われる。

五ヶ瀬町は小椋氏を名乗る家が多く、『五ヶ瀬町史』によれば、明治三年(一八七〇)の木地師寄進の「氏子駈帳」に、鞍岡山にいた木地屋弥三右衛門《やざえもん》以下十三人の寄進の記録があり、また岩戸寺尾野の延岡内藤藩山林下役・工藤元右衛門の子孫登旦《のりかつ》さん所蔵の古文書に、鞍岡の木地屋・長右衛門に宛てた、宮水代官所の木材伐採の許可書がある。五ヶ瀬町の小椋家は、日之影町追川から三ヶ所内の口へ移住しその後、明治に坂狩と長迫に定着されたそうである。

小椋本家と伝わる、坂狩の小椋孝夫さんの家系は蛭谷系統の小椋氏で、由緒ある家柄をしめす。地方一国の頭領が所持する由緒書や免許状や、祖神惟喬親王の木像が祀られている。また、長迫の小椋幸四郎さんの家には、木地師の道具が保存されていた。この道具は、現在五ヶ瀬町の自然の恵資料館に展示され、人形を使った木器造りの作業を見ることができる。

轆轤を挽いての木器づくり作業

轆轤の拡大図

唯一の動力である轆轤を相方が紐で引っぱり巧みに回転させ材料を削って整形して器を削り出す仕組み

広島・廣島(嶋)［ひろしま］氏

その技、竹ひご一本に伝う用の美は世界を魅了する。

廣島氏の代表紋は丸に橘紋(上)、樅木尾廣島氏は抱き茗荷(下)を用いている。

(一)

緑に飲み込まれてしまいそうな集落が点在する日之影町分城《わけじょう》地区は、九州山地の真っ只中にある。重畳《ちょうじょう》の山塊が重なるこの地域が、かつて交通の要衝であったとは現代の我々には想像だにつかない。

古い時代、平地を通ずる道路が一般の道路であったとすれば、山の尾根伝いに踏み分けられた道路は最短コースで、当時のバイパス道であった。因みに、ここより肥後の馬見原に酒一斗甕を買いに行った人が、日帰りできたとのこと。この山の往還は、現在「六峰街道」と呼ばれる広域基幹林道となって、平成元年(一九八九)に蘇った。

道のべの野佛が案内してくれる

牛馬の背に生活物資を載せて運ぶ駄賃付けは、大平《だいら》－立石－三本松－鳥打場《とりうちば》－石峠《いしとうげ》－椎野－宇納間（北郷村）に、また石峠－中小屋－家代（諸塚村）へも通じた。中継地の中小屋には駅逓《てい》の宿屋や飲食店が建ち並び賑わった。

文化は、これら尾根を伝い、峠を越えてはいってきた。特に、規制そのものがなかった戦国時代は自由で、人々は生き生きとしていた。人の往来は盛んで、高千穂郷に残る文化の源流はこの頃持ち込まれたものが多い。この山の道を全国から、落武者、牢人者、僧侶、商人、修験者、鷹匠、金山師、傀儡子《くぐつし》が通った。山八合目以上は天下御免の木地師もはいった。山を流浪するサンカの人たちの姿もあった。

天正年間（一五七三〜九二）、島津に敗れて敗走する豊後大友軍も、この尾根を越えた。肥後を追われ薩摩を目指す甲斐兵庫頭秋政主従、大野原亀山城主冨高弥十郎長義の一行は、家代越えの峠で落武者狩りの同族甲斐与惣左衛門に襲われ自刃した。狼に襲われた山伏の名がついた九左衛門峠、吉野の盲僧もこの峠で無念の死を遂げた。弘化二年（一八四五）、この地を訪れた本草学者賀来飛霞《かくひか》は「座頭神《ざつかみ》」として記録している。旅人を襲う盗賊の話も多く、「お龍」という女盗賊はこの峠で捕まり斬られた。

　廣島氏はこの分城地区の最上部、樅木尾にいつの頃からか住み着いた。偉大な長距離ランナー廣島庫夫《くらお》、廣島日出國が生まれたのは北郷村宇納間と思われるが、その本家は樅木尾の廣島氏である。

天空の村樅木尾

　樅木尾は、終戦後までは八戸七十人ばかりの、現在は四戸ばかりに減ってしまった集落である。分城の最奥、標高七〇〇メートルの高地であるが、水利に恵まれ自然石で巧みに築いた棚田が整然と山の斜面を覆う。向かいの東側尾根に中小屋の天文台の塔が光り、南側を見上げれば九左衛門峠を経て諸塚村に至る。

　このような場所であったから、何かあれば宇納間や家代に頼った。嫁のやりとりからお寺、獣医がそうである。村に伝わる「高鍋おどり」「宇納間おどり」も峠を越えて入ってきた。

　樅木尾の村道の脇に「若宮様」という塚がある。祠には「君宮八幡高林一」と刻まれている。嘉永元年（一八四八）、廣嶋武平治、廣嶋宝助、彦吉、劔次良、万蔵、鉄蔵ら連名で先祖供養の立派な角婆塔（※角塔婆?）を建てている。それより二十年前の文政十一年（一八二八）に宇納間村の廣嶋氏が建てた供養塔もある。これより推測して、廣島一族の尊信厚いこの「若宮様」が、廣島氏の先祖と思われる。

角婆塔を建てた武平治（廣島達秀《たつよし》氏の四代前の人）の父は甚之丞《じんのじょう》という延岡藩の小侍である。甚之丞の両親の墓石までは判明できたが、それ以前の墓石は発見できなかった。

廣島聖雄氏は、先祖は豊後から来たと話しておられたが、そういえば大分県出身の相撲の大関千代大海は広嶋という苗字である。山中に珍しい廣島という苗字であるが、先祖を特定できるものは何もない。村はずれの巣山神社から鷹匠か、近くの鳥屋《とや》の平《ひら》にあった鉱山関連からの金山師か、また江戸時代初期有馬氏が導入した炭焼きを教えに四国から来た技術者か、さらには豊後から入山した茸山《なばやま》師の末裔かと、勝手に想像をめぐらした。

樅木尾の暑い夏の日　ミツバチは総出で樽の冷房をやっていた

高度成長時代以来、生活に必要な用具の多くは化学製品になってしまった。それ以前、大半の道具は身近にある山の産物を加工して作られた。特に竹は加工しやすく弾力があり、編むことができる特性から容器を中心に生活必需品が作られた。

それらショウケ、箆類は機能美を備えた美しいものであるが、昔は目に止まらなかった。それが、伝統の工芸品として注目されだした。そのきっかけをつくったのが、日之影町で商店を経営する中村憲治氏と樅木尾出身、現在八戸で竹製品を製造している廣島一夫氏の出会いである。

(二)

昭和三十年代頃まででであろうか、山を渡り歩く漂泊の集団がいた。サンカと呼ばれる人たちで、山に産する竹や藤《とう》、蔓《かずら》を用いた籠《かご》、ショウケ、箕《み》を作り里へ降り売り歩いた。製品は、丈夫で使い勝手がよく、伝統の造形美を備えていた。しかし、サンカの人たちは定住せず一般の人たちと交わらなかったので、補修修繕は容易にできなかった。

当時サンカの人たち以外で、籠、ショウケ、桶《おけ》造りなど、現在用語ですき間産業とも呼べるこれらの仕事を担ったのは障害者の人たちである。貧しい農山村で身体にハンディを背負い自立していくためには、早く手に職をつけなければならなかった。手足が不自由な者から聾唖《ろうあ》の者など障害を持つ人は、学校教育もそこそこ、徒弟《でっち》奉公に出され師匠についた。

日之影町八戸で竹製品を製造している廣島一夫氏もその一人である。大正四年（一九一五）、樅木尾に生まれた。幼い頃股関節（脱臼）を患い奉公に出された。師匠のもとで、見様見真似で竹を削ぎ籠を編んだ。集落から集落を廻り、民家の軒下を借りる渡り鳥の生活の中で修行が続いた。

昭和七、八年頃はどこの地域でも渡り職人がいたが、多くは廣島さんと同じような障害者であった。師匠もそうである。彼らは身体の不自由さを払拭するように枝を手先に込め、「脇の者《モン》より良いものを」をめざし手抜きをしなかった。同じ竹細工の職人で、廣島さんが尊敬する牛《うし》ドンという腕のいい職人もいた。日之影町以外にも、牛ドンのような竹細工の名匠が多かった。

仕事場の廣島一夫氏

後に日之影を訪れたアメリ

カのスミソニアン協会の研究者ルイーズ・コート女史は、東南アジアで籠の伝統がある地域を見て回ったが、これほど精密で美しいものはないと言った。

戦後、高度経済成長の時代に、これらの物資は化学製品が代用することになり、竹で編まれた籠ショウケは徐々に姿を消しつつある。それとともに職人も減った。また、サンカの人たちも戦中の配給制度の中で定住を余儀なくされた。

廣島一夫氏の作品

都会の会社に就職していた中村憲治氏は、母の急死で日之影に帰り家業の中村商店を継いだ。将来の展望として観光という視点から籠ショウケ類の収集を始めたが、その縁で廣島一夫氏と出会った。中村氏は収蔵した廣島氏の作品を陳列、それをきっかけに多くの人との出会いとなった。廣島氏の素晴らしい細工はテレビの特番に取り上げられ、英訳されて海外に放送された。

さらに、ジャパン・ソサエティ（日本協会）の視察等から前述のコート女史の目にとまり、中村氏を通じて廣島氏との出会いとなり、竹細工はアメリカのスミソニアン協会国立自然史博物館文化人類科に、百点が製作道具と共に保

廣島一夫氏等の作品を集めた竹籠資料館

存されることになった。

　ワシントンポストの美術評論家ポール・リチャード氏は、廣島氏の竹細工を評して、「なんと彼のデザインの見事なことか……中略……このような民族芸術の中でもこれほどエレガントな作品らと出くわすことはめったにないであろう。廣島氏を幾何学者と呼んでも良い……彼の配置する飾り方は常に完璧である――見せ掛けの安ぴかなどを用いない……彼は決して細部にも手を抜かない。彼の手掛けた作品のふたはきちんとはまり……水筒は漏れたりしない。近道して作った籠を彼は〝偽もの〟と呼ぶ」と、最大の賛辞を書いている。

　作品は全米でも巡回展が開かれ好評を博し、さらに、大英博物館にも所蔵されることになり、文化人類学上一級の資料となった。廣島氏は労働大臣が選出する国の卓越した技能者「現代の名工」に選ばれている。衰退期にある日本の伝統工芸が、二人の力でかろうじて後世に記録として残されようとしている。

㈢

廣島氏のルーツを追って北郷村に行った。細宇納間の甲斐寿氏の案内で村内各所の廣島家や遺跡を訪ねた。甲斐氏は国鉄（現ＪＲ）を退職後消えていく郷土の歴史を記録しようと、管内の墓石や寺院の過去帳を調べて家系を系統だてて著し、一冊の本にまとめられた。近くにあった巨木になぞらえ『柏《かしわ》と樫《かし》と椢《むくろじ》と』という労作である。

それによると、細宇納間には二戸の廣島氏があった。屋号は出口という広島家の初代は忠右衛門といい、江戸末期に樅木尾から来た人である。もう一つの広島家の墓誌には明和九年（一七七二）伝助倅とあり、戒名は浄円とあった。こちらもルーツはモンギュウと呼ぶ樅木尾出身の伝助なる人であるようだ。

宇納間からひと山越えた所に長野地区がある。村のはずれに薬師堂があり、寺内には古い宝篋印塔や六地蔵があって歴史の古さを物語っている。その隣に、ローマ五輪を地下足袋で走ったマラソンランナー広島庫夫氏、現沖電気総監督の広島日出國氏を輩出した広島家がある。現在の当主は広島良次氏で日出國氏の弟、伯父は庫夫氏、元村議の山崎實氏は庫夫氏の弟。いずれも走り方は群を抜いていたらしい。良次氏と山崎氏の話では、この長野広島氏の先祖も、樅木尾から三、四人でこの地に来た人の末裔とのことであった。

伊木［いき］氏

栄華を極めた山浦の鉱山《やま》。握ったのは象のシッポほど。大鉱脈が地下に眠る

伊木家の先祖は伊勢（三重県）から来たと伝える。家紋は「抱き茗荷」（上）である。伊勢志摩は中央構造線が伊勢湾から地上に出る場所にあり鉱物資源に恵まれているので伊木氏が金山衆であった確率も高い。金嚢の家紋（下）は土呂久の金山で財をなした守田三彌之助の家紋。いかにも「夢買い長者」にぴったりの家紋である。

(一)

高千穂郷十八カ村の一つ山浦村（山裏。現在の高千穂町上岩戸地区と日之影町見立地区）は、宮崎県の最北端にあって、祖母傾山系の連山を隔てて大分県と境を接する。この山系の地下には日本有数の金属鉱床が通っており、大福《おおぶき》（大吹）見立錫山、登尾（萱野）鉛山、黒葛《つづら》原鉛山等の鉱山が点在する。

豊臣氏が滅び徳川家康により江戸幕府が開かれると、今まで戦国大名のもとで金山《かなやま》衆と呼ばれ鉱山開発に従事していた人たちは解き放たれた。江戸時代初期、元和年間から元禄時代（一六一五〜一七〇四）にかけて鉱山の未開発の地域は金山衆にとって魅力ある行き場所で、一攫千金を目論む山師は全国の原野を闊歩《かっぽ》した。

祖母傾山系両面の広大な地域もそうである。大福谷には甲州（山梨県）武田金山衆の系譜をひく高見但馬（高見三郎五郎安利）が金鋪《かなしき》を掘った。見立では馬場折右衛門が錫の鉱脈に行きあたった。岩戸村の奥古祖母山の中腹、土呂久（外録）には、豊後府内（大分市）の商人（諸説あり）守田三弥が銀鉱を発見した。

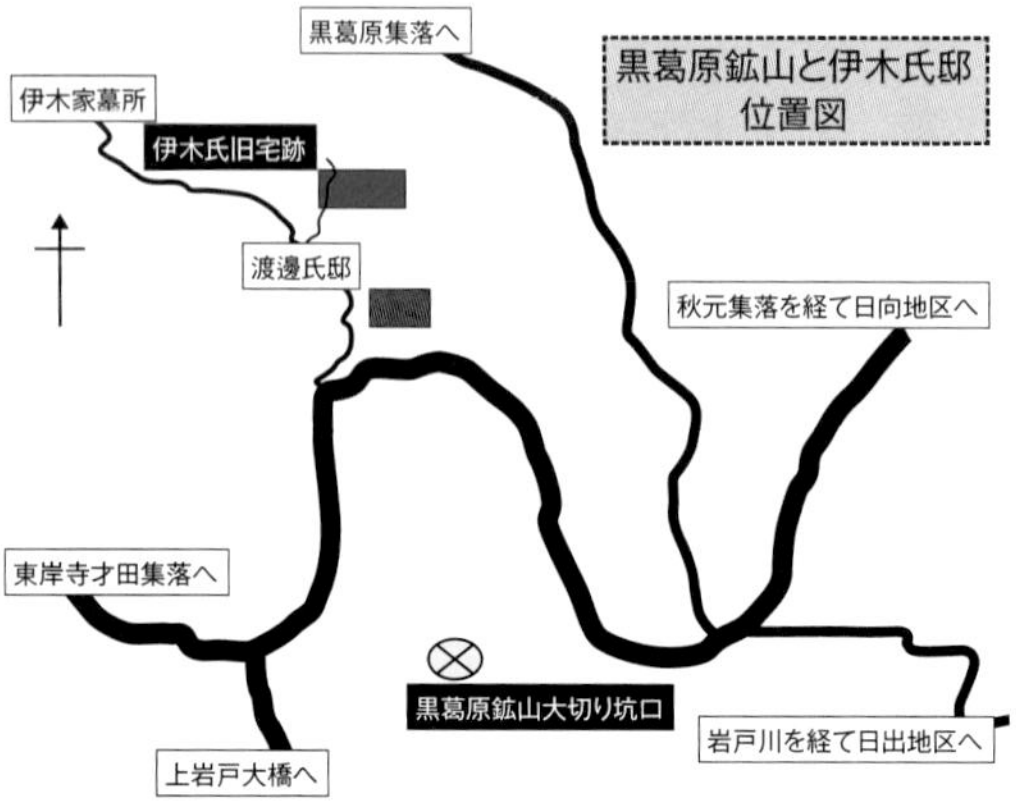

本谷山からの源流岩戸川沿いの登尾、黒葛原鉱山にも金山衆の一団が入った。伊木氏の一族である。伊木家の伝承では、発祥の地は伊勢（三重県）で最初豊後に入り、山を越えて山裏に辿り着いたと伝わっているが確証はない。
先日、伊木氏を継承する岩戸笹乃都の伊木舟生氏の案内で、上岩戸黒葛原の伊木家旧宅跡を訪ねた。現在、黒葛原集落に行くには東岸寺、才田の集落を通る県道を岩戸川沿いに遡るコースがあるが、江戸時代はひとやま越えた土呂久からの道が本道であったようだ。その土呂久からの道は集落の尾羽根に出る。しばらく東に向かいこ

岩戸の伊木家に伝わる位牌

上岩戸の黒葛原にある伊木氏旧宅跡

下方の谷あいに坑道の跡があり、金山の管理に一番都合の良い場所であったようだ。屋敷の上手に伊木家の墓所がある。今は上寺の同家の新しい墓所に墓石は集めてある。

墓所の中に遊女（女郎）の墓があり不思議な話が伝わっている。自分の子を養うことのできない薄幸の遊女が死に、その霊が誰かに子どもを預かってくれと哀願する。そのため、子どもを抱いた地蔵を刻み伊木家で供養している。それは安らかなほほえみの石仏であった。

こより下方の集落と岩戸川に落ちる断崖中腹に掘った金山の鋪《しき》（坑道）の上に出て、さらに次の集落秋元に向かってつづら折りの道を下ることになる。これが黒葛原の地名の語源と思われる。

面白い話が伝わっている。ある日、延岡の殿様が領内巡視のため黒葛原にやってきた。鉱山の巡視を終えて帰る村の途中で殿様は、駕籠を降り家臣の一人に「あの尾根までどちらが早く駆け着くか、足競べをいたそう」と言って垂直に駆け上がった。結果はどうなったか分からないが、健脚の殿様がいたとしたら愉快である。近世、延岡藩にとって山裏の鉱山事業は重要な産業であったので、このような話が伝わったのかもしれない。

伊木家の旧宅は集落の下、金山の鋪の近くにあった。今は呉《くれ》竹が繁茂して往時を偲ぶこともできないが、石垣の根元に転ぶ石臼が生活の息吹を伝える。ほぼ三百年ここに金山を生業《なりわい》とする暮らしが確かにあった。

伊木舟生氏宅には古い位牌が伝わっている。長さが三〇センチほどの立派な作りで、かつては金箔が貼ってあったようだ。表側の戒名は「金吾身譽宗禅定門神儀」と読め、裏に「寛永拾八年辛巳年卯月廿五日」（一六四一）と没年が刻んである。年号からして黒葛原に最初金鋪を掘った伊木氏初代吉兵衛の位牌であろうか。

（二）

伊木と書いてイキと読む。語源は壱岐国（島）のイキに通ず。古い時代の壱岐直《いきのあたい》の子孫や、藤原氏や清和源氏の流れを引く系統もある。

言い伝えによれば、山裏伊木氏の遠祖は伊勢（三重県）から来たということである。伊勢の近く尾張国（愛知県）に伊木を苗字とする戦国武将がいる。それは伊木忠次と伊木遠雄《とおかつ》である。忠次は尾張の住人で香川長兵衛（清兵衛とも）と称した。忠次は織田信長に仕え、美濃の斉藤氏攻めで大功を上げ伊木山城（岐阜県各務原市）を得た。忠次の本姓は香川氏であったが、信長は

山浦伊木氏略系図（記録に残る人名を年代順に記す）

伊木吉兵衛 ―― **吉之丞** ―― ・・・

- 伊木吉兵衛：黒葛原鉛山
  有馬様御代元和六年（一六二〇）仕事初め
  数年相稼候えども水気多し（六ヶ鋪）
- 吉之丞：寛永十一年（一六三四）
  吉兵衛の倅鋪の大水を断ち切り三年操業（相稼ぐ）

？ ―― **金三郎**

- 金三郎：同姓　金三郎　四年操業、
  その後途絶えて元文五年（一七四〇）より再操業

？ ―― **金兵衛**

- 金兵衛：登尾鉛山（本山・玄番山・谷之山・追越山）
  有馬様御代元和元年（一六一五）田中新右衛門、伊丹徳右衛門仕事初め四年操業。
  その後延岡北町の中山惣市、竹屋藤右衛門、柳屋五左衛門水抜き成功し大いに繁盛。
  引き続き伊木金兵衛、桑野五郎右衛門、山本六兵衛、渡部七之丞、操業後に休山。

伊木半三郎 ・・・・・・・・・・・・・

- 伊木半三郎：登尾内枝木半田山　元和九年（一六二三）半三郎仕事初め

？ ―― **伊木吉郎右衛門** ―― ○ ―― ○ ―― **伊木常右衛門**

- 伊木吉郎右衛門：高千穂小侍面附　元禄十一年（一六九八）
  山廻り役
- 伊木常右衛門：延享四年（一七四七）牧野氏「牢人者小侍姓名書扣」に
  内藤家文書（県史）高千穂小侍足軽川内名小侍給地給米に
  「山裏村小侍弐人扶持」

伊木源三郎宗久 ―― 以下略

- 伊木源三郎宗久：弘化四年（一八四七）今藤薬師堂棟札

【注】出典は『内藤家文書』（県史他）伊木家の墓石、伝承による。

地名の伊木《いぎ》の苗字を名乗らせた。後に織田氏の将池田恒興の配下に置かれ、子孫は大名並みの家禄で岡山藩池田氏の筆頭家老を務め、その家系は明治まで続いた。

伊木遠雄は豊臣秀吉に仕え、賤ヶ岳《しずがたけ》の合戦で七本槍の面々より先に柴田勢と太刀打ちする活躍を見せたが、出世をあまり望まぬ人であったようだ。関ヶ原合戦後は牢人となっていたが、請われて大坂城に入城し秀頼に加勢した。真田氏の軍監に任じられ、名将幸村旗下で真田丸に立て籠もり存分の戦いの後、天王寺付近で自刃したという。子孫の一部は真田信繁の兄（幸村の父）信之に仕えたとある。

これらの伊木氏と山裏伊木氏との関係を示すものは何もない。あるとすれば戦国の世が終結し徳川の安定した時代になり、落ち武者あるいは牢人となった敗者側の武士の一部が新しい稼ぎの手段として、金山《かなやま》を求めて山師になった者もいた。伊木氏もその一人であったのかもしれない。

気になるのは、山裏伊木家に伝わる寛永十八年（一六四一）入寂の位牌の主「日光院殿前金吾身誉宗禅定門神義」なる人物である。位牌と戒名の立派さから、戒名の主は領主クラスかそれに近い者と推定されるのである。

ヤマ（鉱床）を求め岩戸村や山裏村に入った山仕（師）は土地の者ではない。全国諸所から来たよそ者である。

彼らが元和年間（一六一五～二四）の短い期間に相前後して高知尾に入ったのは奇異であるが、おそらく銀山衆と呼ぶ彼ら集団の棟梁たちは鉱脈の存在、「あそこにある」という情報を共有していたかあるいは情報の交換をしていたのかもしれない。

㈢

かつて戦国大名大友氏が築き南蛮文化も残っていた商業都市豊後府内（大分市）の木賃宿の一室に、大小を差した屈強な男数人が集まった。蝋燭《ろうそく》の明かりの下に置かれたかじかみ（和紙の一種）には、墨字で大まかな地図が書かれている。南端の五ヶ瀬川に向かって流れる支流は、東から綱の瀬川、見立川（この頃は見立という言葉はない）、岩戸川と分岐した土呂久川が描かれている。北端には大崩、傾、本谷、古祖母、障子、祖母の山々が特徴的に描かれ、谷と谷とを隔てる尾根筋を境に各自持ち分となるエリアが朱で書きこまれている。

その地図を見る面々は、高見但馬安利と加賀津兵庫介、馬場新右衛門等の甲州金山衆の一派。隣には豊後府内の城主竹中氏の支援を受けた守田山弥助氏定が、その向かいには伊勢から来たという伊木吉兵衛と伊木半三郎の兄弟、摂津あたりの出であろうか上方なまりの田中新右衛門と伊丹徳右衛門が着座していた。

山割りは争うこともなく淡々と進められ、それぞれの仕事の場所が決められた。広大で深山

かつての豊後往還

上岩戸、三合から岩戸川源流に沿いながら登尾に向けて登る。道路の横に階段状に開かれた屋敷跡が延々と続く。ここに代官屋敷や馬場、山神（金山彦神？）を祭る神社もあった。古文書には二千軒の家屋もあったとある。現在の地名も「上町谷」と呼ぶ。

幽谷、人跡未踏のこの地域はいずれのエリアが選ばれても山師を満足させるには十分であった、……とこれは筆者の勝手な推測である。

当時の領主有馬氏には鉱山管理の経験が未だなかった。鉱脈の権利は勝手次第、発見者は領主に届け出て公納の歩合を決めれば発見者の所有となったようだ。

伊木吉兵衛、半三郎兄弟が得た鉱区は土呂久谷より山越えし、豊後往還尾平越に至る途中の岩戸川上流の一画である。また、三合の谷を境に上流登尾の鉱区は、田中新右衛門と伊丹徳右衛門が手にした。

伊木一党を束ねる吉兵衛の「吉」という文字は、金属加工を生業とする金屋（鋳物師・鍛冶屋）が好んで付けた名前で銀山衆もそうである。源義経を奥州平泉まで連れて行った金売吉次の話は有名である。

吉兵衛の一行は弟（？）と吉兵衛に従属する奉公人数名。奉公人は金堀に必要な金子・大工・手子・樋引・山留・寸甫《すんぽ》（寸法・測量士）、鍛冶の仕事をする練達者で最盛期を過ぎた石見《いわみ》銀山（島根県）、但馬生野銀山（兵庫県）で操業の経験のある者たちばかりである。金堀の仕事に用いる道具は重くて多い。それらは馬数頭の鞍に結び付けられていた。一行はあえぎながら尾平峠を越え、黒葛原の集落に着いた。

黒葛原集落には数軒の農家があった。吉兵衛は村の長《おさ》と思しきオカタ（お屋方）殿佐藤某に滞在と採鉱の許可を願った。聞けばこの者は、大友氏の縣土持攻めで活躍した佐藤上総守という者の子孫であるという。雨露をしのぐ掘立小屋も完成し吉兵衛は佐藤氏の娘を娶《めと》った。舅となった佐藤氏の手配で鉱床探しが始まったがなかなか鉱床は見出せない。すでに登尾に入った田中新右衛門と伊丹徳右衛門は有力な銀鉱脈を発見し、本山、玄番山、谷之山、追越山の四カ所に鋪《しき》（坑道）を開き操業していた。

元和六年（一六二〇）春、身重の女房に男子が誕生、名前は吉之丞と名づけられた。その喜び湧く席に有望な銀鉱の発見が知らされた。

彼らは露頭から鉱脈に沿って掘り進む古来の方法で操業を開始。鉱床は黒葛原集落の地下を縦横に走っているが、祖母山系からの地形が下り鉱床になっている。そのため坑道は先下がりで排水とは逆となり、採掘は困難を極めた。

そこで、鉱脈に直角にきり当てる方法や方位を立てて外部から掘り入る寸法切りなどの新技術が導入された。この寸法切りの導入によって坑内より横に分岐する枝坑の開削が容易となり、操業は順調に推移した。吉兵衛の弟半三郎も登尾の内枝木半田山に銀鉱を発見し、鋪を開き操業を開始した。

黒葛原鉛山の一番の問題は山全体水気が多いことである。祖母山系の水脈は鉱山の中を通っていて、掘れば水が湧き出るのである。また水気が多いことは落盤崩落にも結びつく。排水には樋《とい》を利用したが、下方の水処理は十七世紀に「手動衡樋」による揚水技術が開発されるまで桶で汲み上げる以外に方法はなかった。水気に難渋する黒葛原の山を救ったのは、他ならぬ吉兵衛の倅《せがれ》吉之丞であった。

(四)

金山師《かなやまし》の棟梁、山元の重要な仕事の一つは鋪内（坑道）にあふれる湧水の水抜き対策である。黒葛原には、鉱脈に沿い六カ所の鋪が掘られていたが鉱脈が先下がりのため、いずれの坑道も先端部分は水没の危険があった。堀子は排水に追われ掘子半分、水引半分と極めて採算の悪い状況である。

当時、黒葛原の山で採掘された原石は採鉱量が多いときは現地で製錬して荷駄に仕立て、尾平峠を越えて豊後へ運んだ。少ない採鉱のときは原石をあらかた砕き、一山越えた外録《とろく》（土呂久）谷の守田氏の金山や登尾の金山に売った。黒葛原の鉱石は銀、錫、砒鉱鉛、亜鉛鉱、硫化鉱で鉛は多かったが、金や銅も含有し品質は優れていたため買石として喜ばれた。

吉兵衛の倅吉之丞はたびたび荷駄と共に外録の守田山弥助の金山を訪ねた。外録山元の山弥助は父親吉兵衛と知己の仲で、吉之丞はいつも温かいもてなしを受けた。

外録谷には、大小数本の鋪が掘られ黒葛原よりはるかに多い採鉱がなされ、大勢の作業員が手際よく作業を行っていた。狭い谷間には活気ある鉄槌の音がこだまする。製錬所の小屋からは大型の足踏み鞴《ふいご》が独特の音色を発し、木炭のはじける音がそれに混じる。坑口から原石を積んだ橇《そり》（木馬）を引き出しているのは女、子ども。青白い顔は灯明の煤《すす》で汚れていた。採掘された原石を砕き鉑選《はくせん》（選鉱）するのは女性と年寄りの仕事である。

製錬された鉱石は、岩戸の馬より一回り大きい〝トロク馬〟によって土呂久から惣見に上がり、道元越を越えて王農内に、そこより黒原越を越えて五ヶ所に出て、竹田より府内に向かった。トロク馬はポルトガル人が改良したアラブ種と日本馬の混血であったという。その血は優秀な軍馬として後世珍重された。

その人ごみの中に背が高く色の白い紅毛人がいた。吉之丞は初めて見た紅毛人を恐ろしい天狗か鬼と思った。時が経つにつれ、数人いた紅毛人も一人二人と山を去り最後は一人だけになった。ある日、山弥助は吉之丞を呼び紅毛人を紹介した。恐る恐る言葉を交わした吉之丞であったが、紅毛人は流暢な日本語で優しく答えてくれた。

名前はユセフ・トルフ、日本名は土呂久与太郎といい、生国は遠い海のかなたポルトガルという国であること。トルフは「今、幕府がポルトガルとの交易を拒絶しポルトガル人を国に帰す政策をとっている。自分には日本人の妻と子どもがあり、この地に骨を埋める覚悟で宗教も仏門に帰依している」と話した。

守田山弥助は吉之丞に、「外録から東北、西南の方向に大きな鉱脈があり、外録や黒葛原、大福はその一部に過ぎない。一生かかっても掘りつくせない銀の埋蔵があり、日本人だけではとうてい開発できない山の大きさがある。トルフは優秀な鉱山技師であり、我々はその力、知識を必要としている」とも語った。

石見銀山は毛利氏から豊臣氏、そして徳川氏へと引き継がれ世界の銀市場を席巻していたが、生産が衰退し新たな鉱山開発が必要となっていた。

日本は貿易立国として栄え、徳川家康によって開かれた御朱印船は中国南部インドシナ、フィリピン、ジャワに雄飛し、諸所に日本人町もできるようになっていた。日本から輸出されるのは銀、銅、鉄などの鉱石で、輸入されるのは生糸、砂糖、鮫皮などであった。

しかし、それとは逆に時代は新たな方向へ転回していった。三代目の将軍となった徳川家光は、キリシタンの脅威を感じたびたび禁教令を出したが、布教は止まなかった。寛永十四年

（一六三七）の島原の乱を重く見た家光は、鎖国政策をとり唯一長崎出島で、オランダとの貿易のみを許した。後にこのことは、外録の守田山弥助やユセフ・トルフに悲劇をもたらすことになる。

吉之丞は黒葛原金山の水切りの難しさや鉱石の分離について、ユセフ・トルフに問うた。トルフは精錬のプロフエッショナルであった。当時、ポルトガルの精錬技術は世界最高の技術で、鉛を合熔《ごうよう》する南蛮吹き（銅と銀の比重差を利用した分離）や辰砂《しんしゃ》（水銀）を用いたアマルガム法による分離を教えた。

鋪内の水切りについての結論は、新たな排水溝を外側から坑道の先端部分に水抜き坑を掘る

ユセフ・トルフを祀る
傳福《てんぷく》稲荷神社

五ヶ所の牟田に祭られている。祀られているのはヨセフ・トルフという土呂久のポルトガル人技師。その昔、生き倒れの碧眼の紅毛人を哀れに思い、床下で匿っていたがやがて死去。その後災厄が次々と起こるので、稲荷社として祀った。現在は福をもたらすお稲荷さんとして近郊近在の崇敬を集めている。例祭は12月第１土曜日と旧初午。

方法で、高度な測量技術を必要とした。それは羅盤（磁石を利用した）と四方矩《しほうがね》（傾斜器）で方向と角度を算出して向砌《むかいきり》の排水の坑道を掘るものであった。

新しい技術を会得した吉之丞は、父吉兵衛の協力を得て新たな向かい鋪の場所を算出し、黒葛原の最下方、岩戸川に落ちこむ崖の中腹を割り出し鑿《のみ》を振るった。その甲斐もあって寛永十一年（一六三四）、吉之丞は水切りに成功した。

上岩戸三合の代官屋敷と伝わる場所

馬場もあったらしくかなりの広さがある。写真中央部より三本松の御番所に行く縦道があった。この屋敷が黒葛原銀山や登尾銀山を支配した銀山奉行のものか、かなりの通行があった尾平越えを押さえる三本松御番所の御口屋であったかは定かではない。周辺には神宮大和尚の供養塔や岩壁に刻んだ妙法連の文字等あり、謎の多い土地である。

(五)

元禄十一年（一六九八）に記された『高千穂小侍面附』（八津田文書）に山裏村の二人の士分の者の名がある。御口屋役として上代庄左衛門、山廻役として伊木吉郎右衛門である。上代氏の呼び方であるが「クマシロ」「コウジロ」「カミシロ」「ジョウダイ」「ウワシロ」といろいろあり、現存しない家なのでどの呼び方が正しいか不明である。

島原の乱に出陣した有馬氏家臣の一人に神代七兵衛という者がいる。神代は「クマシロ」「コウジロ」と呼び、出自は筑後もしくは肥前で、上代氏は「神」を「上」に変えたその一族と目される。元禄五年（一六九二）、延岡藩有馬氏は山陰《やまげ》逃散事件の責任をとらされて越後糸魚川に転封となる。翌元禄六年、代わって下野国（栃木県）の壬生から三浦氏が入封した。

上代庄左衛門は領主が代わってもそのまま残り、三浦氏に仕えたものと思われる。有馬氏家臣として記録が残る者に上代五郎兵衛という百十五石取りの上席の者がいる。五郎兵衛は元禄二年に、糸魚川に領地の受け取り役として赴き大役を果たしたが、五郎兵衛のその後は有馬氏に従って糸魚川、次の転封先越前丸岡に行ったかあるいは残ったか定かでない。延岡市を含め新潟県糸魚川市から福井県丸岡町を調べたが、上代を名乗る家はなかった。

筆者が上代氏にこだわるのは、山裏の登尾銀山（上岩戸日向）の上町谷にあった代官所の初代代官（銀山奉行とも）が上代庄左衛門と思われるからである。また、五郎兵衛と庄左衛門は親子の可能性もある。

それから十六年後の正徳四年（一七一四）、『高千穂小侍宗門改帳』に庄左衛門の旦那寺が岩戸村泉福寺とあり、妻（名前不明）、倅太郎兵衛、二男吉三郎、三男傳弥、四男庄次郎、娘よつ、下男傳介、下女はま、きよ、はつとある。山裏村に現在も上代という苗字が残っていなければならないのだが、上代氏はこの記録を最後に杳《よう》としてその消息は知れない。『高千穂小侍面附』にある伊木吉郎衛門であるが、伊木氏の諱《いみな》「吉」に字を冠した伊木吉兵衛、吉之丞親子の直系の子孫と推測できる。山廻役は高千穂の小侍にとってはかなりの重役である。伊木氏が延岡藩の支配下で銀山開発を行い、藩に多大な収益を上げた功労に報いたものであろう。

記録によれば、吉之丞の後をしばらくは伊木金三郎が操業、それから約百年間は山は休山した後、豊後や大坂の商人が入れ代わり立ち代わり操業した。

正保四年（一六四七）、思わぬ事件が起きた。豊後府内城主日根野吉明は、土呂久鉱山の開発者守田山弥之助氏定とその妻子五人を誅罰《ちゅうばつ》している。

そのことについて貝原益軒は『豊国紀行』（元禄七年〈一六九四〉刊 山口保明著『山弥時代の土呂久』記載）に次のように書いている。

「先年府内に日根野織部殿在城の時、彼町に古田山弥と云商有。日向の銀山にて銀を多く取て大富人と成、府内に家宅を作る。其家大にして美麗なり。かやうの商人は諸国に稀なり。いささか城主の気に背く事有て殺され、其妻子悉く刑にあふ。其子父のかんどうに合て出され、不通せられし者をも呼寄せて殺さる。其余財の三千貫目、其外器物の価千貫目、凡そ四千貫目、皆城主日根野氏没収せり。時の人、日根野氏をそして云、其罪は軽くして其刑重し。

是罪に事よせて其財を奪ふと云、三弥が家、今にあり、伊丹屋と云者住せり。財は多く持ちたる者にあらず」

山弥が日根野氏に誅《とがめ》られた原因についていろいろな説があるが、第一の説は旧主竹中伊豆守重隆との関係である。

㈥

「夢買い山弥長者」の話は大分県と高千穂に伝わる昔話で、「炭焼き小五郎」の長者話を脚色した内容になっている。

「その昔、豊後の国の商人《あきんど》山弥と連れの二人が、日向と豊後の国境近くの十六山《とうろくやま》（外録・土呂久山）で休んでいた。春の陽気で、連れの男は気持ちよさそうに眠りこけておった。ふと山弥がその男の顔を覗き込むと、不思議なことに、一匹のハチが男の鼻の中にもぐりこんでしばらくして飛び去った。男は「いい夢を見た。ハチが俺を黄金の山に連れて行きよった」と話した。山弥は男に「その夢をわしに売ってくれ」と言って、商売用のショウガや小魚を男に渡し、男が夢に見た十六谷に行きつき、金銀の山を発見して西国一の長者になった……。」（大分県の記録より）

物語は、銀山開発で土呂久に入った守田山弥之助の話であるが、山弥について大分の記録と

府内（大分市）大智寺に守田山弥が建てた逆修塔

平成九年（一九九七）に記された碑文には、「守田山弥之助は天正十二年（一五八四）に生まれ諱を氏定と称した。日向の銀山を経営し大富豪となり萬屋町に壮麗な邸宅を作って三弥長者と呼ばれ座敷にビイドロ天井があったという。井原西鶴作日本永代蔵や豊後聞書にもその壮大な豪奢が記述されている。寛永十七年（一六四〇）八月、宝戒寺に石灯籠を寄進したり同二十一年十二月の還暦に際して当寺に逆修塔を建立している。それがこの墓である。近國稀有の豪商であったが城主日根野吉明の気に背くことにあい、正保四年（一六四七）十月五日、一族四人と共に堀切（今の大道峠付近）において誅された……〈以下略〉」とある。

守田山弥が建てた逆修塔

泉福寺の森田三弥供養塔

岩戸五ヶ村の宝池山泉福寺はかつて士呂久にあり、森田三弥は泉福寺の大檀那であった。文政五年（一八二二）、泉福寺八代釈大乗が開基釈浄尊と森田三弥の供養塔を建立。碑文は正面に南無阿弥陀佛の六文字、左側面に「豊後國府森日三彌塔」とある。本尊の阿弥陀如来は台座を除き一尺八寸（54㎝）の大きさで、光背は古い様式の紫雲型をしており三弥が寄進したと伝わる見事な如来像である。また、同寺に残る記録によれば、山弥の没年は「文禄二稔（一五九三）とある（『高千穂町史』）。

高千穂の記録に年代の相違がある。山弥の檀那寺であった岩戸の泉福寺に残る記録（『高千穂町史』）によれば、没年は「文禄二稔（一五九三）癸巳十月六日広知院殿幻空宗勤大居士府内森田三弥覚霊年六十三」とあり、大分の記録府内の大智寺碑文では正保四年（一六四七）に死刑になっているので、その差が五十四年となる。

山弥に仕えたポルトガル人技師ユセフ・トルフの存在から考証すれば、大友宗麟健在の時代に活躍することになるが、竹中氏との関係や日根野氏との確執、内藤家文書記載の鉱山史と差異が生じる。やはり大智寺の碑文が正しいのかもしれない。

守田山弥之助氏定は、竹中氏改易の後府内城主となった日根野氏によって一族五人斬首される。なぜこのような極刑になったかであるが、一般的には城主に対して不遜の振る舞いがあったとかあるが、一番の要因は、竹中氏との関係であろう。山弥之助を見出したのは初代藩主竹中伊豆守重隆と二代目筑後守重義親子で、記録によれば非常に密接な関係で、山弥之助氏寿（先代）氏定親子は政商的な存在であった。

竹中重義は徳川秀忠の第一の寵臣であった。また、南蛮貿易が盛んなころの長崎奉行の要職で、朱印状を勝手に発行した疑いもある人物である。

徳川秀忠が死去し家光が将軍職に就くと、後ろ盾を失った竹中重義は改易された。おそらく日根野氏が山弥之助に極刑でのぞんだのは、竹中氏に連座してと見るのが妥当であろう。

大分市（大道峠）から西の方遠く祖母傾連山の山々がかすかに望める。刑場に向かう歩みを止めた山弥の胸には、土呂久谷への思いが去来したに違いない。

さて、伊木氏のことであるが、記録からは同じ時代にひと山越えた日向の山中で銀山開発を行った守田氏との関係を、たびたび大分県に出向き調べたが確証を得ぬうち時間切れになってしまった。伊木氏も竹中氏との関係はあると推測している。また、ユセフ・トルフについてもポルトガルの友好協会を通じ調査を行っているので、明らかになるようなことがあれば別稿で述べたい。

芥川［あくたがわ］氏

神農《しんのう》様の居場所を探せ。芥川泥干《でいかん》の傑出の木像群

家紋はいずれも「丸に橘紋」を用いる。三ヶ所中村の漢方医西川氏とのつながりが強く、西川医師の扶助に頼った可能性がある。残存する芥川氏の作品の佳作は宮の原時代のものであるが、保存対策が急務である。

（一）

三ヶ所宮の原に芥川の苗字を名乗る家がある。あの有名な文豪芥川龍之介のアクタガワである。高千穂郷の歴史の変遷からしてあるはずのない苗字の一つであるが、この名が存在する理由は、神や仏の像を作る仏師を必要としたこの地に迎え入れられたからである。

三ヶ所芥川氏は江戸時代中期に仏師芥川伊兵衛の名で現れる。初代となる人は泥干という雅号（ペンネーム）を名乗り、二代目から「伊兵衛」を代々のサイン（商標名）とした。芥川家の墓石に「日州延岡中町住」とあるので、高知尾以前の仕事場は延岡であったようだ。

泥干の三ヶ所における作品（仏像・神像）が数点残っているが、いずれも高い技術と芸術性を兼ね備えた一級の仏師である。この技能を見込まれて、泥干は三ヶ所神社の神職家原氏に招聘《しょうへい》されて江戸時代の中頃に来たと思われる。

原氏の先祖は甲斐一族の棟梁格の家柄で戦国武将として活躍する一方、甲斐氏が崇敬した三ヶ所神社の神職でもあった。原氏の屋敷があった所を戦国の名残で垣内《かきうち》と呼ぶ。原氏は、芥川氏を垣内の一角に住まわせ、仏師と三ヶ所神社の宮守りの仕事を与えた。

古い時代の道路は、宮の原から三ヶ所川を渡り戸川を経て東に荒谷、坂本へ、戸川から西に兼ヶ瀬、鞍岡に向かう要衝で、村はずれには木戸番が立った。中村は三ヶ所村の中心で飯星（飯干）氏が当時の庄屋家である。そこより鳥の巣の尾根を越えて坂狩へ向かう道が本道である。

中村には医者であった西川家（郷土史家の西川功氏の養父）があり、泥干の初仕事（現存する彫像から判断して）は、この両家の依頼を受けた中村の小社の本尊を彫る仕事から始まった。

(二)

太田亮の『姓氏家系大辞典』によれば、芥川氏の出自は摂津国（大阪府）の芥川村（高槻市）に起こり、その先祖は桓武平氏とある。鎌倉時代、南北朝時代に名のある武将も出たが、その後ふるわず没落し一族は四散した。

牧野氏の「家中分限帳《ぶんげんちょう》」で延岡に芥川の苗字を見るのは、物頭役で高百石役料五人扶持の芥

三ヶ所芥川氏の略系図

- 泥干（日州延岡中町住　大仏師／寛延四年（一七五一）卒　宮之原芥川氏初代）
- ―伊兵衛親友（天明六年（一七八六）歿）
- ―伊兵衛親綱（卒年　不明／中村の祠　八幡神の男神像の仏師名／親武像仏師連名にある清次郎か？）
- ―霊眼（順太の養父／八十六歳歿）
- ―順太（順太以降は作像を見ず帰農したものと思われる／大正十年（一九二一）歿）
- ―今朝治―以下略

【注】五ヶ瀬町三ヶ所宮の原芥川家の墓石、仏師芥川氏作の現存する各所の彫像の制作年号より推定

川建治郎と、馬廻役で高五拾石の芥川源太夫という、かなりの役高の侍が二人がいる。牧野氏は延享四年（一七四七）に常陸国（茨城県）笠間に国替えになるが、延岡在任三十年の間に藩士芥川氏の家系から三ヶ所芥川氏につながりのある者が出た可能性も考えられる。

　芥川泥干の延岡での住居は中町である。現在の延岡市役所の周辺で、当時は延岡城の膝元として家臣の住居や仏閣が集中していた。高千穂郷の真宗寺支配の妙専寺などもあり、同町は藩の政治経済の中心で多くの藩士が住んだ。このことから察すると、仏師泥干の素姓は牧野氏浪人あるいは仏師として京都から下った者か、あるいは豊後府内の仏師という情報もあり、その

手掛かりをつかむには泥干の延岡時代の作品の発見であろう。作品が見つかれば出自の謎が解けるかもしれない。

泥干の足跡を残すものとして、地蔵菩薩立像や稲荷大明神と脇侍の狐像、神農《しんのう》様の彫像が中村に残されていた。中村は村の中心地の呼称で、江戸時代初期三ヶ所村の代々の庄屋職を務めた飯干氏一族が繁栄し広がった所である。室野から下った肥後道は、宮の原から分かれ戸川へ向かう道と中村で分岐し押方口（現在の六峰街道）に出る道と、河口《こぐち》より土橋（現在の眼鏡橋）を渡り鳥の巣の尾根を通って中登岳の麓から坂狩に出る道とがあった。この河口に西川家があり漢方医を開業していた。

丸に橘紋

芥川泥干と西川家は特別なつながりを持ったようだ。泥干は医師西川家の守護として神農の像を刻んだのか。両家の家紋が高千穂郷では珍しい「丸に橘紋」というのも偶然ではない。

芥川伊兵衛の作と伝わる三田井親武の木像

西川功先生の『高千穂太平記』（一九七二年刊）は、まさに衝撃のデビューであった。多くの郷土史愛好家が競って買い求め、出版された二〇〇〇部は瞬く間に売り切れた。特に本に挿入された一枚の写真が注目された。それは、三田井氏の諸城が落城した時に横死した城主三田井親武の木像の写真である。

三田井親武　木像

天慶年間（九三八～四七）の高千穂太郎を名乗る豊後大神氏の高知尾侵入から六五〇年にわたり、高知尾郷を統治し領民に親しまれていた三田井氏の悲劇は、親武のこの小さな木像に凝縮される。決して上手とは言えない彫りではあるが、うつむき加減に憂いを含むこの像が三田井氏の終焉を物語っているかのようだ。

この木像は下野の八幡神社の所蔵であったが、現在高千穂町のコミュニティセンターに展示されいつでも拝観できる。台座に「三田井親武・天明四年甲辰（一七八四）九月廿七日作・大仏師芥川伊兵衛同清次郎」と制作者の名前が墨書されている。制作者である二人の仏師名は親子であろう。伊兵衛の晩年の作で、この像を通じて技術や仏師としての制作上の「掟」等を清次郎に教えたのかもしれない。

宮の原西川家に伝わる謎の木像の正体は神農様

左の木像は三ヶ所宮の原の西川享氏が所蔵する「神農」様である。当初この木像を見てその異様さに驚いた。髪は総髪で肩に流し、赤い長袖の着物を着てそれを腹の上で留め、黒いマントのようなものを肩にかけたピーターパンのように多くの木の葉をつけたカーディガンを羽織っている。台座に半跏《はんか》（片足をたらし片足で膝を組む）に座り、右手に先が巻いた鞭《むち》（欠損）を持ち左手に穀物または薬草の束（欠損）を摑む姿で、頭に鬼のように二本の角が生えかかった状態は人間離れをして奇怪である。高さは約五〇

神農様

宮の原地蔵　白黒

センチで、保存状態がよく下地の胡粉や朱が鮮やかである。

神農は古代中国の伝説の皇帝の一人で、人々を病気から救済するため草木を食して、その薬効を試したとされる本草学の草分けである。幾度か毒にあたったが薬草の力で甦ったという。中国や台湾では神農炎帝として親しまれ、神と祭られている。日本では東京都の文京区にある孔子を祭る湯島聖堂の一角に神農様が祭られ、医薬の神として医師、看護師、鍼灸師、介護士その他福祉関係の人の参拝が絶えないらしい。

宮の原の地蔵立像

杖を突き蓮華の上に立つ地蔵は、迷える衆生《しゅじょう》（人や生き物）を地獄の業火から救い、ほっと一息ついた達成感、そして優しさを感じさせる。この立像は西川家にある棟札から寛保三年（一七四三）に建てられた三ヶ所中村の地蔵堂の本尊と思われる。棟札には「奉新……鎮西日州高千穂庄三箇取郷宮原村将軍地蔵一躰」とあり、施主は飯干加藤治、仏師は芥川泥干と猪兵衛の連名となっている。

(三)

三ヶ所宮ノ原の仏師芥川家は初代を泥干として、伊兵衛親友、伊兵衛親綱、□□□霊眼と四代仏師の家として続いた。

「伊兵衛」という仏師の商号的な名乗りのため、作品がどの時代の伊兵衛にあたるか鑑定するのは難しいが、時代が下るにつれ仏師としての技術は落ちてくる。伊兵衛一門の最後の作品と思える三ヶ所中村の「八幡神」像は、伊兵衛親綱の寛政年間（一七八九〜一八〇一）の作である。彩色鮮やかで端麗なお顔の彫りではあるが、神像とすれば物足りなさを感じる。

江戸時代、都よりはるか離れた山里で仏師として生きるための情報や掟、手本となるお姿さえ見ることは困難な状況で、農作業のかたわら刻んだであろう神仏《かみほとけ》の姿はほっこりとしてやさしい。作品は西臼杵郡内に散見されるので調査して記録を残すか、出来のいい数点は早めに展示ルームに収容しておく必要がある。

二上神社（桑野内神社）元宮、神宮寺の諸仏か

桑野内仲山に二上大明神の外宮の跡がある。明治四年（一八七一）に明治政府による廃仏毀釈で、仲山から土生に遷座が行われた。その元宮跡に名残を惜しんで小社が建てられている。その小社の裏側に

桑野内　元宮の神像

茶堂があり、茶堂の祭壇に三〇体余りの諸仏が扉の奥に厳重に祭られている。

延宝二年（一六七四）の佛明帳によれば、仲山地区周辺に「地蔵」を本尊とする禅寺命福寺、「薬師、かんのん」を祭る禅寺東林庵と「薬師」を置く一宇があったことが記録されている。中世の頃存在したと思われるこれらの持仏が、二上神社の遷座の際に集められたものか、あるいは、二上神社の別当寺が存在して、そこの持仏であったのかもしれない。ただ、残存する数枚の棟札は明治以降の新しいもので、その祈願文から遷座後に仏師により制作された仏像が多い。

その中に仏師の手癖から判断して、三ヶ所宮ノ原の仏師芥川氏が彫ったものか、あるいは芥川氏から手ほどきを受けた彫り師によるものとも思われる仏像が数点存在する。それは薬師如来の眷属の十二神将で惜しいかな、うち六体は紛失している。

芥川伊兵衛の作と思われる薬師如来像

三ヶ所宮ノ原の浄専寺境内の御堂に二体の仏像が安置されている。左側の観世音菩薩は元二上大明神（現三ヶ所神社）の別当観音寺（天台宗）の本尊十一面観音で鎌倉時代の作とあり、金箔を貼った立派なもの。右側に薬師如来の座像があり日光、月光菩薩を左右に従え、十二神将と呼ばれる配下の武神（眷属）

に囲まれている。説明文によれば、この薬師如来の元宮は村おこし交流施設「ふれあいの里の場所」にあった。薬師堂が老朽化したため御本尊は民家に移転、昭和二三年（一九四八）に再度十一面観音と共に浄専寺の一角に一宇を建てお祭りしたものである。

薬師如来は右手に施無畏《せむい》、左手に与願《よがん》の印を結ぶが、この薬師如来は両手を膝の上に置き「薬壺《やくこ》」と呼ばれる薬の入った壺を持つ。薬師如来はこの世における衆生の病を癒し、苦悩を救う現生利益の仏様で阿弥陀如来と共に多くの人に信仰されている。彫りは螺髪《らほつ》の頭にふくよかな顔、首はわずかで肩に衣をまとう座像で、下地の白い胡粉と顔彩が部分的に残り時代を感じさせる。

堂内にある棟札は、「愛宕将軍地蔵」（「押方氏」一九三ページ参照）と全く同じ板に同じ書体で書いてあり、寛保三年（一七四三）に三ヶ所村の庄屋であった飯干加藤次（宇右衛門か）が、病気平癒のために彫らせたものである。

薬師如来像　浄専寺

棟札には芥川泥干と伊兵衛の名があるが、明らかに彫りは違う。筆者の推測では、河口の地蔵堂の地蔵菩薩の作者は泥干、薬師如来は主として伊兵衛が制作にあたったと見たが、あくまでも素人判断。脇侍の日光菩薩、月光菩薩と眷属の十二神将の彫りは伊兵衛修業中の作品と思われ稚拙さが残る。

7の章 庄屋群像
——藩と民の間で

岩戸永野内の庄屋屋敷につづく石畳

河内［かわち・かわうち］氏

問題が解決したその日の夜半、悲劇は起きた。何があったのか？

河内氏は三田井氏からの分かれで、本来は三田井氏の家紋「左三つ巴紋」（上）を用いるべきであるが、「蛇の目紋」（下）を用いる。奥鶴河内家の当主が肥後の加藤清正に仕えていたころ、加藤家の家紋「蛇の目紋」の使用を願い出て許された故事があったことによる。

（一）

地名の辞典によれば、「河内」の語源は川の内側の開けた台地の意とある。カワチ、カワウチと呼び、大阪の河内は山城川（淀川）の奥まった所で、古代から渡来人らによって開かれた地である。

高千穂の河内も、五ヶ瀬川の奥に位置し、北は五ヶ所高原境崩野峠に、西は高森町草壁の高原の端に発す。山塊と崖に閉ざされた地勢に東南に開けた舌状の台地にあり、比較的温暖な所である。また、豊後、肥後への往還が交わる地域で、古くからの要衝でもある。河内の北西の高台、奥鶴には、弥生時代の住居や墳墓が点在し、邪馬台国の卑弥呼の墓ともいわれる塚もあ

河内氏が台頭した河内の町アート

り、古代のロマンを感じる所でもある。

当然ながら要衝の地、河内地区には古来より有力な豪族が蟠踞《ばんきょ》した。そのひとつが河内氏である。河内氏の由緒については『阿蘇文書』などから、三田井氏の一族がこの地に住まい地名を名乗ったものと推測される。

今から六九〇年前、北条鎌倉幕府を倒した後醍醐天皇による建武の中興（一三三三）も成功したかのようにみえた。しかし、足利尊氏らの台頭によって再び日本は国を二分する南北朝の騒乱の時代を迎える。当時の三田井氏支配下の高智尾も宮方、いわゆる後醍醐天皇側南朝と武家方足利氏の推す北朝、いずれにつくか分かれた。

九州では、肥後の阿蘇氏、菊池氏が南朝方に、縣の土持氏は北朝方であったので、高智尾も当然内紛が起こったが、それを統一して南朝方で活躍した活躍した人が芝原又三郎性虎《しょうこ》（興梠姓・柴原）である。三田井氏の一族で支配地の土地の名前を名乗っていた有力武士団も南朝方についた。彼らは、阿蘇氏一族の棟梁恵良惟澄の旗下で、九州各地に転戦し武功を上げていく。

当時の武将が何よりも欲しいのは、土地であった。恩賞として、戦功のあった三田井氏の一族に、恵良惟澄は領主のいない闕所《けっしょ》の土地を与えるように上申している。

興国七年（正平元年〈一三四六〉）の『阿蘇文書』に、長崎三郎次郎義政、岩戸小太郎政澄、立宿孫六政高らと共に、河内次郎三郎政頼に祖父我沸跡の新名庄を与えるように進上している。はじめて文献に登場する河内氏はこの政頼という人である。

それから一三四年後の文明十三年（一四八一）に、高智尾の領主三田井家に、豊後の大友氏につくか、肥後の阿蘇氏につくかで内紛があり、重臣の多くは阿蘇氏に与したため、親大友派の馬原石部新左衛門と先の領主三田井惟利は、高智尾を逐電する。このときの三田井氏重臣十六名の起請文の筆頭に河内飛騨守政歳の名前があるので、当時の実力者の一人であったようだ。

奥鶴に、古城の地名がある。後の戦国時代に甲斐将監《しょうげん》惟房が築いた亀頭山城以前の城砦《さい》で河内氏の居城であり、平時は奥鶴に館があったと思われる。近くには河内氏の菩提寺と思われる西光寺跡があり、多くの五輪塔が草の中に埋もれている。

奥鶴には、近世に建てられた河内三河守の墓の石柱があり、山の神として祭られているが、その意味は分からない。三河守は田原の河内節生氏宅にある系図によれば、三田井親武の子と記されているが、河内一族の活躍はそれより二百年遡《さかのぼ》る。

天正年間（一五七三〜九二）の高千穂小侍の名簿（中尾・番面帳）には、三田井氏の家臣として、河内和泉守、河内弾正の名前がある。

河内氏は、田原、上野、岩戸と広がり、上野の河内泰平さんの所には、銘刀、古文書類があったとのことだが、終戦後処分し、現在ぼろぼろになった鎧が残っていた。

三田井氏の一族で、居住地の名前を名乗った、田原氏、長崎氏、立宿氏、岩戸氏、柴原氏などは興梠氏や佐藤氏などに変わり残っていないが、唯一、河内氏のみ苗字に家系の歴史をとどめている。

江戸時代元禄年間（一六八八〜一七〇四）、延岡藩の扶持もち小侍に、川内又太郎、川内清右衛門、川内茂大夫の名があり、彼らの子孫は延岡藩の役人や庄屋職として活躍している。

（二）

延享四年（一七四七）、延岡藩主牧野貞通は、常陸（茨城県）笠間へ移封となり、代わって磐城《いわき》（福島県）平より内藤備後守政樹《まさたつ》が移ってきた。

内藤氏は、松平（徳川）氏に三河以来仕えた譜代で、本来ならば江戸幕府中枢にあるべき大名だったが、不運にも前任地の磐城平で大規模な百姓一揆が起こり、その責任で遠い九州延岡に左遷されたかたちで移封された。

禄高は、前任地と同じ七万石だったが、磐城平が実質十万石であったのに比べ、石高の主要産物の米は三万一千石の減、加えて領国は豊後の飛び地、椎葉山を除く東西臼杵全土と広範囲に及び、以来明治の廃藩置県に至るまで慢性的な赤字財政と、過酷な年貢徴収に起因する一揆、騒動に苦しむことになる。

延岡初代政樹は学問好きで算術に長けた大名であったが、代々内藤氏の藩主は政《まつりごと》に積極的な姿勢をとらず、樹木一本にまで課税する消極的手法であった。

前任牧野氏時代の藤江監物《けんもつ》らによる用水開削や新田開発、三浦氏時代の藩主明敬による藩内の構造改革、有馬氏時代、藩主永純による梶田十郎左衛門（のち郡代として圧政を行い、山陰逃散の原因をつくり追放された）らを登用しての殖産事業、岡本某による淡路から木炭産業の導入など、歴代の諸侯が積極的に財政再建に取り組んだのに比べ、内藤氏の藩政改革は見るべきものがない。もっとも、初代政樹以来全ての藩主が養子であったため、積極的な藩政ができなかったのが原因かもしれない。

延岡藩は、西臼杵の統治として、七折船の尾に代官所（後に宮水に移転）を置き、旧三田井氏の家臣や土豪の者を士分にし、苗字帯刀を許し、「小侍」「足軽」として置いた。記録では小侍四十人、郷足軽百人ぐらいである。

さらに、高千穂十八カ村に行政職として庄屋を置き、指導的な農民に「弁指」「筆者（書記）」「小觸《こぶれ》（連絡係）」を任じた。また、代官職の補佐役として、郷中の小侍の中から三名を選び

「村廻役」として、高千穂管内の取り締まりを行わせた。高千穂の主要産物の一つが材木であったため、「山林下役」という職もあった。これらは、代々世襲であったようである。

この他、藩内十一カ所（内六カ所は高千穂）の御番所勤務の「口屋」「小道番」職も小侍が当番で務めた。終戦後まで、河内から五ヶ所に通じる往還は奥鶴の集落から丸山を越える道路であった。そのため、豊後、肥後への要所である河内に、延岡藩は関所御番所を設けた。

河内氏は、こういった状況の中で、一族の多くは小侍、庄屋職に取り立てられた。

奥鶴向《むかえ》（屋号）の河内氏は、三田井家没落後、野尻氏、田上氏らと共に肥後加藤家に仕えていたが、加藤忠広改易のあと、延岡藩の小侍となり、河内忠右衛門惟長は、二十代の若者ながら、村廻り役の一人であった。

宝暦五年（一七五五）九月二十九日、奥鶴の河内忠右衛門宅に突如藩から報せがあり、忠右衛門は急ぎ岩戸村の東岸寺に山籠《やまかご》で向かった。東岸寺で、田原村の庄屋矢津田刑右衛門と落ち合い、昨日山裏の百姓が隣国竹田領内に逃散したことを上野村庄屋工藤紋右衛門から知らされる。

十月三日、この事件の対策に集った忠右衛門、同役の七折の奈須元助、三ヶ所の飯干武右左衛門、河内村庄屋甲斐卯（宇）左衛門、矢津田刑右衛門らは、この問題を収拾しなければ他村に類が及ぶと心配し、いかなる出費があろうと解決しようと協議していたところへ、豊後境鉾《ほこ》

逃散の謀議が行われた倉庫

の木峠《きとうげ》に、竹田領内小原組大庄屋工藤孫兵衛より山裏村庄屋佐藤源太兵衛《ひょうえ》あてに使いの者が来た。

それによれば、山裏の百姓が大挙して孫兵衛支配地に来ているが、いかがなされるものか、という内容。

早速、忠右衛門らは竹田領内小原村に出向いたが、孫兵衛は不快（病気）を理由に対応に出ず、代わって飛田組大庄屋飯倉長兵衛が一行を出迎えた。

㈢

宝暦五年（一七五五）十月四日、竹田領内奥嶽小原組大庄屋工藤孫兵衛のもとへ向かった一行は、「山裏庄屋源太兵衛が来るべきであったが、大勢の者が逃散しているので、代わって来た。逃散の者を連れ戻したい」と願い出たが、長兵衛から、「逃散は天下のご法度、留めおくなと領主より厳しく申しつけられている。隣国のことでやむを得ないので、追々願い筋のことについてはお知らせする」と伝えられた。

当初、逃散者の帰参を安易に考えていた一行も事の重大さに気づき、五日、六日、七日連日

謎の七人塚

逃散先の緒方町小原にある七人塚。この墓の目的など不明のままである。一時に隠れキリシタンの話もあったようだが、最近では逃散先で亡くなった人の墓ではないかと言われている。

連夜入れ代わり立ち代わりの交渉となった。逃散者の身の回りのことや飯米の量についても交渉が行われた。竹田側は終始逃散者には同情的で、食べたこともないような上等の米メシも支給されたようである。

この間延岡藩では、逃散者から非を訴えられている源太兵衛の入牢、倅伊藤次の隠居、村廻り役甲斐藤兵衛、藤七の吟味入牢もあったようで、藩も本格的に問題の解決にあたろうとあわただしい動きになった。延岡藩が心配したのは、この事件が公になれば、磐城平の一件で国替えになったばかりで幕府から取り潰されるとのおそれがあり、穏便内密に解決したかったようである。延岡と竹田には飛脚がたびたび往来するようになる。

高千穂の一行も交替で国許と行き来し、山裏村や船の尾代官所で対策を練った。一方、大庄屋工藤孫兵衛ら三人は、逃散者の言い分を聞いた。葎原組大庄屋後藤清左衛門は逃散者の者へ、

「その方らが、口を揃えて言う甲斐藤七という者はそれほど悪しき役人か、大間違いではないだろうな。延岡でも吟味があるだろう。また山裏庄屋親子も入牢になった、誤りの証文もお取りなされるので合点致し帰参せよ」と説得に努めた。

さらに、村廻り役河内忠右衛門、奈須元助、お仮役飯干武左衛門が来た訳、村廻りとはどんな役職かも問われた。そのうち、延岡藩からも郡奉行服部太郎左衛門主従十四人、代官大和田織右衛門主従九人が竹田に到着し、竹田藩の郡奉行野村八十郎、代官草刈森右衛門らと交渉にあたった。

暴発した逃散の原因は、延岡藩の過酷な年貢徴収に起因することは事実で、それを任務として遂行しなければならないのは代官所配下の村廻り役、庄屋職にとってはやむを得ないことでもあった。当然現場の役人として、藩の厳命に背くわけにもいかず、過酷な年貢の取り立てに臨んだに違いない。

当時は、五公五民として、取れ高の半分は徴収される。水田のなかった山裏、五ヶ所、分《わけ》城《じょう》村の生産物は、山もち、麻苧《あさお》、木附子《きぶし》（薬用）、紅花、楮《こうぞ》（紙の原料）、漆《うるし》、柿渋や、焼畑で生産される大豆、麦、稗、粟、芋、陸稲《おかぼ》で、それらは米換算で上納銀を納めねばならなかった。山裏の農民らは、前年宝暦四年（一七五四）、深角の甲斐藤兵衛宅にも押しかけている。また、この年は凶作で、岩戸村は餓死者が出ているほどで、藩は救済にあたったことが記録されている。

山裏村の七割の人が逃散した理由は、当初全村一致連判強訴の予定が、裏切り（藤兵衛、藤七親子らと親戚者が抜けた）が出たため逃散ということになったようだ。

逃散のリーダーとなる猶右衛門は庄屋源太兵衛の弟で袂《たもと》を分けた。村廻役の甲斐藤兵衛は、見立の人たちが風呂に入ってないということを聞き風呂桶を造りそれを背負って深角から見立まで歩いたという村民思いの人であったという。村民の苦しい事情を知る三人にとって、藩の治政にそむけない苦しさ、身内と袂を分けなければならない無念が今も子孫の家に語り継がれている。

豊後で協議が行われるさなか、村廻役河内忠右衛門と、仮役（見習）飯干武左衛門は、逃散者から役人の不当を訴えられていることを知り、十月二十五日豊後を後に、交渉の仮役所がある五ヶ所へ退いた。

変事は、宿泊した五ヶ所の庄屋矢津田邸で深夜に起こった。忠右衛門が武左衛門を斬り、その足で五ヶ所の河原で切腹をしたというものである。記録には、忠右衛門の暗（闇）討ちと記録してあるが、武左衛門の眉間の傷と、忠右衛門の数カ所の手傷から考えて、双方に争論があり、相対しての斬り合いがあったと推測される。忠右衛門の遺骸は、奥鶴の実家に運ばれたが、気丈な母は、武家のしきたりを守り、表玄関から入るのを許さなかった。忠右衛門の遺骸は、奥鶴亀ノ背の丘のふもと、白椿の根元に眠っている。

延岡藩では、いっこうに進展しない状況から、逃散者と馴染みのあった延岡南町の商人井筒屋久右衛門や、延岡の臺雲寺、照源寺の和尚を呼び、逃散者の説得にあたった。

逃散者からの言い分として、①この事件で、逃散者からは一人も罪人を出さない。②逃散に加わらなかった者より仇《かたき》扱いをされないこと。③源太兵衛や甲斐藤七の家財を没収して税に当ててほしい。④種蒔き時期が遅れているが今後も百姓がつづけられるようにしてほしい。今後も百姓に精励する――という内容で、ほぼこれらは延岡藩に受け入れられた。逃散者が、山裏に帰ったのは十二月に入ってからである。

牢死した山浦（裏）村庄屋
佐藤源太兵衛の墓

伝えでは空墓で遺骸は帰ってこなかったという。村廻役甲斐藤兵衛、藤七も死罪ではなく牢死しており、闇に葬られた無念の死であったようだ。

岡田［おかだ］氏

山裏の逃散事件を解決した商人、三ヶ所村の庄屋として地域振興に尽力

諸塚村七ツ山は高知尾郷内の岡田氏の故地である。八重ノ平の岡田氏は内藤藩からたびたびの褒賞を受けた。それは麻、漆、楮《こうぞ》等の工芸作物の生産普及であった。明治以降は木炭、椎茸栽培等の山林資源の改良で大きな収益を上げ生産日本一の原動力になった。家紋は甲斐氏の影響を受け違い鷹羽紋とする。

（一）

今から約二百七十年近く前、山裏村（現在の上岩戸、見立地区）の農民（五十七軒二百四十八人）が大挙して、隣の豊後岡藩領内に逃散する事件が起きた。

藩主内藤政樹《まさたつ》にとっては、お国替えで磐城平（福島県）から延岡に移って間もない八年後のことである。内藤氏はそもそも徳川家三河以来の譜代で家格の高い大名であったが、磐城領内で大きな一揆が起こりその責任をとっての、いわば左遷であった。

またしても領内での大きな騒動で、対策を誤れば藩の存亡にかかる問題である。逃散の人たちを受け入れた豊後岡藩（竹田市）は農民たちに同情的で、一方の延岡藩に対しては懐疑的で

その交渉はなかなか進展をみなかった。

延岡藩は高知尾の小侍、庄屋や代官、郡奉行を総動員して交渉にあたらせる。さらに、延岡の台雲寺や照源寺の住職まで駆りだして説得にあたらせた。しかし死を覚悟している逃散の人たちの結束は固く、帰村の条件やその後の生活の保障、逃散の一因となった山裏村庄屋、村廻役などの処遇をめぐって意見が折り合わなかった。

説得にあたっていた高千穂代官服部理右衛門、大平祐右衛門は更迭され、安藤四郎佐衛門と猪狩与一右衛門に代わったが、これもうまくいかない。延岡藩は切り札として宮崎の一揆の調停で実績のあった清水五郎右衛門を郡方御用向に任命し、さらに延岡南町の商人井筒屋久右衛門に交渉役を頼んだ。

逃散事件の責任者になった清水五郎右衛門は、百五十石取り中士格の人で仕事のできる能吏《り》であった。的確な状況判断で寛延三年（一七五〇）、内藤藩の飛び地「宮崎五ヶ村」で起こった困難な騒動を解決している。

延岡藩の切り札として登場した清水が自分の片腕として交渉役に登用したのが、延岡南町の井筒屋久右衛門という商人である。久右衛門は日頃より出入りする山裏村の人たちには馴染みで、人柄も良く信望が厚かった。

当時の高知尾郷は主に畑作で産物は麻芋、麦、玉蜀黍、たばこなどで、米はわずか神事に使うほどしか栽培されていない。山裏村のような山地では楮《こうぞ》（和紙の原料）、木附子《きぶし》（染料等に使う）、木炭、山茶、柿渋、紅花、真綿などが栽培され換金されていたが、藩はこれらに課税を加え税収を上げようと庄屋、村役人に実行を命じたのが事件の発端である。

零細な焼畑農業で生計を立てる山裏の人たちはたまらず、抵抗の手段として全村を挙げて隣国の豊後国に逃げることになったが、最終的には五十七竈（戸）男女計二百四十八人が逃散に参加した。宝暦五年（一七五五）秋のことである。

（二）

山裏村の逃散があってから三カ月余り何も進展がないままに過ぎた。師走の二日、藩から交渉の役目を担った清水五郎右衛門一行は、延岡南町の商人井筒屋久右衛門を加えた都合九人で小野市経由で豊後に入り、逃散の一行が宿泊している堂之内村（旧緒方町小原村）に五日に着いた。久右衛門は堂之内村の百姓利助の案内で、逃散のリーダー格十数人に会った。

商人の久右衛門が交渉役に加わったことで、逃散者から帰村の条件が提示された。それによれば、①後任庄屋の屋敷地高は庄屋佐藤源太兵衛の屋敷地高をあて、村中の百姓には負担をさせない。②帰村に際しては逃散に参加しなかった者たちと仲良くなるように通達してほしい。③逃散後数十日過ぎ、農作業の遅れもあり苦しいので支援してほしい。④村役人の甲斐籐兵衛、藤七親子、飯干武左衛門の扱った返銀（債権?）の残りは源太兵衛の財産を処分して納め、残金があれば村方に渡してほしい。⑤逃散した者たち全員お咎《とが》めなしにしてほしい。

この五カ条の要求が示され、藩はこれを認めた。結果として逃散側に一人の犠牲者を出すことなく解決、日本の一揆史上まれな快挙といえる。これは、藩の責任者清水五郎右衛門の決断力と商人井筒屋久右衛門の才覚の結果であろう。

山裏村庄屋の屋敷跡（上岩戸）

屋敷は上岩戸の大猿渡にあった。山裏村庄屋は代々「源太兵衛」を名乗った。逃散事件の当事者となった源太兵衛は名を吉次郎信門といい、弟は逃散事件のリーダー格の猶右衛門と猪惣冶の3兄弟、弟2人は長兄と袂を分けた。弟たちの屋敷は庄屋屋敷の北側下にあったらしい。末弟猪惣冶（?）の子孫は分城から養子が入り、河野姓に変わった。その子孫河野吉伴さんの倉庫は逃散事件の参加者が談合した家の古材で建てられたとのこと。事件から73年後の文政11年(1828)、山裏村庄屋土持信彌信規は延岡で牢死した信門の墓を屋敷の西側下に建て供養した。屋敷跡は現在水田になっている。

逃散事件があった翌年の宝暦六年（一七五六）、井筒屋久右衛門は延岡藩から「……山裏村百姓逃散之節御内御用被仰付、竹田領迄罷越出情差働、別段之御奉公致候ニ付此度御扶持方三人扶持被下置候……」との褒美をもらい、苗字帯刀を許された。陣頭指揮にあたった清水五郎右衛門は三十石の加増で二百五十石取りとなる。このほか苦労を共にした高千穂の小侍や庄屋にもそれぞれ褒美が下された。

一方、この年の十一月、延岡藩主の交代による恩赦で永牢となっていた山裏村庄屋佐藤源太兵衛、村廻役甲斐籐兵衛、藤七父子は相次いで牢死する。無念の死であったろう。また、意見の違いから村廻り役飯干武左衛門を殺傷し、切腹して果てた河内忠右衛門も含め、この五名が事件の本当の犠牲者かもしれない。

三ヶ所広木野の旧岡田庄屋家の屋敷跡

㈢

井筒屋久右衛門は苗字帯刀を許され岡田氏を名乗る。この子孫が三ヶ所広木野の一本杉に落ち着き、後に三ヶ所村の庄屋になる。久右衛門の一族であろうか、井筒屋由右衛門という人は牧（槇）峰鉱山の経営をやっていたが銀や銅の相場の下落で鉱山経営が厳しくなり、その窮乏を補うべく藩の助成を願い出ている。

寛政年間（一七八九〜一八〇一）の三ヶ所村の庄屋は飯干大八郎という。武術に優れ大変気骨のある人であったが、それが災いし宮水の代官と不仲になり所払いとなった。そのあとを三ヶ所鉱山の経営をしていた山崎民助が受け継ぎ、文化九年（一八一二）に岡田喜右衛門元治が庄屋となる。しかし、天保四年（一八三三）、戸の口橋架け替え普請で人夫の賃金問題や費用割当ての不当が出て、喜右衛門は罷免され倅喜代治へ庄屋職を譲ることになる。

三ヶ所広木野一本杉　岡田氏の略系図（出典　広木野岡田家墓誌　後藤寅五郎著「村のおもかげ」参考）

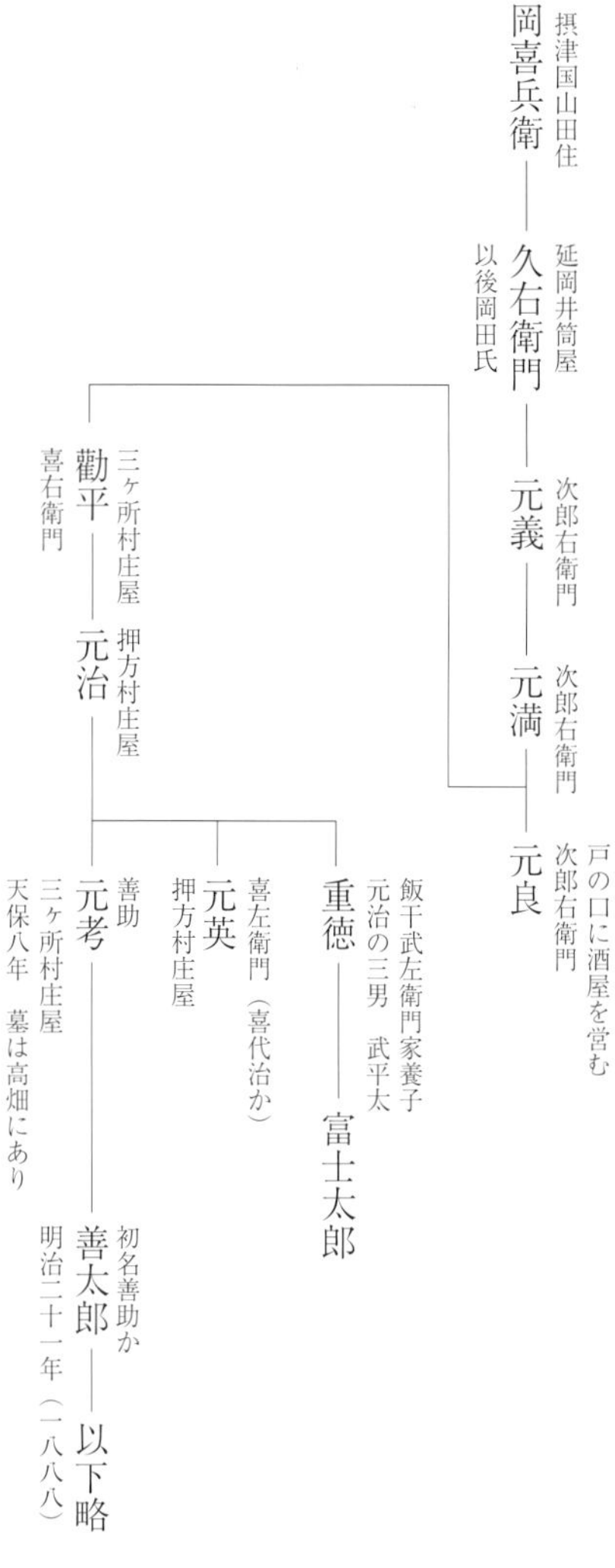

元三ヶ所村庄屋喜右衛門寄進の石灯籠（写真右）

三ヶ所神社西本宮社殿右横に奉納された。喜右衛門は隠居の身で嫡子善助が三ヶ所村の庄屋を務めた。三ヶ所神社の棟札に残る延岡藩の寺社奉行は、逃散事件で苦労を共にした清水五郎右衛門であった。

流されるたびに架け替え工事を行った戸の口橋跡

三ヶ所赤谷の集落ができる以前、江戸時代の道路は室野の二又で分かれ、一方は広木野より三ヶ所川を渡り兼ヶ瀬に出てそれより立壁に下り、再度三ヶ所川を渡り現在の社会福祉協議会の所に辿り着く。一方の室野岳の下を通り、金毘羅山と男山のすそを通って男坂に出たコースも社会福祉協議会の所で落ち合う。そこから三ヶ所川の横の崖地と三ヶ所川のわずかな幅の道を通って貫原に出る。その先、三ヶ所川の土橋を渡って戸の口に至る難所であった、この橋の架け替えの工事をめぐる問題が岡田氏失脚の原因となる。

㈣

五ヶ瀬町は三つの地域で構成される。歴史的な背景から言語、風俗等異なる村が一つになったユニークな地域である。その一つ、鞍岡は中世の一時期肥後国の一部に組み込まれていたために言語、風習は肥後に近い。また、奈須山（椎葉）への入り口で輸送手段である。馬見原と椎葉間の駄賃付けの中継地になっていた。そのことから、椎葉や米良の中央山地、相良領（人吉）との交流があり、高知尾郷のどこよりも情報の伝達が早く、辺地ながら文化が高いアカぬけた村である。

このようなことから、今日鞍岡に残る伝承芸能の類も多く、資質、技能とも優れている。神楽（出雲系）、臼太鼓踊り、棒術（タイ捨流・大車流）、盆踊りがある。

驚くべきは、その大半の伝承が山峡の小さな村落、波帰の人たちの手によって受け継がれている

鞍岡波帰集落

かつては椎葉から九州山地への入り口であった。現在、冬場はスキー場に向かう人で賑わう。

点であろう。現在、波帰の戸数は二十六戸で昔とあまり変わっていないそうだ。集落の一角小高い丘の上に小さな社がある。天狗神社といい、ご祭神は小さな巻き物である。

巻き物は前欠で数巻ある中の一つであろう。陰陽五行に因む書き出しの次に、彩色鮮やかに天狗が描いてある。中央の威厳のある大天狗の脇に、手に武具を持った小天狗が囲むその中で演武する二人の武人がおり、一人は太刀を持ち一人は半棒（三尺の棒）を持ち対峙する。以下、二十六通りの型を列挙するが内容は口伝であろう。

これは棒術の免許皆伝の巻物である。奥書に「九州日向国肥雲働山――心影無雙（双）大車流目録」とあり、一能院友定－柏村十助殿と免許皆伝が伝えられたことが記されている。それより、正保二年（一六四五）に山村四兵衛、元禄二年（一六八九）に山村善兵衛、宝永八年（一七一一）に八田長右衛門へと継がれ、寛政年間（一七八九～一八〇一）に尾前某に継がれて以降、尾前氏の名前が列挙されている。

この免許皆伝の秘伝書は、天狗神社の社家の岡田正広氏の数代前の人が椎葉に行って、当時の所有者尾前氏に勝負を挑み打ち勝って取り戻したと伝わっている。

ここから分かるように、大車流棒術が鞍岡に伝わったのは、波帰岡田家に伝わる巻物（「心影無雙大車流目録」）で証明できる。いまだ戦国の気風が残る正保二年、一能院友定なる山伏から柏村十助を介して山村四兵衛という鞍岡の郷士が皆伝を受け、元禄二年にその子と思われる山村善兵衛に皆伝された。宝永八年に馬見原の八田長右衛門が受け継いで以来、寛政十一年（一七九九）までの百五十五年間は馬見原から鞍岡波帰の郷士の手に免許奥書（一部）はあったと思える。

その後、椎葉の尾前氏が入手し幕末嘉永年間（一八四八～五四）、波帰岡田家（古くは竹森姓）の佐吉が椎葉に乗り込み、尾前氏を試合で倒して五十年ぶりに秘事一巻を取り戻した。その奥技は地元の梅田政吉や渡邊源次郎らに伝えられることになる。

タイ捨流の棒術演武（鞍岡祇園神社）

(五)

頃は幕末、異国船の渡来で沿岸警備が重要となる。波帰の小侍矢野氏にも出役の命が藩から下り、にわかに武芸の必要が起こる。矢野武八は武芸者佐吉の指導で、夜な夜な村の若者を集め棒術の稽古を行った。佐吉より秘義を伝授され武八は無事任務を果たした。若者たちに伝わった棒術は祇園神社の御神輿の警護として供奉した後、長棒、半棒、太刀など白刃の型が披露され参詣者を楽しませる。

肥後人吉の人丸目蔵人があみだしたタイ捨流は南九州一円に広がっていたが、鹿児島の東郷重位《しげかた》は若い頃タイ捨流を学び、後に示現流を興した。島津氏はこれを御家流として推奨、この流派の仮想敵はタイ捨流らしい。

現在、人吉には太刀の型が残り、棒術の型は鞍岡のみの伝承となり貴重な文化財である。タイ捨流棒術は、九州脊梁《せきりょう》山系を闊歩《かっぽ》した山伏によって鞍岡に伝えられたといわれている。

中世は神仏混淆《こんこう》の時代、自然を神に見たて仏の存在を描いた世界であった。その信仰の対象となる山岳の入り口となる鞍岡波帰集落から尾根を伝い、峠を越えて現在のフォレストピアと呼ぶ地域に加え米良から相良領人吉に至る九州中央山地を共有する文化圏があった。

そこに行き来した山伏や駄賃つけの人たちの手にある錫杖《しゃくじょう》や杖は身を守るすべであり、その技は丸目蔵人が残してくれたものである。

㈥

諸塚村は甲斐の苗字が多い地域である。甲斐氏は菊池氏の内紛から分かれた一族で、足利尊氏の支援を受けた甲斐武村は肥後合志の鞍岳で本家菊池氏と合戦するも、敗れて縣（延岡）の土持氏を頼る。寄食の身であった甲斐一族は北方（延岡市）あたりに住まいを得て、南北朝と

大半が森林地帯の諸塚村

椎茸の有数な産地である同村は、スギなどの植林と椎茸の原木となるクヌギなどが計画的に植林され、そのモザイク模様が美しい。集落は山の斜面に点在し、まさに天空の村といってもいい住みやすい村である。

いう時代背景で、武士《もののふ》として極めて高い戦闘能力を持つ集団となった。当時軍事力を必要としていた高知尾の三田井氏はこれを迎えた。

三田井氏の旗下で家代、七ツ山に入植した甲斐氏の一部は次第に各所に繁茂していく。それまでの諸塚の先住の人たちを推察すると、極めて希少な苗字に行きあたる。例えば薊《あざみ》・鎌倉・小藤・椿・常盤井《ときわい》・日與《ひよ》川《かわ》・綟川《もじかわ》などは古くから存在し、平家の落人の子孫と伝える。後進の甲斐氏はこれら先住の人たちと混住混血し、あるいは駆逐し次第に勢力を伸ばしていったものと思われる。

七ツ山岡田氏の出自については、確たる伝承や記録がなく定かではないが墓誌などから推測して、江戸時代の中頃には八重の平や大椎にその痕跡が多く見られる。甲斐氏の入植以前に住み着いていた人たちかもしれない。

甲田〔こうだ〕氏

隣村の騒動で手腕を発揮した安左衛門、五ヶ瀬川を浚渫《しゅんせつ》し積み出し倍増の嘉兵衛

岩井川大人は甲斐宗摂の拠点であっただけに肥後国衆一揆以降多くの落人が住んだ。そのため家紋は阿蘇氏、菊池氏ゆかりの鷹の羽根紋が多い。

(一)

旧岩井川村の中心は大人である。その呼び名についてはいろいろあるが、古くは鬼八退治の功臣旭大臣若丹部氏という身分の高い人の住んだ地を称して、「ダイジン」が転化したものかという説がある。

大人にある地名「御供殿《ごくでん》(田)」は十社大明神に納める水田があった所である。そこに注ぐ井手(用水路)があり、それを岩井川と称し、岩井川村となった。また、甲斐宗攝が十社宮の「鬼八霜宮」に捧げる人身御供を「猪」に変えた例に倣《なら》い、大人はその猪の狩り場とされた。古くから十社大明神とは深いつながりを持つ地域である。

この大人を中心とした岩井川、分城と峠を越えた家代、七ツ山の支配を与えられたのは甲斐宗運親直の二男（和泉守を名乗ることから親宣の兄和泉形部親安の子とも）と伝わる甲斐宗攝である。宗攝は縣《あがた》の城主高橋元種にそそのかされ主君三田井親武を討った逆臣とされているが、大人の集落で善政を敷いた領主として人気がある。

大人集落の上部を通る一筋の道がある。今は埋もれてしまったが、江戸時代頃までは通水された井手の跡で小口谷から水を取り入れ、わずかな勾配で水を誘導し谷間は掛樋を通して集落の中心部まで引いた。今から約五百年前に宗攝が引いた画期的な土木工事で、宗攝を偲んで主《おも》井手《いで》用水として名を残す。

大人の集落は、日本の故郷を思い出させる懐かしさと中世の香りが漂うたたずまいがある村で、領主が平時の際に住んだ刈屋《かりや》（仮の屋敷）周囲に塀をめぐらした豪族の住まいの栫《かこい》、陣立ての場（興陣《こうじ》）や引き陣（引地《ひきじ》）、馬を調教した横馬場、上の城（高城山）の大手門があったと思われる虎口《こぐち》（小口）など枚挙にいとまがない。

先日、取材を兼ねて大人の夜神楽を見る機会を得た。集落の中心地小学校の跡地に建てられた地域のコミニュテイセンターを兼ねた歌舞伎の館である。二十人ほどの奉仕者が整然と舞いこむ。神事直会《なおらい》のあと陽が落ちてからの太鼓のバチさばきは一段と激しく、高千穂の神楽太鼓の数倍の速さはあろうか。三十三番一つひとつは勇壮で力がこもり見応えがあって飽きない。

神楽の内容も地域ならではの特色のある出しものであった。

神楽の館の玄関口に、金糸銀糸装飾刺繍《ししゅう》の豪華な打掛が展示してある。数百万円はするだろう代物である。衣装の一部は、江戸時代に上方貿易で栄えた佐土原藩で催されていた農村歌舞伎の衣装を買い取ったものらしく、地域の豊さが証明される。県指定無形文化財「大人歌舞伎」は宗摂が好んだ芝居（当時としては田楽の類、高千穂に伝わる楽みたいなものであったろう）を「お通夜」と呼び、宗摂八幡に奉納していたものが江戸時代後期に歌舞伎、芝居に転化した。

これら大人を中心とした岩井川村の豊かさの原点はどこにあったのであろうか、幕末の頃庄屋を務めた甲田氏を中心に描いてみたい。

岩井川の御供田跡

日之影カソリック教会の場所は御供田跡

その昔、十社大明神に供えるお米を栽培する御供田があったとされる場所。今はカソリック教会が建っている。お米は神事に欠かすことができない物の一つで御神酒の製造原料であった。江戸時代以前は一般の人は食することはなかった。鎌倉時代、建久年間（一一九〇～九九）の「嶋津図田帳」によれば、高千穂郷全体で水田は八丁（町）と少ない。

鬼八退治の功労者である丹部氏、冨高氏ゆかりの場所として十社宮の御供田が五ヶ瀬川の川南、大人と川北、徳富の天然の湿地を利用して開かれ、代々守り継がれてきた。御供田の管理者を神田さん、極殿さんと呼んだらしい。貝田、甲田の苗字は神田の転化とも考えられるが、大人の御供田の管理家は甲斐氏である。

岩井川の地名が、神事のお祝いに用いるお米を生産したこの御供田に注ぐ川の別称「祝川」から呼ぶようになったともいう。御供田の場所は岩井川神社ご祭神の御旅所であった。この地方の領主甲斐宗攝が大人の館から居城中崎城に出かけるときは、この御供田の家に立ち寄りお茶を飲んだという。この家にクワンス（熊本地方の方言で茶釜のこと）というヤカンより大きい鋳造の釜があり、釜底は金を貼った名品があった。宗攝の接待はこのクワンスを用いお茶を点《た》てる習わしであったと伝わっている。惜しいことにクワンスは、現在行方不明とのこと。

昭和三七年（一九六二）から数年かけて、国の農林水産技術会議が「わが国の在来種品種の調査」を行った。全国の膨大な在来種の食味調査で、高千穂の御供田の神饌米の食味はいずれも高い数値を示し、中でも徳富の品種は全国一の食味と認定された。原種として採取された徳富、大人の種籾は九州大学の冷凍室に未来への遺産として保存され静かに眠っている。

甲斐宗摂の墓

文禄四年（一五九五）、延岡城主高橋元種は水清谷四朗三郎に二千の兵をつけ、宗攝の居城分城堺の要

舟ノ尾集落を望む

甲斐宗摂の墓

害中崎城を攻める。宗攝軍は天然の要害を利用してよく守り、敵将水清谷を討ち取るも支えきれず落城。宗攝は逃亡の途中、鶴の平で追手に発見され自刃した。墓石には「〇捐館月心宋攝居士尊霊」とある。

旧七折村舟ノ尾集落

のどかな山村風景の舟ノ尾地区は、延岡より綱の瀬川を渡りつづら折りの坂道を登り新町を通って辿り着く。寛政九年（一七九七）、舟ノ尾の代官所が焼失するまで高知尾統治の中心地であった。南に下れば八戸にでる。五ヶ瀬川を利用した筏《いかだ》や高瀬舟などの水運の中継基地で炭や木材の搬出場であった。享保一六年（一七三一）、延岡藩牧野氏の家老藤江監物《けんもつ》は用水開削工事に手がけていたが、軍用金横領の疑いで舟ノ尾の牢獄に収監される。監物の牢死後嫌疑は晴れ岩熊用水も完成する。牢死した監物親子の墓もこの地に建てられ、延岡からのおかげ参りも多い。明治一〇年（一八七七）には西郷軍と官軍の激しい戦いのあった場所でもある。

旧岩井川村大人は高千穂十八カ村の中で、近世になって豊かになった村の一つであろう。背景にあるのは、恵まれない自然や地域の条件に立ち向かい創意と工夫によって豊かな稔りの土地に変えていった先人の英知と、一緒に行動した村人の団結力であったようだ。

ただ、それは大変険しい道のりで、高千穂特有の消極的な「ノサンよだきい」とか、時には争論もあり、リーダーたちの苦悩は大変なものであったようだ。村中〝心を一つ〟にして困難を乗り切ることができたのは、心の拠り所としての甲斐宗攝という戦国武将の善政という見本があってのことであろうか。

この村の改革の旗振りとなったのは、江戸時代末期の庄屋職と明治に至っては村長たちの活躍である。

甲田［こうだ］氏

(二)

天明元年（一七八一）、藩主内藤氏から給地高一石を得て小侍に取り立てられた岩井川大人の甲田安左右衛門は、その後岩井川村の庄屋に出世する。

この岩井川甲田氏の出自がはっきりせず、御子孫の甲田実氏や琢馬氏に聞いたが伝承がなく、実氏の義姉甲田ツルさんが調べた労作の略系図でおぼろげながら分かってきた。さらに、幕末の頃の岩井川村庄屋甲田嘉兵衛が古園仁田原の人と判明し、子孫の甲田福利氏にもお会いできた。文久年間（一八六一〜六四）の甲田益五郎庄屋についてはいまだ文献を見つけていない。

甲田の苗字の初見は、見立の『佐保文書』（元文六年〈一七四一〉）に郷足軽として甲田彌七兵衛の名があり、さらには舟ノ尾天神社の棟札に嫡子の織平と共にあった。

この彌七兵衛について、舟ノ尾の津隈秀雄氏は津隈氏四代織右衛門の弟で、津隈本家三代権大夫が切支丹の嫌疑を受けて失脚したため、権大夫の嫡子織右衛門は士分を捨て侍の株を弟彌七兵衛に譲り、一家を立て帰農した後、四カ所の弁指《べんざし》となった。彌七兵衛は津隈屋敷《おか》のもとに分家し甲田という苗字を名乗る。この時点で新しい苗字が生まれるが、それについての言い伝えによれば、初代越後守宣吉が肥後からこの地に落ちてきた一族三家、角隈《つのくま》（津隈）、甲佐、高田があり、彌七兵衛が分家したとき甲佐と高田を合体させ苗字としたとのことである。

一方、岩井川大人の甲田氏は常右衛門という人が最初である。墓誌から推測して安永年間（一七七二〜八一）の生まれと思われるが、二代前の權野衛門は甲斐氏である。權野衛門の父と母、そして權野衛門の倅《せがれ》が元文三年（一七三八）に相次いで亡くなっている。はやり病か事件に遭ったかは謎である。

大人集落の東端、龍天橋を望む所に「ジョウ」の地名の小高い丘がある。先日甲田実さんの案内で頂上に登ったが、まぎれもない室町以前の城郭の縄張りを配した場所で、甲斐宗摂以前の古城と思われる。頂上は平らに整備され本丸址や西側の五ヶ瀬川方向に落ちる急斜面が搦《から》め手で、南側の新名氏宅あたりが小口（虎口・入口）となる。東側に下った所に若宮様の社があり、甲田実さんほか数軒が祀っている。お姿二躰夫婦の神像があり若宮様であろう。「若宮」とは、新しく祭られることになった神社のことを呼び、一般的には不運に廃された者を祭る。この「ジョウ」の主が若宮様であった可能性が高い。甲田実さんの本屋敷は若宮さんの下にあった。

岩井川甲田庄屋家略系図

権野衛門（甲斐氏　元文三年寂（一七三八））―○―○―（この間数代）常右衛門（甲田氏初代　文政六年（一八二三））―安左衛門（岩井川村庄屋　小侍（安政四年〈一八五七〉名面附帳）　天保二年（一八三一）退役願、後任日吉氏（矢津田文書）　天保四年（一八三三））―常彌（文久元年（一八六一））

常彌―信次（小侍　万延元年（一八六〇））

信次―熊三郎（小侍・明治十八年村会議員（一八八五））―茂四郎―政市―実（ヤシキ甲田家）

茂四郎―間喜（四男・まき）―純雄―琢馬（落水甲田家）

別系統―豊吉―以下略（小侍（文久四年面附帳）七折舟ノ尾甲田氏）

分家　嘉兵衛久吉（文久四年（一八六四）小侍足軽筆順名面附帳・小侍格　甲斐氏を名乗る　安政の頃に岩井川庄屋職（墓石には甲嶋屋嘉兵衛とある。別名久太郎））―益五郎―○―豊太郎―伍一―福利その近くに城の井戸がある。
いつの頃か、城を探索していた不審の山伏が井戸に隠れているところを発見され、斬られて井戸に落ちて死んだということで、今は祠が建てられ水神と一緒に祭られている。

㈢

大人集落の後背高城山に石山城があり、城主は有藤玄番頭信久という人であった。『高千穂古今治乱記』に玄蕃頭の奮戦ぶりが講談の講釈のように書いてあり面白い。この石山の城は古園の下城（城主・森氏）に対する上の城である。有藤（宇藤）氏をはじめ、周辺には山本、菊池、赤星、山室、森など肥後系の移入者が住み分けていたと考えられる。宗攝自体が肥後御船からのUターン組の代表者でもある。

甲田氏の出自も肥後国の可能性があるので調べたが、慶長以前にはその苗字を見ない。江戸初期の「肥後加藤侯分限帳」に俸禄二百六十石の甲田彌市郎の名があるが、加藤氏は寛永九年（一六三二）に改易になっており、その後に就封《しゅうほう》した細川氏の家臣団には甲田の苗字を見ない。岩井川に甲田氏が起こるのはその百五十年後になるので、彌市郎との関連は考えにくい。元文三年（一七三八）に途絶えたと推測される甲斐氏權野右衛門家に、甲田姓を名乗る初代常右衛門が舟ノ尾の甲田姓で養子に入ったと考えるのが妥当であろう。

常右衛門の嫡子安左衛門は天明二年（一七八二）、給地高一石で延岡藩の小侍に登用される。文政四年（一八二一）に起こる七折村百姓三百余名打寄一件（『内藤文書』）では岩井川村庄屋として登場する。

この事件は七折村の百姓が猪鹿の害が多くなったので、村中で鹿狩りを行うと呼びかけ、大勢が波瀬明神に集まり不穏な動きとなった。宮水役所が調べてみると、村役の者への不満、獣の害で年貢である用銀の負担に難渋していることなど様々な要因が重なり、このままの状況では逃散や一揆に発展する兆しありと、他村へ飛び火する恐れも出てきた。藩では、これを未然に防ぐために周辺の人材を集め説得にあたらせた。当然、岩井川村の庄屋甲田安左衛門もその任にあたっている。

説得により騒動は一応収拾し、七折村庄屋甲斐又兵衛以下、村役数人は不行届きの責任を取らされ処罰を受けた。一方、徒党を組んだ惣百姓には先の山裏村逃散事件の例を警戒して、心得違いがあったが考慮す

七折の波瀬神社

ご祭神は伊邪那岐命《いざなぎのみこと》、伊邪那美命《いざなみのみこと》の夫婦神を祭る。延岡藩主有馬氏の崇敬厚く有馬直純が天草の乱出陣で祈願成就のお礼に一夜建立したお宮の伝承がある。今から200年以上前、七折村の人々がこの神社に集まり鹿狩りを名目に世直しを訴えた。

べきと重罰でなくお叱り程度で収まった。

隣村の騒動の調停に関わった安左衛門に、庄屋が罷免され不在となった七折村の庄屋職兼帯（兼務）を命じられる。安左衛門が再び記録に登場するのは、皮肉にも先祖の地と目される舟ノ尾の津隈家をめぐる相論である（『津隈家文書』）。

舟ノ尾津隈氏四代織右衛門は士分を捨て帰農し、弁指の役付きとなる。織右衛門はかなりの面積の農地を所有し、子孫は代々これを引き継いできた。織右衛門の没後百年後の天明年間（一七八一～八九）に子孫弥八が弁指を降りることになり、所有する田畑は弁指役の持ち高であるから村民に引き分け与えるように訴えが出され、弥八側と村民との争いとなる。一般的に四ヶ惣騒動と呼ばれるもので、この難問の相論が起き三十九年後の文政七年（一八二四）に解決をみる。解決の陰には、岩井川と七折村の庄屋兼帯の甲田安左右衛門の活躍があったようだ。

(四)

甲田安左衛門が庄屋に就いたのは、甲田家に残る安左衛門墨印の文書から文政三年（一八二〇）で、辞任する天保元年（一八三〇）までの約十年間であったと思われる。

この時代は近世から近代へ変わる幕末前の変革期で、草深い高知尾の地にもその予兆ともいうべき出来事が起こる。七折村騒動や四ヶ惣騒動など藩の村方支配や村役人、小侍に対する民百姓の不満、上納（年貢）の難渋さや村入用の出費の増加など不満が増大していった。板挟みとなる中間管理者的な小侍、郷足軽、弁指で、後にその矛盾を正そうとした杉山健吾（別編「杉山氏」参照）による「高千穂神領運動」の下地をつくる要因ともなっていく。

そういう難局の中で、安左衛門は無事その大任を終え庄屋職を日吉茂平に引き継いだ。

古園谷下水田の見事な石組

谷川近くの水田付近に露出する阿蘇凝塊熔岩を切りだし積み重ねたもので、石組は熊本城にも見られる典型的な穴太《あのう》積みと見られる技法。肥後から来た石工か、その技術を身に付けた地元の石工の仕事であろう。

天保十一年（一八四〇）、七折村深角の高千穂往還に石橋が架けられた。高千穂と延岡の往来が盛んになって必要となり、深角の郷士甲斐庄吉の発起で三田井の酒屋田崎九兵衛や小侍田尻為衛門らが出資して建造した。

この画期的な永久橋の架橋は宮崎県最古の工事といわれている。工事にあたったのは肥後南関《なんかん》の石工らで、それまで神社仏閣の石造物を手掛けていた集団、儀右衛門一党である。この石橋工事がきっかけで困難とされていた用水路の建設が可能となり、各所で田成《たなり》（開田）機運が高まっていく。

五ヶ瀬川をはじめとする水系の断崖上に

は椎《しい》と呼ばれる傾斜地があり、肥沃で作物が良くできる所があった。それまでは畑地として耕作されていたが、石積みや土留めによって階段状に平地をつくり、水を溜める工法が肥後の石工集団、藤本氏、富士本氏、米田氏などによって田開きが行われ、現在の棚田が造られていく。並行して「井手」の開削も、村のリーダーたちの発起指揮のもとに行われる。

世は幕末、風雲急を告げる時代であったが、高千穂郷において「田成」は小さな産業革命、構造改革の時代であったともいえる。これにより各村落の石高は飛躍的に伸びる。

岩井川古園の仁田原は後背に高城山を背負い、北東の古園に向かって緩やかな傾斜地である。高城山から幾筋かの小川が流れている。文政三年（一八二〇）、この小川を利用し井手が引かれて以来、堀野氏や甲田氏らにより四本の用水が古園集落を潤し豊かな村となる。

嘉永《かえい》三年（一八五〇）の「高千穂中献納銀ニ付御褒美手扣……」（『内藤文書』）に、岩井川村庄屋甲田嘉兵衛《かひょうえ》の名がある。筆者は、この嘉兵衛庄屋の所在は大人下中の甲田安左衛門の子、もしくは孫と思っていたが、仁田原の甲田福利氏のご先祖と判明した。

嘉兵衛の名は安政二年（一八五五）に勧請された宮水親武明神新宮再興の棟札や古園天満宮前の井手供養塔、同天満宮の棟札に庄屋名としてある。最後にその名を見るのは明治二年（一八六九）の『小崎家文書』で、記録は少ないが幕末から維新、明治と目まぐるしく変わる時代にあって、その後に起こる西南の役の災禍、岩井川村、七折村分城村の合併、新道の開設、五ヶ瀬川の舟路工事、新戸長役場の問題解決の下地づくりに苦労した人である。
嘉兵衛の出自は下中甲田家の分家と伝わっている。彼の墓石には「甲嶋屋嘉兵衛」と彫ってあり、甲嶋屋の名からして山産物を取り扱う商いをしていた可能性もある。同時代に岩井川村庄屋甲田益五郎の名前を所処にみるが庄屋が二人いるはずがなく、甲田福利さんの奥さんちずるさんの話によれば、名前を二つ持っていた人とのことで、同一人と考えられる。

通水記念碑「奉請本尊無垢法性圓住」

古園の天満天神社の前に立っている井手供養塔で、文久三年（一八六三）に通水した記念の碑である。正面蓮華の下の礎石に「世話方頭取　古園小原村中」として、右から山本瀧右エ門、馬崎源治良、佐々木秀治、堀野嘉伊吉、甲斐竹松、佐兵エ、利助、浅吉、丼兵エ。石エは深角の熊八で南関石エの一人かもしれない。最後に庄屋甲田嘉兵エの名を彫り井手の開削に苦労した者の名を記している。この後ろに昭和一六年（一九四一）に通水した延長七キロ・十四町の水田を潤す岩井川古園耕地整理組合の水路記念碑が建っている。

中村［なかむら］氏

菜種千俵、米千俵交換詐取されるも三代かけて取り戻した中村寅五郎

日之影町宮水の中村家の墓所には整然と墓石が林立し、その一つ一つに家紋が刻んであるが多くは丸無しの唐花紋。この紋は大陸伝来の紋で遣唐使が伝えたという。中村家にはもう一つ漢字（角字）紋があるが、「周」の字に似た文字をデフォルメした紋だが漢字帖になく省略した。

㈠

中村という苗字は古くから高千穂にあった苗字ではない。最初にその苗字を見るのは日之影町宮水の中村家墓所で、中村家初代の九太夫清長という人物の墓石で生国は大坂とある。九太夫がなぜ九州のこの地に降ってきたのは定かではないが、苗字から官途名（官職名）と名前とひととおり武家の名乗りとなっているので、主家を失った浪人であろう。

九太夫が居を定めたのは肥後境鞍岡の荻原《おぎわら》である。九太夫がこの地に落ちてきたのは元禄時代（一六八八～一七〇四）の終わり頃と推測されるが、当時は荻原も商家が連なり「町」の様相を呈していた。しかし、元禄時代を過ぎた頃から少しずつ商業の中心が、荻原から川向うの肥

後国馬見原に変わりつつあった。というのも、肥後一国を治める細川藩には熊本という大消費地があり、三角や天草の港から豊富な肥後米や農水産物を満載した北前船が発着して北国の産物まで移入されるような発展を遂げていった。馬見原はまさに天賦の大国肥後への入り口となりつつあった。

肥後と日向をつなぐ「両国橋」

中村家初代は国境の荻原の町に大坂から移住してきた。

五ヶ瀬川に架かるこの橋の名は「両国橋」と呼ぶ。橋の手前側が肥後国の馬見原、川向かいが日向国の荻原集落となる。荻原の町は道の両側に商家や旅人宿が軒を並べていた。荻原から奥に登った所に秋葉権現が祭られた小山があるが、中世の頃の城址で揚城もしくは鞍岡甲斐氏の本拠鞍岡城と推定されている。

荻原は要衝の地である。高千穂郷への入り口は当然として椎葉奈須山、耳川沿いに下れば入郷、富高へ、後背の黒峰を越えれば矢部浜町から益城、馬見原から北へ向かえば高森から阿蘇谷、そして野尻から豊後へと縦横無尽の道が伸びる。商いの物資の中継地としては誠に利のある土地であろう。

江戸時代の中頃になると徐々に商業の中心が馬見原に移りつつ

あったので、中村氏は時節を見て高千穂郷の中心地であった代官所のある宮水に転居したものであろう。その後、馬見原の地で中村氏が膨大な損失を負う詐欺事件に巻き込まれるとは誰も予想もつかない出来事が起こる。

日之影町宮水の中村邸

江戸時代から酒造業を営んだ豪商の1人である。膨大な文書が残され、中には宮崎県の歴史を知るのに貴重な文書もある。屋敷は旧高千穂街道に向かって建てられ多くの石材を用いてある。

(二)

宮水中村家の膨大な文書をいまだ読み取れていないので、不確かなことは言えないが、中村家は初代九太夫から二代安右衛門－三代吉右衛門－四代忠兵衛と代々商人《あきんど》であったようだ。商売の中心は酒屋(酒蔵・醸造業)であった。

次ページの表は延岡藩が許可した酒蔵の原料となる米の石高である。延岡藩内の酒造業のほとんどは「酒」を造っており、蒸留酒の「焼酎」製造の記録は見ていない。当時、蔵出しの酒のアルコール度数は推定十三～十七度で、これを希釈(水増し)して五～八度に薄めて販売

日向国延岡城下 町酒屋（酒蔵）帳（享和元年〈1801〉3月）

村 名	酒造株主の名前	酒造米石高	摘 要
七折村	民弥	120石	此株天明８年七折村務惣治と御書上候処寛政元年民弥方へ譲受申候
七折村	忠次郎	96石	此株天明８年七折村吉右衛門と御書上候処寛政元年忠次郎へ譲受申候
七折村	梅之丞	96石９斗	
三田井村	岩吉事、勇助	174石	
三ヶ所村	栄治	165石	此株天明８年三ヶ所村鶴吉と御書上候処寛政７年栄治方へ譲受申候
岩戸村	栄四郎	150石	此株天明８年岩戸村孫次郎と御書上候処寛政11年栄四郎方へ譲受申候
上野村	松兵衛倅清兵衛	114石	
上野村	半蔵	135石	此株天明８年上野村脇右衛門と御書上候処寛政５年10年に限り半蔵方へ借受申候
押方村	陸弥	99石	此株天明８年押方村市兵衛と御書上候処寛政10年陸弥方へ譲受申候
河内村	岩太郎	45石	此株天明８年岩戸村にて酒造仕候処河内村へ引移り酒造仕り候
岩戸村	虎次郎	81石９斗	
下野村	重吉	114石	此株天明８年下野村傳右衛門と御書上候処寛政元年繁吉方へ譲受申候
家代村	幸藏	63石	此株天明８年家代村勝蔵と御書上候処同年幸藏方へ譲受申候
河内村	新七	162石９斗	此株天明８年河内村新七と御書上候処寛政２年城下北町松屋助右衛門方へ譲受申候
合 計	14蔵	1,616石７斗	

出典：『宮崎県史　資料編近世３　内藤家文書』

するのが一般的であった。

この表によれば、高千穂郷内には十四の蔵元があったようだが中村家は「七折村・忠次郎」の名義になっている。忠次郎が後の忠兵衛清景で、天明八年（一七八八）の届けにある吉右衛門は父の吉右衛門清則であろう。原料となる米の年間使用量の石高は九十六石と他の酒蔵に見劣りするが、この時点はまだ創業の途次にあり、妥当な数字と思われる。

村ごとに酒の消費量を原料高から見れば、当時代官所があり郷内の政治経済の中心であった七折村が合計三百十三石でトップである。この数字の中に、近隣の岩井川村や分城村の消費も含まれると思われる。次いで、農業生産量が高くすでに町が形成されつつあった上野村の二百四十九石、そして河内村の二百八石となるが、河内村の新七は後に酒屋の株を延岡の商人に譲渡している。

当時の醸造業での問題は原料となる米の確保である。郷内の米の生産量は水田面積七十七町、分米六百五十三石、畑地面積千七百四十三町、分米五千四百六十二石で合計の耕作地面積は千八百二十町、分米は六千百十五石（『宮崎県史　資料編　近世3』）であった。

日之影町宮水の中村氏略系図（血筋を示す明確な系図がないため古文書、墓誌に記載された名前を年代順に羅列）

出典『日之影町史』（中村圭一郎家文書）『中村家墓誌』『奇藤家文書』『正念寺文書』

宮水中村氏

初代・生国大坂

九太夫清長 ―― 安右衛門□□ ―― 吉右衛門清則

九太夫清長：享保七年（一七二二）卒

安右衛門□□：安永二年（一七七三）卒

吉右衛門清則：寛政元年（一七八九）卒

墓所鞍岡荻原町ノ上ニアリ

戒名から日蓮宗と思える。

中村［なかむら］氏

忠兵衛清景 ── 譽之助清信 ── 倉之助 ── 寅五郎 ── 以下略

忠兵衛清景：「忠兵衛」は商号、もしくは代々の官途名で個人名ではない。詐欺にあったのは清景でなく子の譽之助である。

譽之助清信：文政十三年（一八三〇）、米千俵と菜種千俵の交換不履行の詐欺にあった。周旋を従弟の杉山健吾に依頼する。

倉之助：蔵之介とも。天保二年（一八三一）の周旋文書に度々登場する。

寅五郎：きわめて有能な商人。傾いた中村屋を再興する。別名靏太郎と称される人物。同志に図り宮水神社を建立した。

忠右衛門宗祥 ┄┄ 養子 → 鶴右衛門

※上野村庄屋の萩右衛門の養子になったとき鶴右衛門と改名。はじめ鶴三郎という。

上野工藤氏

脇右衛門（上野村庄屋　享保十七年（一七三二）卒） ── 紋右衛門（上野村庄屋　安永六年（一七七七）卒） ── 業右衛門（萩右衛門）（上野村庄屋　寛政九年（一七九七）卒） ── 鶴右衛門（錠平太）（上野村庄屋　天保四年（一八三三）卒）

延岡藩士　杉山氏

紋右衛門（有馬家臣　坂） ── 勘解由左衛門（享保七年卒） ── 八尋右衛門（安永二年卒） ── ケン（寛政元年卒）

ケン ＝ 業右衛門 ── カメ

カメ ＝ 鶴右衛門 ── 杉山健吾

杉山健吾：譽之助の叔父、中村家が詐取にあったとき奔走する。後に高千穂神領運動を提唱した。

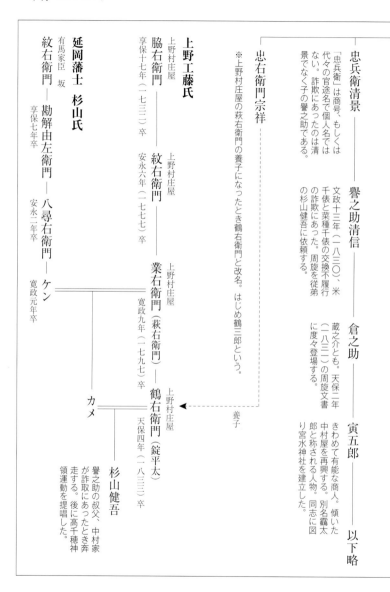

(三)

江戸時代中期の高千穂郷の石高は、概ね六千五百石である。その要因は水田が極端に少ないためで、井手(用水路)の開削技術が導入されて水田開発が盛んとなる幕末まで零細な畑作主体の寒村のままであった。

江戸時代延岡藩の治世下、年貢は物成《ものなり》と呼び水田、畑地はでき作により上中下に区分し、面積を換算した歩合の銀を治めさせた。米があまり穫れない高千穂郷の年貢の多くは小物成《こなりもの》とよばれた麻苧《あさお》、茶、楮《こうぞ》、木附子《きぶし》、鶏尾羽、山もち、柿渋、紅花、綿で、このほか焼畑や青山で収納された蕎麦や稗《ひえ》、粟、大豆、小豆、芋などがある。

実は、本編のテーマの一つが菜種千俵と米千俵の話が糸口となるわけだが、菜種の生産量を記録した古文書を見出せなかった。

当時の高千穂郷は酒の大消費地である。水が良かったことから銘酒の地としても有名であった。酒の原料は大半は米で、しかも上質の米を原料とする。郷内の酒の原料石高は千六百十六石で高千穂郷の石高の四分の一にもなった。原料を郷内で供給はできず、その大半は交易の中心地馬見原で求める以外はなかった。

七折村宮水の酒屋中村家が、酒米の原料となる肥後の上米千俵と高千穂の菜種千俵を交換する取引を成立させた背景には、このような状況がある。もう一つの問題は、代価としての菜種千俵をどのように集めたかである。日本の原風景ともいえる黄緑と黄金色の菜種の風景は、当時の高千穂にはまだなく、高千穂の北西野尻や草壁にあったようだ。

中村家の当主は譽之助で、二代目中村忠兵衛を名乗った。彼にとって今回の取引は一世一代の大勝負であった。

菜種千俵と上米千俵の交換取引が行われたのが文政十三年（一八三〇）七月、約束によって中村氏から菜種千俵が、野尻手永の内草壁から十月に搬入を終えている。あとは交渉相手の金《かね》内《うち》村庄屋の吉右衛門と口入引き請人伊津屋伊兵衛の出方を待つだけとなった。契約では盆前に内入れ百俵の米を納入する予定で、残りは十一月を期限としていたが、一俵の納入のないままに時間は過ぎた。

そこで心配した譽之助は、従兄である杉山健吾に代理人として周旋（当事者双方の中に入り、調停・解決策を見つけだすこと）を依頼した。

㈣

七折村宮水の造り酒屋中村家が詐取《さしゅ》（だまし取ること）された事件は、現存する資料からして仕組まれたものであろう。当事者の中村譽之助以来、代々の当主や周旋を引き受けた譽之助の従兄、杉山健吾等の誠実な交渉が記録の中に見えてくる（『中村圭一郎家文書』『日之影町史』『宮崎県史』）。必死の中村家の人たちに比べ、入れ代わり立ち代わり登場する肥後側の人物の鷹揚《おうよう》で無責任、いい加減さは解読しながら憤りさえ覚える。肥後人の民俗性か、それとも一時代前に阿蘇氏麾下《きか》で肥後の中原を支配し活躍した高千穂の人々への意趣返しとでも思えてならない。

菜種千俵が届き、米千俵を受け取る段になったものの、伊津屋伊兵衛からは、盆前の内入れの百俵は送れないので濱町（矢部）の畳屋で用立てる、雪隠《せっちん》（便所）の普請中に怪我をした、金内村での農作業の不手際で籾摺りが遅れた、頼母子《たのもし》の用立で来年二月まで米は送れない、などと理由をつけてきた。

文政十三年（一八三〇）十二月、譽之助の依頼を受けた杉山健吾は馬見原に赴く。翌天保二年（改元のため）まで逗留し交渉、金内村吉右衛門と倅瀬助《せがれ》、仲介役馬見原の伊津屋伊兵衛を訪ねるも姿を見せなかったので、菅尾手永の会所（肥後細川藩の行政単位・その長を惣庄屋という）を訪ねた。惣庄屋山村市兵衛に面会を求めたが留守であったので、手代の小糸猪十郎に仔細を説明すると、同情した小糸は伊兵衛、会所の手代原田庄助らとの対面の機会をつくってくれた。健吾は伊兵衛との直談判にようやく至ったものの、「……この始末は長々しき事に……気長く……」と取り合わず、やむなく金内村の吉兵衛と倅の瀬助を訪ねたが熊本へ出張中で会えなかった。

その間矢部の会所、肥後藩旅人方肥後郡代等の役所に訴えているが、自国の者に不利な答えは当然あるはずもない。矢部の庄屋弥七郎から「瀬助は難渋して支払いは出来申さず」「受け取った菜種も火事にあって……」「銭高は当年より四十年賦にしてほしい」と法外な取引変更の相談を持ち掛けられたが、これを呑《の》めるものではない。妥協案を提示した中村家であったが折り合わずに時間だけが過ぎた。

中村譽之助は宮水代官所に「何卒お上の御威光をもって……お掛け合い」との訴状を出す。代官所からの交渉があったものか、肥後からは役人が度々宮水の代官所を訪れて、その都度双方から妥協案が提示され協議が行われたようであるが、解決した記録はない。

譽之助が天保七年（一八三六）、事件の解決を見ずに無念にも六十二歳で病死し、それを追うように息子の倉之助も心労からか天保十年に四十四歳で亡くなった。

時代は譽之助の孫寅五郎の代となる。この人は文政五、六年頃（一八二二、二三）に生まれた人で幼少の時分から事件は理解していたと思われ、没落の苦境に陥った中村家を建て直し、後世に名を残す中村家中興の祖となる人である。

美しいアーチ式石橋が架かる旧金内《かねうち》村

旧金内村は熊本県山都町矢部から御船町に向かう途中にある。現在はこの奥に陸上自衛隊の大矢野原演習場があるが、古くは矢部手永（肥後国独特の郷単位の行政組織でトップは惣庄屋が務めた）金内村という。

御船川の上流にあたるこの地方は、阿蘇外輪山の麓にあって広大な原野と豊富な伏流水に恵まれ、幕末に布田保之助などによる水田開発が行われる以前からの米どころであった。

七折村の造り酒屋の中村譽之助は酒米の原料とする目的で、この地の庄屋吉右衛門と馬見原の商人伊津屋伊兵衛との間に、米千俵と菜種千俵の交換の取引の契約を行った。米預手形（契約書）の内容の大略は次のとおりである。

旧金内村にはアーチ式石橋も

「米預かり一札之事、米千俵也、但し上米一表につき三斗入、右の通り確かに預け置き候……途中略……しかる上は当十一月限り馬見原町於て伊津屋……この手形引替……万が一右表高に相違があればこの一札をお上へ……以下略」の文面で発行人吉右衛門と引受人の伊津屋伊兵衛、連名の証文が発行された。相前後して野尻手永の内草壁から大量の菜種千俵が送り込まれた。

杉山健吾必死の周旋。造り酒屋中村家の窮地を救うべく奔走するが……。

文化一三年（一八一六）に交わした米と菜種の交換取引が相手側の不履行で、窮地に陥った七折村宮水の造り酒屋中村家当主忠兵衛と関係者について述べてみよう。

中村家の系図が行方不明なので、古文書や墓誌で家系を調査した結果、忠兵衛の名前は親子二代にわたり名乗ったと判断される。先代は忠兵衛清景といい、清景の弟は上野村の庄屋工藤萩右衛門の養子となった鶴右衛門で通称錠平太という。なぜか養父の苗字工藤姓ではなく、祖母方の苗字の杉山姓を名乗った。鶴右衛門の嫡子が杉山健吾となる。

忠兵衛の二代目は譽之助清信といい、この人物が事件の当事者で、先代の中村忠兵衛は事件以前の文化六年（一八〇九）に亡くなっている。譽之助は杉山健吾に周旋を依頼した。健吾は当時、宮水代官所の勘定方を務めていて延岡藩の藩士の身分であったが、健吾のその後の活動から見れば行動が許されていたと思われる。

健吾は二十代の若さで上野村の庄屋を経験しており、その人柄は至誠天に通ずるほどの人物であったと評される。剣術、柔術は免許皆伝の腕前で、まさしくこの難題の解決にふさわしい心強い人物といえよう。

㈤

日之影町史『佐保源治家文書――諸役目覚日記』（寛政十年〈一七九八〉）の資料の中に、山裏村庄屋後藤七郎兵衛と船の尾の代官とのやり取りの文書がある。内容を大略すれば、「菜種の義、竹田・馬見原他所への売却は相成らぬ……差留の御沙汰あり延岡の商人との取引は勝手次第……略」の、中村譽之助が米千俵と菜種千俵（四斗入一俵）と相対取引する以前に、藩内からの菜種の持ち出しは制約があった。そのため譽之助が交換に用いた菜種は肥後野尻手永の内草壁産である。あらためて宮水中村家の商家としての力量を知る。

この資金（推計で、米相場で現在の五百～八百万円）の出所は、天領富高の銀主《ぎんしゅ》（投資家）升屋惣三郎である。富高は日向国随一の良港細嶋を中心に発展し、幕末は近畿や瀬戸内への千石船などの海運が盛んとなり商家が軒を並べた。主要な商家は投資も行った。惣三郎の融資は中村氏三代にわたって行われたと思える。

耳川や五ヶ瀬川の水運が開発されると、これらの流域の産物の積み出し港となった。馬見原一辺倒であった椎葉をはじめ、耳川流域の商取引も次第に富高に移っていく。馬見原の衰退は中村氏が詐取された問題の影響も絡んでいたこともあるようだ。

宮水中村家の当主譽之助そして倉之助が解決を見ず、交渉の途中で相次いで亡くなった。中村家を継いだのは寅五郎清信だが、この若者はただの跡継ぎではなかった。

中村家の棟梁になった寅五郎が卯十一月（天保十四年〈一八四三〉）に七折村庄屋中原寿右衛門を通じて宮水御役所（代官所）へ提出した書状に、寅五郎が進退窮まった情況の中で悲壮な覚悟が読み取れる。

文面は債権の半分を放棄し、その残りを三十年の年賦償還とするぎりぎりの案も矢部、菅尾の大庄屋たちの印がもらえずに示談がまとまらぬことや、富高の銀主升屋惣三郎の催促もあり、

「親病死後内外手廻不申……此の上は酒屋の株を手放す他はないが今一度掛合願いたい……」

との嘆願である。

中村家の文書はこれ以降の交渉に関わる文書は残されておらず、最終的な解決を書いたものは現存しない。肥後国の関係する役所にも、歴史的な汚点として記録は保存されていないと思っていたが、『蘇陽町史』の資料編にこの事件が解決したと思われる文書があった。

それは町史資料の「明治九年（一八七六）」の欄に「この駄賃一円四十銭柴原までの処受け取り候也……一、米十六俵　賃主宮水酒屋　中村亀十郎殿　但し祖父金兵衛より借用いたし候処、此の節相仕向け候間、此処に置き、外に何程書付残り居り候とも申さずに約定候也。明治九年（一八七六）十一月十七日右證文米三十石二斗也　立会人　中村鶴太郎殿　代人坂本庄吉殿　文化十四年十一月分　世話人　菊池甚作殿　仕向け人　八田薫次　立会人　八田弥平次」。

この文書の所在は、おそらく馬見原の素封家八田勲次家の文書と思われる。もしかしたら伊津屋伊兵衛と何らかの関係があって、八田家に残ったものかもしれない。書かれた文化十四年（一八一七）の年号は文政十三年（一八三〇）の間違いである。玄米の石高からすれば三斗入りの俵で百俵になる。おそらくこの米が最終的な約定にある完済の米だったと推測される。ともかく肥後商人らによる詐取事件が解決したのは明治九年、半世紀の時間がかかったのである。

なお、中村家文書のこの詐取事件の交渉以外の文書からは、寅五郎が手広く商いの手を広げ、五ヶ瀬川の水運の開発、分城樅木尾から宇納間に至る交易ルートの開発で酒米の調達も容易となったことが分かる。寅五郎は麻苧、椎茸、木炭、紙漉きなどの殖産、さらに金融業も手掛けた。高千穂郷内はもとより入郷地域、そして苦汁を飲んだ馬見原においても交易活動を行い、高千穂往還随一の商人となる。

中村圭一郎家文書の中に、『土持信賛《のぶよし》上京日記』がある。その内容は、岩戸庄屋土持信賛が京都に上り上野正念寺寛隆和尚の弟名聲寺住職隆音を通じて公家に近づくもので、後の高千穂神領運動の杉山健吾の活動の下準備である。かつて健吾が父の実家中村家のために東奔西走周旋のために活動した件への恩返しで、後の健吾の活動を支えたのは中村寅五郎であった。

視線の先に通潤橋がある……。画期的発想で難工事を完成させた布田《ふた》保之助

矢部手永の惣庄屋・布田保之助は、六一歳で隠居するまで道路や石橋、用水路の建設など農村のインフラ整備に尽くした。最後の大仕事が白井地区へ用水を引く仕事であった。これは矢部岩尾城の突端から対岸に八屋川をまたいで架けられた石橋の中を通水するもの。当時では画期的な工法で対岸に水を押し上げた。高低差を利用した逆サイフォン方式という当時では画期的な工法で対岸に水を押し上げた。

工事は有名な石工集団種山石工の手で行われ嘉永七年（一八五四）に完成、これにより当初計画の四二町歩を上回る七三町歩の水田が開かれた。工事費用は現在の金額で一五億円と計算され、矢部手永の積立てや藩からの借入れで支払われた。

矢部手永を支配する惣庄屋布田保之助にとって米千俵、菜種千俵のトラブルの頃は三十代の若さで、中村家との交渉には最高責任者の立場で度々登場する。示談書面の惣庄屋保証の連印には「お断り申し候」と押印を拒否している。後に大望を成し遂げ神とあがめられた人と思えば寂しいかぎりである。

三田井親武の首塚の跡に建てられた宮水神社

三田井氏の慰霊に勤めた宮水中村家の代々の当主たち

旧高千穂往還沿いの中村家屋敷（現中村圭一郎邸）と小川を挟んで向かいに小高い丘がある。丘の頂上は天正一九年（一五九一）、延岡城主高橋元種に内応した甲斐宗摂に討たれた高知尾領主三田井親武の首を埋葬した所で、伝えによれば首実検のため元種の本陣に送る途中、不思議にも親武の首が重くなり動かなくなったので、この地に埋葬したとある。

それから二一二年後の享和三年（一八〇三）、中村家の当主忠兵衛は三田井氏の一族である興梠権兵衛重綱や七折村庄屋甲斐又兵衛らと語らい、三田井氏一族の供養塔を建てた。三田井親武の供養塔を中央に、左に三田井氏の遺臣、右に三田井家一門と、それぞれの慰霊のため上質の阿蘇凝灰岩を用いた立派な墓

境内の供養塔

石である。墓石はいずれも西南の方向に向けて建てられ、それは落城した三田井氏の本拠仲山城と親武の館である御内《みうち》の御所を臨むようにしたものであろう。

中村氏は三田井氏の遺臣ではない。初代九太夫がこの地に来たのは元禄時代中頃と推定され、三田井氏とは全く関係ないが、忠兵衛以来、代々の当主は三田親武と一族を崇敬した。おそらくは三田井氏の興廃を書いた『高千穂古今地乱記』を読んで、三田井氏の統治六〇〇年間の平和な里への想いを寄せたものか、あるいは商人《あきんど》中村家として、非業の死を遂げた三田井親武の霊威を借りて商売繁盛を願ったものか。

天保一五年（一八四四）、忠兵衛の倅譽之助は「三田井越前守親武の廟所」として、親武大明神の神号を願い許される。宮水の代官塩団右衛門直憑《なおより》とその上司の郡奉行松崎藤右衛門元周《もとかね》が藩主内藤能登守の名代として廟所を訪ねている。嘉永二年（一八四九）、譽之助の孫中村屋七代寅五郎清信は、七折村の住民に呼びかけ神社の整備を行う。入り口の延岡の石工利吉による一対の巨大な石灯篭の台石に協力者の名が刻んである。参道には地域の有力者寄進の石灯篭を転々と配置して三カ所に石段を設けた。安政二年（一八五五）、周辺の神社を合祀し宮水神社（北山大明神）と称して郷社とし、寅五郎の主導で高千穂郷内の庄屋、小侍を招き親武の法要と祭礼が行われた。三間流造の神殿の前に田原の佐藤半左衛門との対で、中村寅五郎の寄進の石灯篭が時の流れを見守るように置かれていた。

都〔みやこ〕氏

幕末、高知尾の若者のステータスは六尺棒を操る棒術の免許皆伝であった

都氏の家紋は華やいだ「花菱紋」である。花菱は「唐花」とも呼ばれ起源は古代中国で遣唐使が持ち帰った装飾紋と言われている。平安時代に甲斐源氏の祖新羅三郎義光（武田信玄の先祖）が家紋に用いた。都氏の出自と推測される大陸と交流のあった豊前国の国人あたりが用いた家紋とすれば説明がつく。

㈠

上田原地区は、村の中央を流れる田原川がつくった扇状地のような台地が緩やかに五ヶ瀬川まで続き、その後ろに千丈の断崖を背負い北風を遮る。西南向きの地形は暖かく、地味は肥沃で豊かな実りを与えてくれる。五ヶ所高原からの水脈が集落の地下を走り、飲み水には事欠かない。この地の初期の開拓者は山の民興呂木氏である。その後三田井氏の支流田原氏や河内氏が加わり、彼らは土地の苗字を名乗った。

室町時代の中期、「熊野神」を奉じた集団が高知尾に次々と到来した。ほぼ一村に一つの熊野神社が創建され、神社付きで社家として内倉氏も各所に根を下ろした。

肥沃で地味豊かな上田原集落

田原川を挟み、尾中野から見晴らした同集落の後背中央の尖った山塊が、吉村氏の居城があった玄武山である。筑前秋月の出である吉村氏が宮崎を経てこの地に腰を下ろしたのも、この恵まれた天賦の地と肥後、豊後両国に通じる要衝と見極めたからであろう。しかし、豊後大友氏と土持、島津合戦の前哨戦で玄武山城は落城した。

阿蘇坊中の修験者安在氏、戸高（冨高）氏、延岡からの新名氏、宮崎からの吉村氏らは戦場を渡り歩いた者。肥後系と思われるのは武田氏、佐藤氏、後藤氏、矢津田氏、松野氏、藤本氏、豊後系は林氏、橋本氏のほか、島津との戦いに敗れた伊東氏主従の残党、肥前島原からの落武者山田氏など多士済々である。江戸時代の文政年間（一八一八〜三〇）以後、人口が増えて「町」が形成されるようになったことで商人や医者の移住があり、池田氏、天野氏、佐貫氏、その他多くの苗字の移入が明治大正の頃まで続く。上田原の開発は北詰の山室地区や太郎天神周辺、中原地区と田原川下流、菅木あたりから始まったようだ。

注目すべきは甲斐の苗字を名乗る家が極端に少ないことである。田原に限らず河内地区も同様で、馬場周辺にわずかに残るぐらいである。これは肥後との国境にある岩神城（別名・鬼頭山城）の存在にあったと考えられる。城のある場所は三田井氏の領域内なのだが、その所有者は阿蘇氏で、城主の甲斐大和守親宣が阿蘇家内紛に阿蘇惟豊に与力して大功を挙げ阿蘇氏からもらい受けて以来、甲斐氏の支配下になった。

その後、親宣の子親直（宗運）が御船に去ってから城主は弟の左近将監《しょうげん》惟房に移り三田井氏の麾下《きか》になった。このような事情から、三田井氏は田原と河内に甲斐氏一族を配することを控えたものと考えられる。

田原川の下流に名利正念寺がある。開基は吉村式部大夫種雄（秋月種員）という人で、秋月氏が大友氏に敗れた時に日向国の宮崎に下り、その後高千穂に移り菅木の興呂木氏の縁故（奥方が興梠氏の娘か？）を頼って三田井氏に仕えたと思われる。この興呂木氏の母は領主親武の姉の園姫で、摂家関白の九条種通のもとへ奉公に上がり種通の御手がついて高千穂に帰り、興呂木氏に嫁いだという。関白の血を引いて生まれた子は興梠実種といい、成長して種雄の子の惣右衛門種供の養育をしたとある。

天正六年（一五七八）、九州の覇権をかけて島津と雌雄を決すべく大軍を率いた大友氏は、反大友の吉村氏の居城玄武山城攻めを行った。玄武の天嶮を利用した吉村勢はよく戦ったが味方の裏切りもあって落城し、惣右衛門種供夫妻は自刃した。父の種雄は入道して道休と称し、討ち死にしたわが子や家臣の菩提を弔うため一寺を開いた。これが正念寺である。

そして、江戸時代の中頃、豊前の国から来た金山衆の一団が田原川西の尾中野に住み着いた、都氏の一団である。

豊後落ちした伊東義祐と玄武山城吉村氏の因縁

木崎原の合戦で島津氏に敗れた伊東義祐は、一族と家臣一二二名と都於郡、佐土原を退去した。親戚の豊後大友氏を頼るべく九州の中央山地を北上して諸塚を越えた天正五年（一五七七）、河内の小崎将監の館に辿り着いた。言い伝えでは、この時義祐主従の世話をしたのは玄武山城主の吉村惣右衛門という。翌六年の正月、義祐一行は臼杵の大友宗麟のもとに無事到着したのである。

今狩の伊東氏の供養塔

この年の三月になって宗麟は玄武山城の吉村氏を攻めている。伊東義祐主従を厚くもてなした吉村氏に恩を仇で返したのは、戦国の世の習いか。大友側から、義祐の豊後落ちに従った従臣は全部は引き取れないとの通知があり、上田原今狩地区と上野誌井知にその子孫が今も残る。

都〔みやこ〕氏

㈡

下野八幡は高千穂郷の旧主三田井家が崇敬した武術の神である。この下野の八幡神社に大きな扁額が奉納されているが、延岡藩の剣術指南役小野万（萬）右衛門の門弟によるものとある。

当時、万右衛門は日《ひ》の本《もと》一の剣客との名声を得ていた。万右衛門は請われて度々高千穂を訪れ、小侍や郷足軽へ剣術の稽古をつけた。延岡藩でもそれを奨励したようで、郷内の足軽小侍あてに「万右衛門が来るので見分するように」との文書を、宮水の代官所から小侍郷足軽の者へとお触れを出している。岩戸村十二代庄屋土持霊太郎信贇《のぶよし》も若い頃に延岡に出て万右衛門に師事し、中伝の免許を取得している。万右衛門のこうした活動は、高千穂郷の多くの若者の心を捉え、後に各所で棒術という文化が生まれるのである。

上野戸の口の佐藤又次郎（又四郎）は愛馬に米俵を載せて一路、豊後国犬飼に向かった。棒術の修業である。当時農民が剣術をすることは禁じられていたが、棒を手にして自衛することは許されていた。犬飼は大野川の中流に開けた水運の町で、上流の竹田、久住、入田、緒方地方からの米や木材などの中継地で大きな町がつくられていた。この町にはいくつかの棒術の道場が開かれ、その指南役は伊予松山や豊後国からの浪人である。

又次郎はこの町で、愛馬と共に人足稼業をしながら道場に通い棒術の修業を行った。師匠の若杉与市兵衛は、加賀国に生まれた戸田流棒術の始祖富田清玄から八代目の免許皆伝を受けた人で、また対馬国に生まれた捕り手術「無道心」の免許皆伝者でもあった。

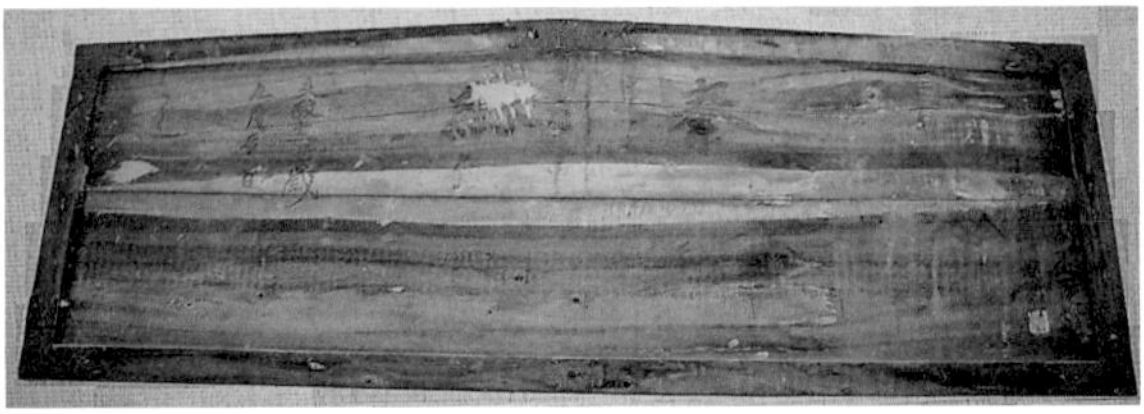

延岡の剣豪小野萬右衛門の門弟が下野の八幡神社に奉納した扁額

文政一二年（一八二九）に下野の八幡神社に奉納された扁額は畳一帖ほどの大きさがあり、現在拝殿に掲げてある。この扁額の奉納者は、延岡の藩士が剣術の師匠小野萬右衛門満幹を讃えて奉納したものと思われる。

扁額には「新當流劍術一昼一夜篩刀打、日本大教授」とあり、門弟として樋口直、立木金治郎、奥村瀧治、長谷川助左衛門、村上新平、佐伯隼太、長瀬源次郎、今西勝太郎、江原直八郎、川路清三郎、赤井四郎三郎、芝三与之助、中根鐵之助、小池少助、三友喜蔵、白土忠治、澤村儀三郎、楠民也、安藤彦蔵、辻熊之丞、遠山治郎七、三松左平太、鈴木三治、新美？三郎、長谷川喜太郎、熊倉九十九、栗田又兵衛、關平之進、鈴木源兵衛、村田潤之助、樋口善太郎、堀國治、原田武三郎、加藤頼治、山田源四郎、平澤辰之助、遠山半吾、樋口友衛、樋口治？吉、村上富太郎、新井刑部、濱杢喜次郎、吉田軍彌、稲垣源三郎、石川楮之助、直井三蔵、長坂熊之助、新大吉、鈴木伊之助、井上龍之助、長瀬浅之介、鈴木榮之助、末永木次郎、石原？之助、菊田勘十郎、近藤來太郎、大胡郡衛、村上織之助、原田栄之助、内藤棠彌、内藤銀次郎、佐野波三郎、今西銀治、菅波太郎、大谷彌太郎、中村直治、三宅信彌、石川清之丞、三上峯三郎、白土辰治、小池鋭吉、山室彌一郎、本多祐記、長瀬文治、長谷川熊治、井上鉄之助、駒木根瀧彌、新井三之助、樋口棠五郎、猪狩碓次郎、清水章之助、安藤?次郎、平野鉄馬、長谷川友之助、新美藤次郎、佐藤仙治、佐野恒太郎、早川鉄之助、大和田元吉、小石榮太郎、勢山恒吉、佐野吉治、柴田英之進、柴田棠彌、佐伯収五郎、大嶋廣次郎、三友直蔵、長谷川文治、内田袈楮治、鈴木虎治、大谷榮吉、古谷涼治、古谷霖次郎、平沢要の助、井上富衛、小野貞治、小田盛次郎、小田仙三郎、小田長郎、奈須恒太郎、奈須信次郎、小野三百之助□貞の一一二名が記載されている。

そのうち、最後尾の三百之助は万右衛門の子息か後継者と思える。彼らの多くは延岡藩の徒士の子弟で、高千穂郷出身の小侍等の名前は見られなかった。（※下線—の漢字は判読によるもの。）

西南の役の緒戦、熊本城攻防で戦死した都茂三郎の供養塔

明治六年（一八七三）明治新政府は日本陸軍の兵力配備の必要性から全国の要所六カ所に常備軍として鎮台を置いた。九州には熊本に第六軍管区歩兵一三連隊が駐屯し司令官は土佐の谷干城《タニタテキ》であった。鎮台兵の多くは南九州の農家の次男や三男坊などで編成されている。おそらく西臼杵からはかなりの人数が入隊していたようだ。その歩兵第十三連隊の中に田原村尾中野出身の都茂三郎がいる。鎮台兵の装備は近代的な重火器で、兵卒が手にしたスナイドル銃は元込め方式で西郷軍の先込めのエンフィールド銃の性能を上回った。

明治一〇年（一八七七）北進する薩摩西郷軍の前に立ちはだかったのは熊本城に籠城する鎮台兵である。今まで刀を握ったことのない寄せ集めの兵などは一蹴できると侮っていた西郷軍は、堅固な熊本城

と鎮台兵の強さに攻め落とすことができず、周辺の川をせき止め水攻めにして動きを止め本隊は先に進んだ。熊本城は湖に浮かぶ浮城になったが、城の北側の段山付近には薩摩軍が、城内側には官軍が至近距離で対峙する状況である。はじめは顔を見合う状態で互いに罵りあっていたが、互いに感情が高じて三月十三日双方は入り乱れての白兵戦となり、鎮台兵一〇〇名以上の戦死者を出す熊本籠城戦最大の戦闘となった。

　歩兵第一三連隊第一大隊所属の上田原出身の都茂三郎はこの戦闘で戦死した。二三歳であったという。遺体は熊本市内の官軍墓地に埋葬されている。田原の尾中野の墓地には高さ三メートルの供養塔が建てられている。

　この段山の戦いには日之影町の七折小菅出身の甲斐福治も鎮台兵として戦死している。筆者の知る限りこの二人以外に西臼杵出身者は五〇名以上が官軍あるいは西郷軍として参戦し、うち二四名が戦死している。

　また、この熊本城の攻防に敗れた西郷軍は宮崎の地に後退して戦闘をつづけた。この戦いで西臼杵も戦場と化し、郡内各所でかなりの民間人が戦争の犠牲になっている。西南戦争が西臼杵の人たちにとって大迷惑な戦であったことは言うまでもない。

都茂三郎の供養塔

柚木野の毘沙門堂

江戸時代に小侍の多かったこの地では、軍神を祭る必要があった。火災で焼失した毘沙門堂を元禄と宝永年間（1688～1711）に再興しており、中央に毘沙門天を配し、右に脇侍として吉祥天を、左に善《ぜん》膩《に》師《し》童《どう》子《じ》を置く。京の仏師の作で、さすがである。

㈢

上野柚木野の一角に毘沙門堂がある。この武門の神様の御堂に棒術の代々の師範の名前を書いた棟札があった。

高千穂の棒術の始まりは、上野戸ノ口の佐藤又次郎（又四郎とも）が豊後犬飼で苦しい修業の末、師匠の若杉与市兵衛から与えられた戸田流免許皆伝による。爾《じ》来師匠から許された名人が相伝して指導者になった。

毘沙門堂に奉納された棟札には、豊後の若杉与市兵衛から佐藤亀彌まで戸ノ口の師匠八人の名がある。彼らは全て農民だが、苗字と諱《いみな》まで許されている。延岡藩では彼らに地域での警護を兼ねた小侍という、郷士に準ずる役務を与えていたと思われる。

上野川に石橋の九兵衛橋がなかった時代、肥後往還の一つは、下野の八幡から小野を通って栗原に降り、板鶴の庄屋屋敷から小又川沿いに祝原を経て誌井知に下り、尾羽根を越えて田井本で上野川を渡る不自由な時代であった。

しかし、この道を六尺棒を携えて勇んで闊歩する若者の姿があった。上野、下野はもとより、河内、田原そして三田井、岩戸、押方向山、果ては岩井川、山浦、桑野内などから誌井知の尾羽根に開かれた棒術の道場を目指してである。

道場主の名前は佐藤清九郎という評判の棒術指導者で、清九郎の師匠田原の都久吉は自分の苗字、都姓を名乗らせた名手であった。嘉永六年（一八五三）に八十歳の高齢で亡くなった時、門弟はその死を惜しみ誌井知の高台に墓石を建てた。

弟子が建てた棒術師範の墓

誌井知から田井本に越える尾羽根の一角に佐藤誠一家の代々の墓がある。近年墓石を集めて寄せ墓とし立派な奥津城になった。この墓石の中に晴臺〈せいだい?〉と彫った竿石がある。臺の字はお釈迦さまが座る蓮華の意で、あの世でも幸せにお過ごしください、という意味であろう。この洒落た墓碑の主は佐藤清九郎という棒術（杖術）の師範で、墓石の側面に「戸田流の師範都柾重《まさしげ》門人中建之」とあり、弟子が師匠の恩に報いるため寄贈したものである。

主要参考文献・史料一覧

高千穂特別記録文献資料一・二・三（昭和14）
高千穂町々史（昭和48・高千穂町）
高千穂町史年表（昭和40・高千穂町）
日之影町々史資料編、日之影町通史、日之影町史
　木札集成（平成17・日之影町）
五ケ瀬町々史（昭和56・五ヶ瀬町）
諸塚村史（平成元・諸塚村）
蘇陽町々史（平成8・蘇陽町）
高森町々史（昭和54・高森町役場）
西臼杵方言考（昭和43・髙橋書店）
高千穂夜話（昭和56・田尻恒）
高千穂皇神の御栄え（昭和52・高千穂神社総代会）
高千穂の古事伝説民話（平成3・高千穂町老人クラブ連合会）
傅承桑野内（平成9・桑野内の歴史を語る会）
鈴の音（昭和59・中川老人クラブ天寿会）
高千穂太平記（昭和62・青潮社）
高千穂村々探訪（平成4・川辺印刷所）
農協だよりかるめご（平成6～令和3）
熊本県の歴史（平成11・山川出版社）
大分県の歴史（平成12・山川出版社）
肥後文献叢書㈢㈣㈤（明治42・隆文館）
肥後國誌上下（大正5・九州日日新聞社）
城南町史（昭和40・城南町史編纂会）
甲佐町の文化財（平成5・甲佐町教育委員会）
阿蘇郡誌（昭和48・名著出版）
肥後加藤侯分限帳（昭和62・青潮社）
熊本県の中世城跡（昭和53・熊本県教育委員会）
宮崎県の歴史（平成11・山川出版社）
宮崎県叢書日向記（平成11・宮崎県）
日向纂記（昭和51・歴史図書社）
宮崎県大百科事典（昭和58・宮崎日日新聞社）
宮崎県中近世城館跡緊急分布調査報告書Ⅱ（平成12・宮崎県教育委員会）
日向國山陰村坪屋村百姓逃散史資料集（平成元・鉱脈社）
日州高千穂古今治乱記（昭和37・日向郷土資料集刊行会）

高千穂阿蘇（昭和56・神道文化会）
小手川善次郎遺稿集高千穂の民家（平成3・小手川尚一郎）
高千穂と日向街道（平成13・吉川弘文館）
考証延岡城下屋敷絵図有馬三代家臣録（昭和63・橘よね子限定私家版）
天領と日向市（昭和51・ぎょうせい）
日向国における盲僧の成立と変遷（平成15・鉱脈社）
宮崎県嘉績誌（平成11・鉱脈社）
日向水利史（昭和27・日向文庫刊行會）
椎葉山根元記（平成8・鉱脈社）
甲斐党戦記（昭和63・熊本出版文化会館）
日向戦国史土持一族の光芒（平成元・熊本出版文化会館）
九州太平記（平成3・亜紀書房）
菊池一族の興亡（昭和63・亜紀書房）
高千穂採薬記（平成9・鉱脈社）
元禄期の日向飫肥藩（平成15・鉱脈社）
日向ものしり帳（平成8・鉱脈社）
南九州の海商人たち（平成16・鉱脈社）
西南の役高千穂戦記（昭和54・西臼杵郡町村会）
西南戦争延岡隊戦記（昭和51・尾鈴山書房）
日向水利史4（昭和27・日向文庫刊行會）
日向古代史研究柳幸吉著①②③（平成2・鉱脈社）
日本史綜合年表（平成13・吉川弘文館）
国史大辞典全巻（平成13・吉川弘文館）
日本地名大辞典・熊本県・大分県（昭和55・角川書店）
歴史散歩辞典（昭和54・山川出版社）
国史大系日本後記（昭和62・吉川弘文館）
日本の地名（平成9・岩波書店）
口語訳古事記（平成15・文藝春秋）
万葉集（昭和38・東出版）
現代語訳吾妻鑑1〜16.（平成19〜・吉川弘文館）
新撰姓氏録の研究考証篇（昭和63・吉川弘文館）
仏像巡礼事典（昭和61・山川出版社）
歴史散歩事典（平成7・山川出版）
広辞苑（第四版・岩波書店）
姓氏家系大辞典（昭和47・角川書店）
古語林（平成15）
完訳フロイス日本史⑥⑦⑧⑨⑩（平成12・中央公論新社）
甲陽軍鑑（昭和48・徳間書店）

八幡神とはなにか（平成16・角川書店）
大伴家持（平成4・桜楓社）
万葉の詩情（平成6・鉱脈社）
神仏習合の本・真言密教の本・古神道の本（学研雑誌第三出版事業部）
山国の神と人（昭和36・未来社）
鬼とはなにか（令和元・河出書房新社）
石塔の民俗（昭和47・岩崎美術館）
鉄砲を手放さなかった百姓たち（平成22・朝日新聞出版）
安西軍策（平成11・勉誠出版）
日本の古代倭人の登場（昭和60・中央公論社）
古代朝日関係史　大和政権と任那（昭和47・勁草書房）
名字と日本人（平成10・文藝春秋）
阿蘇一の宮町史神々と祭りの姿同、同阿蘇社と大宮司・同長目塚と阿蘇国造（平成10・一の宮町）
別冊太陽・古代九州（平成17・平凡社）
九州戦国の武将たち（平成12・海鳥社）
九州のキリシタン大名（平成16・海鳥社）
切支丹伝承（昭和50・宝文館出版）
高橋元種（昭和38・松田仙峡）
武藤少弐興亡史（平成元・海鳥社）
佐藤一族（昭和56・東洋書院）
米良の荘（昭和58・中武雅周）
加来ものがたり（平成4・加来利一）
豊後大友一族（平成2・新人物往来社）
観世音菩薩観音堂の由来（昭和56・八幡町麓長福寺観音堂管理者）
小西行長（平成22・宇土市教育委員会）
朱丹の世界（平成28・ニューサイエンス社）
佐伯水銀鉱床について（平成19・大分県地質学会誌）
松田壽男著作集（昭和62・ちくま学芸文庫）
徳島県埋蔵文化総合センター報告書（石臼と石杵について）
阿蘇神話街道（平成18・シモダ印刷）
九州の苗字を歩く　大分宮崎編（平成20・梓書院）

あとがき

私事で恐縮ですが、農協を退職して二十五年近くが経ちました。その節は組合員の皆様はもとより同僚の皆様に大変お世話になりました。

この度、不肖私が農協だより「かるめご」に連載させてもらっておりました「西臼杵の姓氏」を、高千穂地区農協で合併三十周年記念として本にまとめて出版していただくことになりました。大変光栄なことと感謝しております。

私は平成六年四月、郡内の農協合併で五ヶ瀬町に支所長として勤務させて頂きました。その前年の平成五年は長雨が続いた寒い夏で多くの人が初めて経験された冷夏の年であります。米は稔らず作物の大半は売り物にならない不良品でした。うって変わって翌六年は雨の降らない日照りの年となり、作物の大半は豊作でしたが今度は価格の低迷で、農家の皆さんにとって大変厳しい年が続きました。

郷土の歴史でも、このような気象災害は度々あり、食料を生産するはずの百姓が飢えに苦しみ強訴、逃散、打ち壊し、一揆等騒動に走ることもあったようです。

延岡藩政下よりもっと古い時代、はるかな古代より綱の瀬川より以西、分水嶺あたりまでは「高知尾」「高智保」の呼び名で呼ばれ、約六五〇年間三田井氏の支配下にありました。以後、近世に至っては二七〇年間延岡藩の統治下となり近代に至っています。

耳川流域の七ツ山、家代を加え高千穂十八ヶ村が九州のど真ん中に存在した、それは神々の里と呼ばれる千年以上の歴史とロマンにあふれる土地であろうと思います。

広報紙の連載では我らのご先祖が不器用にも一生懸命暮らしてきたことを書きました。それができたのも農協職員という仕事を通じて、組合員という農家の皆さんと時には酌み交わし筵の上で語り合えたからです。そのとき聞いたご先祖のお話をまとめたものが中心です。

本にまとめるにあたって、タイトルは高千穂町、日之影町、五ヶ瀬町、諸塚村一帯の共通の呼び名をいただき「高知尾の名字」としました。

この本を出版できたのは、ご教示頂きました郷土史家の諸先生、同志諸兄、今までの「西臼杵の姓氏」をご愛読いただきました皆様のおかげです。その多くはすでに鬼籍の門をくぐられました。この場にてご冥福をお祈りいたします。

本書は第一巻であります。「かるめご」に掲載した名字が約九〇姓あります。本書収録の名字はそのうちの三分の一に満たないものです。最終的には数巻のシリーズとなるでしょう。連載当初のページ数の不足で書き漏れなどがあり、追加したい名字もありますので、今後につきましては農協と相談しながら対処していきたいと思います。

最後になりましたが、組合員の皆様、読者の皆様有難うございました。

令和五年七月吉日

筆者　敬白

[著者略歴]

安 在 一 夫 （あんざい　かずお）

昭和19年２月12日　高千穂町押方生まれ
昭和37年３月　宮崎県立高千穂高等学校卒業
昭和38年３月　宮崎県立農業協同組合講習所卒業
昭和38年４月　高千穂農業協同組合入社
平成11年３月　ＪＡ高千穂地区農業協同組合退職
平成15年３月　介護事業を目的とした有限会社鶺鴒を設立
　　　　　　　現在３施設５事業を行う

現在　宮崎県文化財保護指導員
　　　高千穂町文化財審議会委員
　　　宮崎県民俗学会会員

高知尾の名字　I

姓氏の由来にみる西臼杵の歴史をたどる

2023年７月10日 初版印刷
2023年８月４日 初版発行

著　者　安在　一夫

発行者　川口　敦己

発行所　鉱脈社
宮崎市田代町263番地　郵便番号880-8551
電話0985-25-1758

印　刷
製　本　有限会社 鉱脈社

みやざき文庫 152